“十三五”职业教育规划教材

基础会计

主　编　申春峰　陈向青

副主编　黄小林　刘国华

参　编　来臣军　韩小琼　高　岩　王笑艳　陈雁雷

主　审　卢恩平

内 容 提 要

本书是“十三五”职业教育规划教材。本书以最新的企业会计准则和其他相关法规为依据，根据高职教育“以学生为主体，以培养学生实际操作能力为中心”的思路编写。全书共十章，内容包括总论、会计科目和账户、复式记账、工业企业主要经济业务的核算及成本计算、会计凭证、会计账簿、财产清查、会计报表、财务处理程序、会计工作的组织。

本书可作为全国高职高专院校、成人高校及本科院校举办的二级职业技术学院财经类专业的教材，也可作为会计从业资格考试、成人教育及在职人员的培训用书。

图书在版编目（CIP）数据

基础会计/申春峰，陈向青主编．—北京：中国电力出版社，2016.5（2017.9 重印）

“十三五”职业教育规划教材

ISBN 978-7-5123-9177-2

Ⅰ.①基… Ⅱ.①申…②陈… Ⅲ.①会计学—高等职业教育—教材 Ⅳ.①F230

中国版本图书馆 CIP 数据核字（2016）第 071456 号

中国电力出版社出版、发行

（北京市东城区北京站西街 19 号 100005 http://www.cepp.sgcc.com.cn）

北京雁林吉兆印刷有限公司印刷

各地新华书店经售

*

2016 年 5 月第一版 2017 年 9 月北京第二次印刷

787 毫米×1092 毫米 16 开本 12.75 印张 310 千字

定价 **26.00** 元

版 权 专 有 侵 权 必 究

本书如有印装质量问题，我社发行部负责退换

前　言

随着我国经济的快速发展，会计制度的变革也在不停地进行。2006 年 2 月 15 日，财政部对《企业会计准则》进行了修订，新修订的准则已基本与国际会计准则趋同。最近几年，国家有关部门又对《中华人民共和国企业所得税法》、《中华人民共和国增值税暂行条例》进行修订，这一系列的变化要求我们必须对会计教学内容进行及时更新。

基础会计是会计专业和经济管理专业的专业基础课，其核心内容是阐述会计的基本原理、基本知识和基本核算方法，我们遵循这一特点并结合会计的实践要求，充分考虑广大读者的意见，突出以能力为目标，以实践为中心的思想，编写了本书。本书着重突出应用性，案例的设计、习题的选取都尽量做到贴近实际、通俗易懂。

本书在内容选择上"贯彻'少而精'的原则，注重理论与实践相结合"编写特色，采用最新的法规制度，更多地注重学生的学，把学生的学放在第一重要的位置，站在学生的立场来思考问题。本书也涵盖了会计从业资格证考试《基础会计》科目的所有知识内容，完全可以作为一本考取会计从业资格证的考试用书。

本书由邢台职业技术学院申春峰、陈向青主编，黄小林、刘国华副主编，来臣军、韩小琼、高岩、王笑艳、陈雁雷编写。全书由申春峰统稿，由邢台职业技术学院卢恩平主审。

在编写过程中，每位参编人员在教学、科研工作非常繁重的情况下，挤出时间，放弃休假，集思广益，充分讨论并亲自到企业的一线进行调研、收集资料，力求做到真实再现，模拟实战。同时，本书在编写过程中得到了来自同行专家、企业专家、学生等不同程度的帮助，在此一并表示感谢。

限于作者水平，书中疏漏和不足之处在所难免，恳请读者和同行专家、学者批评指正。

编　者

2016 年 2 月

目 录

第一章 总 论

本章阐述会计基本理论问题。学习本章，要求着重理解会计的定义、职能和特点，了解会计的作用，掌握会计对象、会计假设和会计信息质量的要求，明确会计核算方法的组成内容和相互联系。

第一节 会计的基本概念

一、会计的产生和发展

会计是以货币为主要计量单位，利用专门的方法和程序，对一个单位的经济活动进行连续、系统、全面的反映和监督的一种经济管理活动。

会计是随着社会生产的发展和经济管理的客观需要而产生的，它的发展经历了很长的历史时期，并随着社会生产的发展和科学技术的进步而不断完善和提高。

在人类历史发展的初期阶段，人们从事生产活动极为简单，对生产活动的计量、记录也非常粗略，它只是生产职能的一种附带管理工作。

随着生产的发展，生产规模不断扩大，社会化程度不断提高，生产过程与生产关系也随之逐渐复杂。人们为了掌握生产过程并安排好生产，就必须对生产过程中的人力、物力和财力耗费及取得的成果，做必要的记录，以便更有效地组织生产和管理经济活动。这样，作为记录和计算生产过程中的耗费与取得成果的会计也就随之产生了。根据马克思考证，远在印度太古时期的共同体中，就已经有了农业记账员，在那里，簿记独立地成为一个公社官员的专职。由此可见，会计是人类社会发展到一定历史阶段的产物，它起源于生产实践，是为管理生产活动而产生的。

会计作为一种管理形式和技术方法，在我国有着悠久的历史。据史籍记载，早在西周时代（公元前1100～公元前770年）就设有专门核算财赋收支的官职——司会，进行"月计岁会"（零星算之为计，总合算之为会）。西汉开始出现了"簿"或"簿书"的账册，用以登记会计事项。到了唐代，"账簿"二字已经联用，并在此时传入日本。到了宋代，出现了官厅办理钱粮报销或移交的"四柱清册"。所谓"四柱"，即旧管、新收、开除、实在，相当于期初余额、本期增加额、本期减少额、期末余额。"四柱清册"是我国会计学科发展过程中的一个重大成就。明末清初，随着手工业和商业的发展，出现了以四柱为基础的"龙门账"，它把全部账目划分为"进""缴""存""该"（即为收益、费用、资产、权益）四大类，运用"进－缴＝存－该"的平衡公式进行核算，设总账进行"分类记录"，并编制"进缴表"（即损益表）和"存该表"（即资产负债表）实行双轨计算盈亏，在两表上计算得出的盈亏数应当相等，称为"合龙门"，以此核对全部账目的正误。后来，又产生了"四脚账"（也称"天地合账"），它对每一笔账既登记"来账"，又登记"去账"，以反映同一账项的来龙去脉。"四柱清册"、"龙门账"和"四脚账"显示了我国不同历史时期传统中式簿记的特色。

会计方法的演进，经历了由单式簿记向复式簿记转化的过程，它是社会经济发展的客观要求。15世纪末期，意大利数学家卢卡·巴其阿勒出版了世界第一部关于复式簿记的专著《算术、几何与比例概要》，标志着近代会计的开端。

20世纪以来，特别是第二次世界大战结束后，资本主义的生产社会化程度得到了空前的发展，现代科学技术与经济管理科学的发展突飞猛进。受社会政治、经济和技术环境的影响，传统的财务会计不断充实和完善，使财务会计核算工作更加标准化、通用化和规范化。与此同时，会计学科在20世纪30年代成本会计的基础上，紧密配合现代管理理论和实践的需要，逐步形成了为企业内部经营管理提供信息的管理会计体系，从而使会计工作从传统的事后记账、算账、报账，转为事前的预测与决策、事中的监督与控制、事后的核算与分析。管理会计的产生与发展，是会计发展史上的一次伟大变革，从此现代会计形成了财务会计和管理会计两大分支。随着现代化生产的迅速发展，经济管理水平的提高，电子计算机技术广泛应用于会计核算，使会计信息的收集、分类、处理、反馈等操作程序摆脱了传统的手工操作，大大地提高了工作效率，实现了会计科学的根本变革。

二、会计的职能

会计的职能是指会计在经济管理中所具有的功能。通俗来讲，就是会计是用来做什么的，对于这个问题，马克思曾有过精辟的论述。他指出："过程越是按社会的规模进行，越是失去纯粹个人的性质，作为对过程进行控制和观念总结的簿记就越是必要；因此，簿记对资本主义生产，比对手工业和农民的分散生产更为必要，对公有生产，比对资本主义生产更为必要。"可见，马克思把会计的基本职能归纳为反映（观念总结）和监督（控制）。

马克思对会计的这一论述是十分准确的。现代会计的基本职能应当归纳为反映和监督，而且，为了达到反映与监督的目的，现代会计在发展中逐步构建了它的两大工作系统，即会计的信息系统和会计的控制系统。

（一）会计的反映职能

会计的反映职能是指会计能够按照公认会计准则的要求，通过一定的程序和方法，全面、系统、及时、准确地将一个会计主体所发生的会计事项表达出来，以达到揭示会计事项的本质，为经营管理提供经济信息的目的。会计的反映职能具有明显的特征：

（1）会计是以货币为主要计量单位，从价值量方面反映各单位的经济活动情况。会计在对各单位经济活动进行反映时，主要是从数量而不是从质量方面进行反映。如企业对固定资产进行会计反映时，只记录其数量、成本、折旧等数量或金额变化，而并不反映其技术水平、运行状况等。会计在反映各单位经济活动时主要使用货币量度，而实物量单位、其他指标及其文字说明等都处于附属地位。

（2）会计主要是反映过去已经发生的经济活动。会计反映经济活动就是要反映其事实，探索并说明其真相，因此，只有在每项经济业务发生或完成以后，才能取得该项经济业务完成的书面凭证。这种凭证具有可验证性，据以记录账簿，才能保证会计所提供的信息真实可靠。

（3）会计反映具有连续性、系统性和全面性。会计反映的连续性，是指对经济业务的记录是连续的，逐笔、逐日、逐月、逐年不能间断；会计反映的系统性，是指对会计对象要按科学的方法进行分类，进而系统地加工、整理和汇总，以便提供管理所需要的各类信息；会计反映的全面性，是指对每个会计主体所发生的全部经济业务都应该进行完整的记录和反映，不能有任何遗漏。

会计的反映职能在客观上体现为通过会计的信息系统对会计信息进行优化。这一过程又具体体现为记账、算账和报账三个阶段。记账就是把一个会计主体所发生的全部经济业务运用一定的程序和方法在账簿上予以记载；算账就是在记账的基础上，运用一定的程序和方法来计算该会计主体在生产经营过程中的资产、负债、所有者权益、收入、成本费用及损益情况；报账就是在记账和算账的基础上，通过编制会计报表等方式将该会计主体的财务状况和经营成果向会计信息使用者报出。

反映职能是会计核算工作的基础。它通过会计信息系统所提供的信息，既服务于国家的宏观调控部门，又服务于会计主体的外部投资者、债权人和内部管理者。这种服务作用是具有能动性的，从这一角度来看，会计的反映职能也在一定程度上体现了管理精神。

（二）会计的监督职能

会计的监督职能是指会计按照一定的目的和要求，利用会计信息系统所提供的信息，对会计主体的经济活动进行控制、监察和督促，使之达到预期的目标。会计的监督职能就是监督经济活动按照有关的法规和计划进行。会计监督职能具有以下显著的特征：

(1) 会计监督具有强制性和严肃性。会计监督是依据国家的财经法规和财经纪律来进行的，会计法不仅赋予会计机构和会计人员实行监督的权利，而且规定了监督者的法律责任，放弃监督、听之任之、情节严重的，给予行政处分，给公共财产造成重大损失、构成犯罪的依法追究刑事责任。因此，会计监督以国家的财经法规和财经纪律为准绳，具有强制性和严肃性。

(2) 会计监督具有连续性。社会再生产过程不间断，会计反映就要不断地进行下去。在整个持续过程中，始终离不了会计监督，各会计主体每发生一笔经济业务，都要通过会计进行反映，在反映的同时，就要审查它们是否符合法律、制度、规定和计划。会计反映具有连续性，会计监督也就具有连续性。

(3) 会计监督具有完整性。会计监督不仅体现在已经发生或已经完成的业务方面，还体现在业务发生过程中及尚未发生之前，包括事前监督、事中监督和事后监督。事前监督是指会计部门或会计人员在参与制订各种决策及相关的各项计划或费用预算时，就依据有关政策、法规、准则等的规定对各项经济活动的可行性、合理性、合法性和有效性等进行审查，它是对未来经济活动的指导。事中监督是指在日常会计工作中，随时审查所发生的经济业务，一旦发现问题，及时提出建议或改进意见，促使有关部门或人员采取措施予以改正；事后监督是指以事先制订的目标、标准和要求为依据，利用会计反映所取得的资料对已经完成的经济活动进行考核、分析和评价。会计事后监督可以为制订下期计划、预算提供资料，也可以预测今后经济活动发展趋势。

监督职能在会计行为实施之前就发挥作用，同时又是会计工作的落脚点。它通过会计信息系统与会计控制系统的有机结合，突出地表现了会计在各单位经营管理中的能动性作用，一定程度上体现了会计是一种管理活动的基本思想。

就会计两大基本职能的关系而言，反映职能是监督职能的基础，没有反映职能提供的信息，就不可能进行会计监督，因为如果没有会计反映提供可靠、完整的会计资料，会计监督就没有客观依据，也就无法进行会计监督。而监督职能又是反映职能的保证，没有监督职能进行控制、提供有力的保证，就不可能提供真实可靠的会计信息，也就不能发挥会计管理的能动作用，会计反映也就失去了存在的意义。因此，会计的反映职能和监督职能是紧密结合、密不可分、相辅相成的，同时又是辩证统一的。

随着社会的发展、技术的进步，会计的基本职能得到了不断的发展和完善，会计的新职能不断出现。会计职能不但有反映和监督“两职能”说，还有“三职能”直至“九职能”说。目前，在国内会计学界比较流行的是“六职能”说。这一论说认为会计具有反映经济情况、监督经济活动、控制经济过程、分析经济效果、预测经济前景、参与经济决策等六项职能，并认为这六项职能也是密切结合、相辅相成的。其中，两项基本职能是四项新职能的基础，而四项新职能又是两项基本职能的延伸和提高。

第二节 会计的对象

会计对象是指会计核算和监督的内容，具体是指社会再生产过程中能以货币表现的经济活动。以货币表现的经济活动通常又称为价值运动或资金运动。因此，会计核算与监督的内容即会计对象就是资金运动。以工业企业为例，工业企业的资金运动按其运动的程序可分为资金筹集、资金周转、资金退出三个基本环节。相对应地，工业企业生产经营过程可以划分为供应过程、生产过程和销售过程。随着企业供、产、销过程的不断进行，企业的资金也在不断地进行着循环和周转，由货币资金转化为固定资金、储备资金，再转化为生产资金、成品资金，最后又转化为货币资金。会计要依次反映这些阶段的经济活动。在这个过程中，由于资金的取得、周转和退出等经济活动所引起的各项财产和资源的增减变化情况，在经营过程中各项生产费用的支出和产品成本形成的情况，以及企业销售收入的取得和企业纯收入的实现、分配情况，就构成了工业企业会计的具体对象。

我们将上述经济活动进行细致的描述就可看出：企业的资金可表现为保持货币形态的资金、原材料占用的资金、固定资产占用的资金，以及处于生产过程中的在产品占用资金和完成生产过程处在销售环节的库存商品占用的资金，我们将这些占用资金的项目统称为资产。企业的资金来自两个方面，即从债权人取得的部分和企业所有者投入的部分，前者称为负债，后者称为所有者权益。企业外销产品取得的货币资金，是企业运用资金取得的成果，称为收入。而为取得收入所耗费的资产的货币表现称为费用。收入与费用的差额加利得和损失，即企业运用资金而取得的增值额，称为利润（负数则为亏损）。资产、负债、所有者权益、收入、费用、利润这六者就是一般所说的会计对象要素或称会计要素。

综上所述，会计要素是对企业会计对象按照其经济特征所作的分类；资产是资金的占用形态，负债和所有者权益是与资产相对应的取得途径，它们是反映企业财务状况的会计要素。而收入、费用、利润则是资金运用中所产生的经济利益的流入，即为取得收入而发生的耗费和形成的成果，因此是反映企业经营成果的会计要素。

第三节 会计假设和会计信息质量要求

一、会计假设

会计核算的对象是资金运动过程中的交易或事项，而在市场经济条件下，由于经济活动的复杂性决定了资金运动也是一个复杂过程。因此，面对变化不定的经济环境，摆在会计人员面前的一系列问题必须首先得到解决，例如，会计核算的范围有多大，会计为谁核算、给谁记账；会计核算的资金运动能否持续不断地进行下去；会计应该在什么时候记账、算账、报账；以及在核算过程中应该采用什么计量手段等。这些都是进行会计核算工作的前提条件。

会计核算的基本前提是指为了保证会计工作的正常进行和会计信息的质量，对会计核算的范围、内容、基本程序和方法所做的基本假定。由于这些假定都是以合理推断或人为的规定而做出的，所以也称为会计假设。会计假设，是人们在长期的会计实践中逐步认识和总结形成的。结合我国实际情况，企业在组织会计核算时，应遵循的会计假设包括会计主体、持续经营、会计分期和货币计量。

（一）会计主体

会计主体是会计工作为其服务的特定单位或组织。会计主体假设是指会计核算应当以企业发生的各项经济业务为对象，记录和反映企业本身的各项生产经营活动。也就是说，会计核算是反映一个特定企业的经济业务，只记本主体的账。尽管企业本身的经济活动总是与其他企业、单位或个人的经济活动相联系，但对于会计来说，其核算的范围既不包括企业所有者本人，也不包括其他企业的经济活动。会计主体假设明确了会计工作的空间范围。

会计主体与法律主体不是同一概念。一般来说，法律主体必然是会计主体，但会计主体不一定就是法律主体。会计主体可以是一个有法人资格的企业，也可以是由若干家企业通过控股关系组织起来的集团公司，还可以是企业、单位下属的二级核算单位。独资、合伙形式的企业都可以作为会计主体，但都不是法人。

会计主体假设是持续经营、会计分期假设和全部会计准则的基础。因为，如果不划定会计的空间范围，则会计核算工作就无法进行，指导会计核算工作的原则也就失去了存在的意义。

（二）持续经营

持续经营是指会计主体的生产经营活动将无限期地延续下去，在可以预见的未来不会因破产、清算、解散等而不复存在。持续经营假设是指会计核算应当以企业持续、正常的生产经营活动为前提，而不考虑企业是否破产清算等，在此前提下选择会计程序及会计处理方法，进行会计核算。尽管客观上企业会由于市场经济的竞争而面临被淘汰的危险，但只有假定作为会计主体的企业是持续、正常经营的，会计准则和会计程序及方法才有可能建立在非清算的基础之上，不采用破产清算的一套处理方法，这样才能保持会计信息处理的一致性和稳定性。持续经营假设明确了会计工作的时间范围。

会计核算所使用的一系列准则和方法都是建立在会计主体持续经营的基础之上的。例如，只有在持续经营的前提下，企业的资产和负债才区分为流动的和长期的；企业的资产计价才能采用历史成本计量；企业才有必要确立会计分期假设等。

（三）会计分期

会计分期是指把企业持续不断的生产经营过程划分为较短的相对等距的会计期间。会计分期假设的目的在于通过会计期间的划分，分期结算账目，按期编制会计报表，从而及时地向有关方面提供反映财务状况和经营成果的会计信息，满足有关方面的需要。从理论上来说，在企业持续经营情况下，要反映企业的财务状况和经营成果只有等到企业所有的生产经营活动结束后，才能通过收入和费用的归集与比较，进行准确的计算。但那时提供的会计信息已经失去了应有的作用，因此，必须人为地将这个过程划分为较短的会计期间。

会计分期假设是对会计工作时间范围的具体划分，主要是确定会计年度。中外各国所采用的会计年度一般都与本国的财政年度相同。我国以日历年度作为会计年度，即从每年的1月1日至12月31日为一个会计年度。会计年度确定后，一般按日历确定会计半年度、会计季度和会计月度。

会计分期假设有着重要的意义。有了会计分期，才产生了本期与非本期的区别，才产生了收付实现制和权责发生制等会计核算基本假定。只有正确地划分会计期间，才能准确地提供财务状况和经营成果的资料，才能进行会计信息的对比。

（四）货币计量

货币计量是指会计主体在会计核算过程中应采用货币作为计量单位，记录、反映会计主体的经营情况。企业使用的计量单位较多，为了全面、综合地反映企业的生产经营活动，会计核算客观上需要一种统一的计量单位作为计量尺度。货币作为商品的一般等价物，能用以计量一切资产、负债和所有者权益及收入、费用和利润，也便于综合。因此，会计必须以货币计量为前提。需要说明的是，其他计量单位，如实物、劳动工时等，在会计核算中也要使用，但不占主要地位。

在我国，要求企业对所有经济业务采用同一种货币作为统一尺度来进行计量。若企业的经济业务有两种以上的货币计量，应该选用一种作为基准，称为记账本位币。记账本位币以外的货币则称为外币。我国有关会计法规规定，企业会计核算应当以人民币为记账本位币。业务收支以外币为主的企业，也可以选定某种外币作为记账本位币，但编制的会计报表应当折算为人民币反映。

货币本身也有价值，它是通过货币的购买力或物价水平表现出来的。但在市场经济条件下，货币的价值也在发生变动，币值很不稳定，甚至有些国家出现比较恶劣的通货膨胀，对货币计量提出了挑战。因此，一方面，我们在确定货币计量假设时，必须同时确立币值稳定假设，假设币值是稳定的，不会有大的波动，或前后波动能够被抵消。另一方面，如果发生恶性通货膨胀，就需要采用特殊的会计准则如“物价变动会计”来处理有关的经济业务。

综上所述，会计假设虽然是人为确定的，但完全是出于客观的需要，有充分的客观必然性。否则，会计核算工作就无法进行。这四项假设缺一不可，既有联系也有区别，共同为会计核算工作的开展奠定了基础。

二、权责发生制假定

企业生产经营活动在时间上是持续不断的，不断地取得收入，不断地发生各种费用，将收入和相关的费用相配比，就可以计算和确定企业生产经营活动中所产生的利润（或亏损）。由于企业生产经营活动是连续的，而会计期间是人为划分的，所以难免有一部分收入和费用出现收支期间和应归属期间不相一致的情况。因此在处理这类经济业务时，应正确选择合适的会计假定。可供选择的会计假定包括收付实现制和权责发生制两种。

（一）收付实现制

收付实现制亦称现收现付制。它以款项是否实际收到或付出作为确定本期收入和费用的标准。凡是本期实际收到款项的收入和付出款项的费用，不论其是否归属于本期，都作为本期的收入和费用处理；反之，凡本期没有实际收到款项和付出款项，即使应归属于本期，但也不作为本期收入和费用处理。由于款项的收付实际上以现金收付为准，所以一般称为现金制。举例说明如下：

（1）企业于7月10日销售商品一批，7月25日收到货款，存入银行，应作为7月份的收入记账。

（2）企业于7月10日销售商品一批，8月10日收到货款，存入银行，应作为8月份的收入记账。

（3）企业于7月10日收到对方购货单位一笔货款，存入银行，但按合同规定于9月份交付商品，应作为7月份的收入记账。

（4）企业于12月30日预付第二年全年的保险费，应作为12月份的费用。

（5）企业于12月30日购入办公用品一批，但款项在第二年的3月份支付，应作为次年3月份的费用。

（6）企业于12月30日用银行存款支付本月水电费，应作为12月份的费用。

从上面的举例可以看出，无论收入的权利和支出的义务归属于哪一期，只要款项的收付在本期，就应确认为本期的收入和费用，不考虑预收收入和预付费用以及应计收入和应计费用的存在。到会计期末根据账簿记录确定本期的收入和费用，因为实际收到和付出的款项，必然已经登记入账，所以不存在对账簿记录于期末进行调整的问题。这种方法核算手续简单，但强调财务状况的切实性，不同时期缺乏可比性，所以它主要适用于行政、事业单位。目前，我国行政单位会计核算采用收付实现制，事业单位的会计核算除经营业务采用权责发生制外，其他业务也采用收付实现制。

（二）权责发生制

权责发生制亦称应收应付制，是指企业按收入的权利和支出的义务是否归属于本期来确认收入、费用的标准，而不是按款项的实际收支是否在本期发生，也就是以应收应付为标准。在权责发生制下，凡是属于本期实现的收入和发生的费用，不论款项是否实际收到或实际付出，都应作为本期的收入和费用入账；凡是不属于本期的收入和费用，即使款项在本期收到或付出，也不作为本期的收入和费用处理。由于它不管款项的收付，而以收入和费用是否归属本期为准，所以称为应计制。以前面所举例子说明如下：

在权责发生制下，第一种情况和第六种情况收入与费用的归属期和款项的实际收付同属相同的会计期间，确认的收入与费用与收付实现制相同。

第二种情况应作为7月份的收入，因为收入的权利在7月份就实现了，尽管货款在8月份收到。

第三种情况应作为9月份的收入，因为7月份只是收到款项，并没有实现收入的权利。

第四种情况应作为第二年的费用，因为支出的义务应在第二年。

第五种情况应作为12月份的费用，因为12月份已经发生支出的义务了。

与收付实现制相反，权责发生制下，必须考虑预收、预付和应收、应付。由于企业日常的账簿记录不能完全地反映本期的收入和费用，因而需要在会计期末对账簿记录进行调整，使未收到款项的应计收入和未付出款项的应付费用，以及收到款项而不完全属于本期的收入和付出款项而不完全属于本期的费用，归属于相应的会计期间，以便正确地计算本期的经营成果。采用权责发生制核算比较复杂，但反映本期的收入和费用比较合理、真实，所以适用于企业。

为了进一步说明问题，下面再举几个例子以列表的方式对两种原则加以比较（见表1-1）。

表 1-1 **权责发生制与收付实现制的比较**

项目	举 例	权责发生制	收付实现制
第一种情况	出租房屋的租金收入，1月份一次收讫上半年的租金	1月份：租金收入为半年收入的1/6；其余部分在1月份来看为预收收入	全部作为1月份的收入
第二种情况	1月份把全年的报刊费一次付讫	1月份：报刊费仅为整笔支出的1/12；其余部分在1月份来看为预付费用	全部作为1月份的费用
第三种情况	与购货单位签订合同，分别在1、2、3月份供给购货单位三批产品，货款于3月末一次付清	分别作为1、2、3月份的收入；1、2月份应收而未收的收入为应计收入	全部作为3月份的收入
第四种情况	1月份向银行借入为期三个月的借款，利息到期即3月份一次偿还	分别作为1、2、3月份的费用；1、2月份应付而未付的费用为应计费用	全部作为3月份的费用
第五种情况	本期内收到的款项就是本期应获得的收入，本期内支付的款项就是本期应负担的费用，按权责发生制和收付实现制确认收入和费用的结果是完全相同的，如前例中的（1）、（6）		

财政部2006年2月15日发布的《企业会计准则——基本准则》（以下简称基本准则）规定，企业应当对其本身发生的交易或者事项进行会计确认、计量和报告。企业应当以权责发生制为基础进行会计确认、计量和报告。

三、会计信息的质量要求

基本准则在会计准则体系中位于最高层次，它对各项具体准则的制定起统驭作用，主要规定会计的目标、会计假设、会计要素、会计计量及会计信息的质量要求等。为规范企业会计核算行为，保证会计信息质量，基本准则对企业会计信息的质量提出了下列要求：

（1）客观性要求。企业应当以实际发生的交易或者事项为依据进行会计确认、计量和报告，如实反映符合确认和计量要求的各项会计要素及其他相关信息，保证会计信息真实可靠、内容完整。会计所提供的会计信息是国家宏观经济管理部门、企业外部相关方面及内部经营管理部门的决策依据。如果会计数据不能客观、真实地反映企业经济活动的实际情况，势必无法满足各有关方面了解企业财务状况和经营成果以进行决策的需要，甚至可能导致错误的决策。基本准则要求会计核算的各个阶段，包括会计确认、计量和报告，必须符合会计真实客观的要求，必须以实际发生的经济活动及表明经济业务发生的合法凭证为依据。在会计实务中，有些数据只能根据会计人员的经验或对未来的预计予以计算。例如，固定资产的折旧年限、对制造费用分配方法的选择等，都会受到一定程度的个人主观意志的影响。不同会计人员对同一经济业务的处理出现不同的计量结果是在所难免的。但是，会计人员应在统一标准的条件下将可能发生的误差降低到最低程度，以保证会计核算提供的会计资料真实可靠。

（2）相关性要求。企业提供的会计信息应当与财务会计报告使用者的经济决策需要相关，有助于财务会计报告使用者对企业过去、现在或者未来的情况作出评价或者预测。会计核算所提供的会计信息应当有助于信息使用者作出决策，也就是信息要与决策相关联。基本准则所表明的含义就是我们通常所说的会计目标。会计的目标是要为决策者提供会计信息，而提供的会计信息最终必须能为其使用者所使用，也就是说信息必须是有用的。会计的目标体现在三个方面：一是会计信息应当符合国家宏观经济管理的要求；二是会计信息应当满足有关各方了解企业财务状况和经营成果的需要；三是会计信息应当满足企业加强内部经营管理的需要。要充分发挥会计信息的作用，就必须使所提供的会计信息与会计信息使用者的要求相协调。而信息使用者从各自利益出发，对信息的要求和侧重点不同。这就要求在搜集、处理、传递信息的过程中，充分考虑有关各方对会计信息的不同要求，提供与使用者决策相关的有用信息。

（3）明晰性要求。企业提供的会计信息应当清晰明了，便于财务会计报告使用者理解和使用。提供会计信息的目的在于使用，要使用就必须了解会计信息的内涵，明确会计信息的内容，如果无法做到这一点，就谈不上对决策有用。信息是否被使用者所理解，取决于信息本身是否易懂，也取决于使用者理解信息的能力。可理解性是决策者与决策有用性的连接点。如果信息不能被决策者所理解，那么这种信息毫无用处。因此，可理解性不仅是信息的一种质量标准，也是一个与信息使用者有关的质量标准。会计人员应尽可能传递表达易被人理解的会计信息，而使用者也应设法提高理解信息的能力。

（4）可比性要求。企业提供的会计信息应当具有可比性。同一企业不同时期发生的相同或者相似的交易或事项，应当采用一致的会计政策，不得随意变更。确需变更的，应当在附注中说明。需要注意的是，处理经济业务时所采用的会计处理方法不得随意变更，并不是绝对不许变更，如果因为客观环境的变化，原选用的方法不再适用，则可以在允许的范围内变更会计处理方法，但应当将变更的情况、变更的原因及其对企业财务状况和经营成果的影响，在财务报告附注中说明。不同企业发生的相同或者相似的交易或者事项，应当采用规定的会计政策，确保会计信息口径一致、相互可比。基本准则要求各个企业的会计报表应按照规定的程序和方法编制，以便在不同的企业之间进行横向比较。同时，也便于国家综合管理部门对各个企业提供的会计信息进行比较、分析和汇总，以利于国家的宏观调控。

（5）实质重于形式要求。企业应当按照交易或者事项的经济实质进行会计确认、计量和报告，不应仅以交易或者事项的法律形式为依据。如果要真实地反映所拟反映的交易或其他事项，那就必须根据它们的实质和经济现实，而不是仅仅根据它们的法律形式进行核算和反映。交易或其他事项的实质，不总是与它们的法律形式的外在面貌相一致。实质重于形式原则就是要求在对会计要素进行确认和计量时，应重视交易的实质，而不管其采用何种形式。在这一方面，最典型的例子当数对融资租入固定资产的确认与计量。从形式上看，该项固定资产的所有权在出租方，企业只是拥有使用权和控制权。也就是说，该项固定资产并不是企业购入的固定资产。因此，不能将其作为企业的固定资产加以核算。但是，由于融资租入固定资产的租赁期限一般超过了固定资产可使用期限的 75%，而且到期企业可以以一定的价格购买该项固定资产，因此，为了正确地反映企业的资产和负债状况，对于融资租入的固定资产，一方面应作为企业的自有固定资产加以核算，另一方面应作为企业的一项长期负债加以反映。再如，企业将一项资产处理给另一单位时，可以在文件中声称将法律所有权转让给该单位。然而，还可能存在协议，可以保证企业继续享有该项资产所包含的未来经济利益。在这种情况下，报告一项销售收入就不可能真实地反映所达成的交易。

（6）重要性要求。企业提供的会计信息应当反映与企业财务状况、经营成果和现金流量等有关的所有重要交易或者事项。基本准则要求企业的财务报告在全面反映企业的财务状况和经营成果的同时，应当区别经济业务的重要程度，采用不同的会计处理程序和方法。具体来说，对于重要的经济业务，应单独核算、分项反映、力求准确，并在财务报告中作重点说明；对于不重要的经济业务，在不影响会计信息真实性的情况下，可适当简化会计核算或合并反映，以便集中精力抓好关键。对会计信息使用者来说，对经营决策有重要影响的会计信息是最需要的，如果会计信息不分主次，反而会有损于使用，甚至影响决策。而且，对不重要的经济业务简化核算或合并反映，可以节省人力、物力和财力，符合成本效益原则。需要明确的是，并不是同样的业务对不同的企业都是重要或不重要的事项。对某项会计事项判断其重要性，在很大程度上取决于会计人员的职业判断。一般来说，重要性可以从质和量两个方面进行判断。从性质方面来说，如果某会计事项发生可能对决策产生重大影响，则该事项属于具有重要性的事项；从数量方面来说，如果某会计事项的发生达到一定数量或比例可能对决策产生重大影响，则该事项属于具有重要性的事项。

（7）谨慎性要求。企业对交易或者事项进行会计确认、计量和报告应当保持应有的谨慎，不应高估资产或者收益、低估负债或者费用。根据基本准则的要求，在处理不确定性经济业务时，应持谨慎态度，如果一项经济业务有多种处理方法可供选择时，应选择不导致夸大资产、虚增利润的方法。在进行会计核算时，应当合理预计可能发生的损失和费用，而不应预计可能发生的收入和过高估计资产的价值。谨慎性原则的要求体现于会计核算的全过程，在会计上的应用是多方面的。例如，对应收账款提取坏账准备，就是对预计不能收回的货款先行作为本期费用，计入当期损益，以后确实无法收回时冲销坏账准备；固定资产采用加速折旧法等。企业在进行会计处理时，对企业存在的经营风险加以合理估计，对防范风险起到预警作用，有利于企业做出正确的经营决策，有利于保护投资者和债权人的利益，有利于提高企业在市场上的竞争能力。但是，企业不得任意计提各种准备，即秘密准备。比如，在实际工作中，有些公司滥用会计准则给予的会计政策，在当年大量计提损失准备，待以后年度再予以转回。这种行为属于滥用会计政策，计提秘密准备，是会计准则所不允许的。

（8）及时性要求。企业对于已经发生的交易或者事项，应当及时进行会计确认、计量和报告，不得提前或者延后。企业进行会计核算要讲求时效，要求会计处理及时进行，以便于会计信息的及时利用。信息的使用价值不仅在于真实可靠，而且还在于必须保证时效，及时将信息提供给使用者使用。在社会主义市场经济体制下，市场竞争日趋激烈，市场变化越来越迅速，企业内外各有关方面对会计信息的及时性要求越来越高。任何信息如不及时提供，则必将丧失其使用价值或降低其有用性。这就要求企业对会计信息要及时收集、及时加工处理和及时传递。

第四节 会计核算的方法

一、会计方法

会计方法，指会计在核算和监督经济活动过程中所使用的技术方法，与会计的职能相适应。一般认为，会计的方法可分为会计核算的方法、会计监督的方法、会计分析和预测、决策的方法等，其中会计核算方法是会计方法中最基本的方法，这也是初学会计者必须掌握的基础知识。本书只讲述会计核算的方法。

二、会计核算的方法

会计核算方法是对会计对象（或会计要素）进行连续、系统、全面地核算和监督所应用的专门方法，主要包括：设置会计科目和账户、复式记账、填制和审核会计凭证、登记账簿、成本计算、财产清查和编制会计报表等七种。

（一）设置会计科目和账户

设置会计科目和账户是对会计对象的具体内容进行分类核算和监督的方法。企业会计核算的具体内容为资产、负债、所有者权益、收入、费用和利润六个要素。会计科目就是对会计对象的具体内容进行分类核算的项目。会计科目是在账簿中开设账户的依据。账户的名称叫会计科目。通过账户可以分类、连续、系统地记录各项经济业务，为经济管理提供各种类型的会计指标。

（二）复式记账

复式记账是对每一项经济业务都要以相等的金额，同时记入两个或两个以上的相关账户，表明它们的对应关系。通过复式记账，可以了解有关经济业务内容的来龙去脉及其相互联系，核对账簿记录是否正确。

（三）填制和审核凭证

会计凭证是记录经济业务、明确经济责任的书面证明，是登记账簿的依据。每发生一项经济业务，都应取得或填制原始凭证，并经审核无误后，填制在记账凭证上，作为登记账簿的依据。填制和审核凭证，不仅为经济管理提供了真实可靠的数据资料，也是实行会计监督的一个重要方面。

（四）登记账簿

账簿是用来全面、连续、系统地记录各项经济业务的簿籍，是保存会计数据资料的重要工具。登记账簿就是将会计凭证记录的经济业务，序时、分类地记入有关簿籍中设置的各个账户，登记账簿必须以凭证为依据，并定期进行结账和对账，为编制会计报表，提供完整而又系统的会计数据。

（五）成本计算

成本计算是按照一定对象归集和分配生产经营各阶段中发生的各项费用，以确定各对象的总成本和单位成本的一种专门方法。进行成本计算，可以确定材料的采购成本、产品的生产成本和销售成本，通过成本计算可以核算和监督生产经营过程中所发生的各项费用是否节约或超支，并据以确定企业的盈亏。

（六）财产清查

财产清查就是通过盘点实物、核对账目来确定账实是否相符的一种方法。通过财产清查，可以查明各项财产物资和货币资金的保管和使用情况，以及往来款项的结算情况，监督各类财产物资的安全与合理使用。在清查中，如发现财产物资和资金的实有数与账面数不一致，应查明原因，通过一定手续进行处理，并及时调整账簿记录，使账面数额与实际数额保持一致，以保证会计核算资料的正确性和真实性。

（七）编制会计报表

会计报表是根据账簿记录定期编制的、总括反映企业特定时点（月末、季末、年末）的财务状况和一定时期（月、季、年）的经营成果及成本费用等的书面文件。会计报表所提供的各项指标，不仅是上级有关部门考核、分析财务计划和预算的执行情况，投资者进行投资决策的重要依据，也是国家进行宏观管理和调控的重要参考资料，还是社会监督机构的重要参考资料。

上述各种会计核算方法相互联系、密切配合，构成了一个完整的方法体系。在会计核算方法体系中，就其主要工作程序或工作过程来说，涉及三个环节，即填制会计凭证、登记会计账簿和编制会计报表。在一个会计期间内，所有经济业务的发生，都要通过这三个环节来处理会计核算工作，前一个会计期间结束，后一个会计期间开始，这三个环节循环往复。因此一般把这三个会计核算工作的程序，称为会计核算工作循环，简称会计循环。其基本内容是：经济业务发生后，由经办人员填制或取得原始凭证，经会计人员审核整理后，按照设置的会计科目，运用复式记账法，编制记账凭证，经审核无误据以登记账簿，再依据核对无误的凭证和账簿记录对生产经营过程中发生的各项费用进行成本计算，并依据财产清查对账簿记录加以核实，在保证账实相符的基础上，定期编制会计报表。

习题一

一、单项选择题

1. 会计的基本职能是（ ）。

A. 核算与监督　B. 分析与考核　C. 预测与决策　D. 监督与报告

2. 一般来说会计主体与法律主体是（ ）。

A. 有区别的　B. 相互一致的　C. 不相关的　D. 相互可替代的

3. 会计核算和会计监督主要是通过（ ）来进行的。

A. 数量指标　B. 价值量指标　C. 实物量指标　D. 劳动量指标

4. 会计主体是（ ）。

A. 总公司　B. 法律主体

C. 企业法人　D. 对其进行独立核算的特定单位或组织

5. 确立会计核算空间所依据的会计基本假设是（ ）。

A. 会计主体　B. 持续经营　C. 会计分期　D. 货币计量

6. 货币计量实际上包含了另外一个重要的前提（ ）。

A. 会计主体　B. 清算准则　C. 历史成本　D. 币值稳定

7. 会计主体假设对会计工作从（ ）上进行了限定。

A. 内容　B. 人员　C. 时间　D. 空间

8. 2015 年 3 月 20 日采用赊销方式销售商品 50 000 元，6 月 20 日收到货款存入银行。按权责发生制核算时，该项收入应属于（ ）。

A. 2015 年 3 月　B. 2015 年 4 月　C. 2015 年 5 月　D. 2015 年 6 月

9. 划分企业各会计期间收入和费用的会计基础是（ ）。

A. 权责发生制　B. 收入与费用配比

C. 历史成本计量　D. 收付实现制

10. 会计信息以（ ）为主。

A. 货币信息　B. 经济信息　C. 非货币信息　D. 货币和非货币信息

11. 会计对象是企事业单位的（ ）。

A. 财产物资　B. 经济资源　C. 价值运动　D. 劳动耗费

12. 企业应当按照交易或者事项的经济实质进行会计确认、计量和报告，不应仅以交易或者事项的法律形式为依据是（ ）会计信息质量要求。

A. 实质重于形式　B. 可比性

C. 可靠性　　D. 相关性

13. 会计核算应当按照规定的会计方法进行，会计指标应当口径一致，相互可比是依据（　　）会计信息质量要求。

A. 可靠性　　B. 相关性　　C. 可比性　　D. 重要性

14. 下列经济业务不需要进行会计核算的是（　　）。

A. 将库存现金存入银行　　B. 收取销售订金

C. 签订销售合同　　D. 销售商品收取货款

15. 将企业资产和负债区分为流动和长期的前提是（　　）。

A. 会计主体　　B. 持续经营　　C. 会计分期　　D. 货币计量

二、多项选择题

1. 在下列组织中，可以作为会计主体的是（　　）。

A. 事业单位　　B. 总公司　　C. 分公司　　D. 车间

2. 我国的会计期间可以有（　　）。

A. 年度　　B. 半年度　　C. 季度　　D. 月度

3. 会计核算基础包括（　　）。

A. 权责发生制　　B. 永续盘存制　　C. 会计分期　　D. 收付实现制

4. 下列各项中，属于会计核算的基本前提的有（　　）。

A. 会计主体　　B. 持续经营　　C. 会计分期　　D. 货币计量

5. 会计的基本职能包括（　　）。

A. 进行会计核算　　B. 实施会计监督

C. 预测经济前景　　D. 参与经济决策

6. 下列属于会计核算方法的有（　　）。

A. 填制和审核凭证　　B. 登记会计账簿

C. 编制会计报表　　D. 编制财务预算

三、判断题

1. 法律主体必定是会计主体，会计主体也必定是法律主体。（　　）

2. 会计核算只能用货币作为计量单位。（　　）

3. 业主张三将其私人用车库的修建费列入其所开公司的账户上进行核算，这明显地违反了会计主体假设。（　　）

4. 我国企业在进行会计核算时，应当以人民币为记账本位币。（　　）

5. 会计人员可以根据需要频繁地改变会计程序和方法。（　　）

6. 我国会计年度自公历 1 月 1 日起至 12 月 31 日止。（　　）

7. 谨慎性会计信息质量要求指企业要核算可能发生的收入。（　　）

8. 企业应当按照交易或事项的法律实质进行会计核算，而不应当仅仅按照它们的经济形式作为会计核算的依据。（　　）

9. 企业会计核算的基础一般是收付实现制。（　　）

10. 凡是法律主体都应进行独立会计核算。（　　）

四、计算分析题

练习权责发生制和收付实现制基础下收入、费用的确认及利润的计算。

【资料】某企业 2014 年 12 月份发生如下经济业务：

（1）用存款预付明年财产保险费 7200 元。

（2）通过银行收到上月销货款 60 000 元。

（3）销售产品 18 000 元，货款尚未收到。

（4）收到购货单位预付货款 30 000 元，存入银行。

（5）计算本月水电费共 1800 元，因资金周转困难，暂未支付。

（6）销售产品 40 000 元，款已存入银行。

（7）支付上月份房租费 1500 元。

（8）以银行存款支付本月份广告费 2000 元。

（9）计算本月份固定资产折旧费 3000 元。

（10）预提本月应负担的银行借款利息 600 元。

【要求】分别采用权责发生制和收付实现制计算 12 月份的收入、费用和利润。

第二章 会 计 科 目 和 账 户

学习本章，重点应了解会计要素之间的关系，掌握基本的会计等式，理解会计科目设置的原则及其运用，熟悉会计账户的基本结构。

第一节 会计要素和会计等式

一、会计要素的含义

前已述及，企业会计对象是已发生的各项交易或事项。但是，这一概念的涉及面过于广泛，而且很抽象。在会计实践中，为了进行分类核算，从而提供各种分门别类的会计信息，就必须对会计对象的具体内容进行适当的分类，会计对象的具体分类就是会计要素。

会计要素是对会计对象的基本分类，是会计对象的具体化，是反映会计主体的财务状况和经营成果的基本单位。根据《企业财务会计报告条例》及《企业会计准则——基本准则》之规定，会计要素包括资产、负债、所有者权益、收入、费用和利润等。这六大会计要素又可以划分为两大类：

(1) 反映企业在一定时点财务状况的会计要素，又称资产负债表要素，是构成资产负债表的基本单位，包括资产、负债和所有者权益，是资金运动的静态表现。

(2) 反映企业在一定期间经营成果的会计要素，又称利润表要素，是构成利润表的基本单位。包括收入、费用和利润，是资金运动的动态表现。会计要素分类为：

会计对象 → 会计要素 → 反映财务状况三要素 → 资产、负债、所有者权益
会计要素 → 反映经营成果三要素 → 收入、费用、利润

下面，我们将详细阐述各会计要素的具体内容。

二、会计要素的内容

(一) 资产

资产是指由过去的交易、事项形成并由企业拥有或者控制的资源，该资源预期会给企业带来经济利益。拥有或控制一定数量的资产，是企业进行生产经营的前提条件。

1. 资产的基本特征

(1) 资产是由过去的交易或事项所导致的现时权利。也就是说，"过去发生"原则在资产的定义中占有举足轻重的地位。这也是传统会计的一个显著特点。尽管现有的一些现象，特别是衍生金融工具的出现，已对"过去发生"原则提出了挑战，但这一原则仍然在实务中得到了普遍的接受。而将要发生的交易或事项可能产生的结果不能确认为资产。

(2) 资产必须为某一特定主体所拥有或者控制。这是因为，会计并不计量所有的资源，而仅计量在某一会计主体控制之下的资源。因此，会计中所计量的资产就应该，或者说必须归属于某一特定的主体，即具有排他性。这里，拥有是指企业对某项资产拥有所有权，而控制则是指企业实质上已经掌握了某项资产的未来收益和风险，但是目前并不对其拥有所有

权。前者泛指企业的各种财产、债权和其他权利，而后者则指企业只具有使用权而没有所有权的各项经济资源，如企业融资租入的固定资产等。

(3) 资产能为企业带来未来的经济利益。即资产单独或与企业的其他要素结合起来，能够在未来直接或间接地产生净现金流入量。这是资产的本质所在。按照这一特征，判断一个项目是否构成资产，一定要看它是否潜存着未来的经济利益。只有那些潜存着未来经济利益的项目才能确认为资产。而那些已没有经济价值、不能为企业带来经济利益的项目，就不能确认为企业的资产。

2. 资产的分类

资产按其流动性不同，分为流动资产和非流动资产。

(1) 流动资产是指可以在一年或者超过一年的一个营业周期内变现或者耗用的资产，主要包括货币资金、交易性金融资产、应收及预付款项、存货等。其中：

1) 货币资金是指以货币形态存在的资产，包括现金、银行存款、其他货币资金。其他货币资金主要包括外埠存款、银行本票存款、银行汇票存款、信用证存款等。

2) 交易性金融资产是指企业为了近期出售而持有的金融资产，如企业以赚取差价从二级市场购入的股票、债券、基金等。

3) 应收及预付款项是指企业在日常生产经营过程中发生的各项债权，包括应收票据、应收账款、其他应收款和预付账款等。

4) 存货是指企业在日常生产经营过程中持有以备出售，或者仍然处在生产过程中将要消耗，或者在生产或提供劳务的过程中将要耗用的各种材料或物料，包括商品、成品、半成品、在产品各类材料，以及包装物、低值易耗品、委托代销商品等。

(2) 非流动资产是指流动资产以外的资产，主要包括长期股权投资、固定资产、在建工程、工程物资、无形资产、长期待摊费用等。

1) 长期股权投资是指企业持有的对其子公司、合营企业及联营企业的权益性投资，以及企业持有的对被投资单位不具有控制、共同控制或重大影响，且在活跃市场中没有报价、公允价值不能可靠计量的权益性投资。

2) 固定资产是指企业为生产商品、提供劳务、出租或经营管理而持有的，使用年限在一个会计年度以上，并在使用中保持原有实物形态的资产。包括房屋及建筑物、机器设备、运输工具及其他与生产、经营有关的工具器具等。

3) 无形资产是指企业拥有或控制的没有实物形态的可辨认非货币性资产。包括专利权、非专利技术、商标权、著作权、土地使用权、特许权等。

4) 长期待摊费用是指企业已经发生，但应由本期和以后各期负担的，分摊期限在 1 年以上（不含 1 年）的各项费用。包括固定资产大修理支出、租入固定资产改良支出等（按现行会计制度规定，开办费于正式投产当月一次摊销）。

(二) 负债

负债是指由过去的交易、事项所形成的现时义务，履行该义务预期会导致经济利益流出企业。

1. 负债的基本特征

(1) 负债是由过去的交易或事项形成的。也就是说，“过去发生”原则在负债的定义中也占有举足轻重的地位。这也是传统会计的一个显著特点。尽管现有的一些现象，特别是衍生金融工具的出现，对“过去发生”原则提出了挑战，但这一原则仍然在实务中得到了普遍的接受。

(2) 负债是企业的现时义务。现时义务是现时已经存在的不可推卸的经济责任，包括法定义务和推定义务。例如，按税法规定，企业交纳的各种税金即是法定义务。

(3) 负债在将来必须以债权人所能接受的经济资源来加以清偿。这是负债的实质所在。也就是说，负债的实质是将来应该以牺牲资产为代价的一种受法律保护的责任。也许企业可以通过承诺新的负债或通过将负债转为所有者权益等方式来清偿一项现有负债，但这并不与负债的实质特征相背离。在前一种方式下，仅仅是负债的偿付时间被延迟了，最终，企业仍然需要以债权人所能接受的经济资源来清偿债务。在后一种方式下，则相当于企业用增加所有者权益而获得的资产偿还了现有负债。

2. 负债的分类

负债按照其流动性，可以分为流动负债和长期负债。

(1) 流动负债是指将在一年或者超过一年的一个营业周期内偿还的债务，包括短期借款、应付票据、应付账款、预收账款、应付职工薪酬、应交税费、应付股利、其他应付款和将于一年内到期的非流动负债等。

对流动负债还可以按照不同的标准进行再分类。

1) 按照其产生的原因，流动负债可以分为：在借贷过程中形成的流动负债，如短期借款；在结算过程中形成的流动负债，如应付账款；在经营过程中形成的流动负债，如应付职工薪酬；在利润分配过程中形成的流动负债，如应付股利。

2) 按照其应付的金额是否肯定，流动负债可以分为：应付金额肯定的流动负债，如应付账款；应付金额视经营情况而定的流动负债，如应交所得税。

(2) 长期负债是指偿还期在一年或者超过一年的一个营业周期以上的债务，包括长期借款、应付债券、长期应付款等。其中，长期应付款包括应付引进设备款、融资租入固定资产应付款等。此外，将于一年内到期的长期负债应当在流动负债下单列项目予以反映。

(三) 所有者权益

所有者权益是指所有者在企业资产中所享有的经济利益。它在数值上等于企业全部资产减去全部负债后的余额，又称净资产。

对任何企业而言，资金的来源渠道无外乎两个：一是债权人，二是所有者。债权人对企业资产的要求权形成企业的负债，所有者对企业净资产的要求权形成企业的所有者权益。

1. 所有者权益的基本特征

(1) 返还性。除非发生减资、清算或分配现金股利，否则企业不需要偿还所有者权益。

(2) 清算后置性。企业清算时，只有在清偿所有的债务后，所有者权益才返还给所有者。

(3) 利润分配权。所有者凭借拥有的所有者权益能够参与企业的经营决策权及利润分配等各项权利。

2. 所有者权益的分类

(1) 所有者权益按经济内容不同，通常分为实收资本（或股本）、盈余公积、资本公积和未分配利润。

1）实收资本（或股本）是指企业按照章程规定或合同、协议约定，接受投资者投入企业的资本。它是企业注册成立的基本条件之一，也是企业承担民事责任的财力保证。

2）资本公积是指企业收到投资者出资额超出其在注册资本（或股本）中所占份额的部分，以及直接计入所有者权益的利得和损失等。包括资本溢价（或股本溢价）和直接计入所有者权益的利得和损失等。

3）盈余公积是指企业从税后利润中提取的积累资金，包括法定盈余公积、任意盈余公积和法定公益金。

法定盈余公积是指企业按照规定的比例（一般为10%）从净利润中提取的盈余公积；任意盈余公积，指企业经股东大会或类似机构批准后，按照规定的比例从净利润中提取的盈余公积；法定公益金，指企业按照规定的比例（一般为5%～10%）从净利润中提取的。

企业的法定盈余公积和任意盈余公积可以用于弥补亏损、扩大生产经营、转增资本（或股本）或派送新股等。法定公益金只能用于职工集体福利设施建设。

4）未分配利润是指企业实现的净利润经过弥补亏损、提取盈余公积和向投资者分配利润后，留存在企业的、历年结存的利润。相对于所有者权益的其他部分来说，企业对于未分配利润的使用有较大的自主权。

（2）所有者权益按来源不同，可以分为所有者投入的资本、直接计入所有者权益的利得和损失、留存收益。

利得是与所有者投入无关的、会引起所有者权益增加的经济利益流入。如以出售获利为目的而购买的股票、债券等可供出售金融资产其公允价值高于账面余额的差额。损失是指与所有者利润分配无关的、会引起所有者权益减少的经济利益流出。

留存收益是指企业从历年实现的利润中提取或形成的留存于企业的内部积累，包括盈余公积和未分配利润两类。

（四）收入

收入是指企业在日常活动中形成的、会导致所有者权益增加的、与所有者投入无关的经济利益的总流入。

1. 收入的基本特征

（1）收入从企业的日常活动中产生，而不是从偶发的交易或事项中产生。日常活动是指企业日常性的、经常性的活动，如销售商品、提供劳务、让渡资产使用权等。

（2）收入可能表现为企业资产的增加，也可能表现为企业负债的减少，或者二者兼而有之。如销售商品时收到的银行存款，表现为资产的增加；用商品抵偿债务，表现为负债的减少；如销售商品部分用于抵偿债务，部分收取现金，则表现为资产增加和负债减少。

（3）收入能导致企业所有者权益的增加。这里所讲的收入会增加所有者权益，仅指收入本身的影响，而收入减去相关成本费用后的净额，可能导致所有者权益增加，也可能导致所有者权益减少。

（4）收入只包括本企业经济利益的流入，而不包括为第三方或客户代收的款项。代收的款项，一方面增加企业的资产，另一方面增加企业的负债，并没有增加所有者权益，因而不属于企业经济利益的流入，不能作为企业的收入确认。如旅游公司因代游客购买机票而事先向客户收取的款项。

2. 收入的分类

（1）收入按性质不同，可分为销售商品收入、提供劳务收入和让渡资产使用权收入。

（2）收入按企业经营业务的主次不同，可分为主营业务收入和其他业务收入。

主营业务收入是指企业在其主要的或主体业务活动中所取得的营业收入，也称基本业务收入。如工业企业销售产成品、自制半成品及提供工业性劳务等取得的收入。

其他业务收入是指企业在其次要的或附带的业务活动中所取得的营业收入。如工业企业材料销售、技术转让、固定资产出租、包装物出租、无形资产转让、运输等非工业性劳务等取得的收入。

应该予以强调的是，我国的会计法规中对收入的定义是狭义的收入，一般指的是营业收入。广义的收入除了营业收入外，还包括直接计入当期利润的利得，包括投资收益、补贴收入和营业外收入等。其中：

投资收益是指企业对外投资所取得的收益减去发生的投资损失的净额；

补贴收入是指企业按规定实际收到的退还增值税，或按销量或工作量等依据国家规定的补助定额计算并按期给予的定额补贴，以及属于国家财政扶持的领域而给予的其他形式的补贴；

营业外收入是指企业发生的与其生产经营活动无直接关系的各项收入，包括接受捐赠、处置固定资产净收益、处置无形资产净收益和罚款净收入等。

（五）费用

费用是指企业在日常活动中形成的、会导致所有者权益减少的、与向所有者分配利润无关的经济利益的总流出。

1. 费用的基本特征

（1）费用从企业的日常活动中产生，而不是从偶发的交易或事项中产生。日常活动的界定与收入中涉及的日常活动是一致的。将费用界定为日常活动所形成的经济利益流出，目的是将费用与损失区分，非日常活动所形成的经济利益流出不能确认为费用，而应当确认为损失，如企业处置固定资产净损失、无形资产的损失、支付的罚款等。

（2）费用会导致经济利益流出，该流出不包括向所有者分配的利润。费用会导致经济利益的流出，从而导致企业资产的减少或者负债的增加（最终导致资产的减少）。

（3）费用最终会导致企业所有者权益的减少。费用从本质上讲是企业资源的减少，因而最终会导致所有者权益的减少，企业的有些支出并不减少企业的所有者权益，也就不归为企业的费用。如以银行存款偿还银行借款，对所有者权益无影响，因而不构成企业的费用。

2. 费用的分类

费用按经济用途的不同，可以分为成本费用和期间费用。

（1）成本费用是指企业为生产产品、提供劳务等发生的可归属于产品成本、劳务成本等的费用。包括主营业务成本、其他业务成本、营业税金及附加等。

1）主营业务成本是指企业销售商品、提供劳务等经常性活动所发生的成本。企业一般在确认销售商品、提供劳务等主营业务收入时，或在月末，将已销售商品、已提供劳务的成本转入主营业务成本。

2）其他业务成本是指企业确认的除主营业务活动以外的其他经营活动所发生的支出。包括销售材料的成本、出租固定资产的折旧额、出租无形资产的摊销额、出租包装物的成本或摊销等。

3）营业税金及附加是指企业经营活动应负担的相关税费，包括消费税、城市维护建设税、教育费附加和资源税等。

（2）期间费用。期间费用是指不计入产品成本，在某一个会计期间发生应计入当期损益的各项费用，包括管理费用、销售费用和财务费用。

1）管理费用是指企业为组织和管理生产经营活动而发生的各项费用，包括企业的董事会和行政管理部门在企业的经营管理中发生的，或者应当由企业统一负担的公司经费（包括行政管理部门的职工工资、修理费、物料消耗、低值易耗品摊销、办公费和差旅费等）、劳动保险费、聘请中介机构费、咨询费（含顾问费）、诉讼费、业务招待费、税金（房产税、车船使用税、城镇土地使用税、印花税）、技术转让费、矿产资源补偿费、研究费用、绿化费、排污费、无形资产摊销，以及企业生产车间和行政管理部门发生的固定资产修理费用等。

2）销售费用是指企业在销售商品和材料、提供劳务的过程中发生的各项费用，包括运输费、装卸费、包装费、保险费、展览费和广告费，以及为销售本企业的商品而专设的销售机构（含销售网点、售后服务网点等）的职工薪酬、类似工资性质的费用、业务费等经营费用。企业发生的与专设销售机构相关的固定资产修理费用等后续支出属于销售费用。

3）财务费用是指企业为筹集生产经营所需资金等而发生的各项费用，包括利息支出（减利息收入）、汇兑损失（减汇兑收益）及相关的手续费、企业发生或收到的现金折扣等。

（六）利润

利润是指企业在一定会计期间的经营成果。利润包括收入减去费用后的净额、直接计入当期利润的利得和损失等。包括营业利润、利润总额和净利润。

（1）营业利润是指营业收入减去营业成本、营业税金及附加、期间费用、资产减值损失，加上公允价值变动净收益和投资净收益后的余额。

（2）利润总额是指营业利润加上营业外收入，减去营业外支出后的金额。

（3）净利润是指利润总额减去所得税费用后的金额。

三、会计等式

会计等式也称为会计平衡公式，它是表明各会计要素之间基本关系的恒等式。会计对象可概括为资金运动，具体表现为会计要素，每发生一笔经济业务，都是资金运动的一个具体过程，每一资金运动过程都必然涉及相应的会计要素，从而使全部资金运动所涉及的会计要素之间就存在一定的相互联系。会计要素之间的这种内在关系，就可以通过会计平衡等式表现出来，这种平衡等式就叫会计平衡公式。它是设置账户、复式记账和设计会计报表的理论依据。

（一）基本会计等式

基本会计等式表示为

资产＝负债＋所有者权益

也称为第一会计等式，它表明了反映企业财务状况的三个会计要素之间的数量关系。下面我们详细地阐述这一等式的来龙去脉。

众所周知，企业要从事生产经营活动，一方面，必须拥有一定数量的资产。这些资产以各种不同的形态分布于企业生产经营活动的各个阶段，成为企业生产经营活动的基础。另一方面，这些资产要么来源于债权人，形成企业的负债；要么来源于投资者，形成企业的所有者权益。由此可见，资产和负债与所有者权益，实际上是同一价值运动的两个方面。一个是“来龙”，一个是“去脉”。因此，这两方面之间必然存在着恒等关系。也就是说，一定数额的资产必然对应着相同数额的负债与所有者权益，而一定数额的负债与所有者权益也必然对应着相同数额的资产。这一恒等关系用公式表示出来，就是

资产＝负债＋所有者权益

如果把企业的负债称作债权人权益，那么，这个等式就变化为

资产＝债权人权益＋所有者权益

将等式右边的两项权益合并在一起，则等式变为

资产＝权益

这一会计等式既表明了某一会计主体在某一特定时点所拥有的各种资产，同时也表明了这些资产的归属关系。它是设置账户、复式记账以及编制报表等会计方法的理论依据，在会计核算体系中有着举足轻重的地位。因此，会计上又称为基本会计等式。

（二）会计事项的发生对基本会计等式的影响

企业在生产经营过程中，不断地发生各种会计事项。这些会计事项的发生会对有关的会计要素产生影响，但是，却不会破坏上述等式的恒等关系。为什么这样说呢？因为一个企业的会计事项虽然数量多、花样繁，但归纳起来不外乎以下几种：

（1）会计事项的发生，仅引起等式一边发生增减变化，但增减金额相等，总额不变。这里又可分为五种情形：

1）会计事项的发生，导致等式左边，即资产方项目此增彼减，但增减金额相等，故等式保持平衡。

2）会计事项的发生，导致等式右边的负债项目此增彼减，但增减金额相等，故等式保持平衡。

3）会计事项的发生，导致等式右边的所有者权益项目此增彼减，但增减金额相等，故等式保持平衡。

4）会计事项的发生，导致等式右边的负债项目增加，而所有者权益项目减少，但增减金额相等，故等式保持平衡。

5）会计事项的发生，导致等式右边的所有者权益项目增加，而负债项目减少，但增减金额相等，故等式保持平衡。

（2）会计事项的发生，引起等式两边都发生同时增加或减少的变化，但增加或减少的金额相等，等式保持平衡，而两边的总额或增加或减少。这里又可分为四种情形：

1）会计事项的发生，导致等式左边的资产项目增加，而同时导致等式右边的负债项目亦增加相同金额，故等式保持平衡。

2）会计事项的发生，导致等式左边的资产项目增加，而同时导致等式右边的所有者权益项目亦增加相同金额，故等式保持平衡。

3）会计事项的发生，导致等式左边的资产项目减少，而同时等式右边的负债项目亦减少相同金额，故等式保持平衡。

4）会计事项的发生，导致等式左边的资产项目减少，而同时等式右边的所有者权益项目亦减少相同金额，故等式保持平衡。

为了说明问题，我们举例加以论证：

【例 2-1】 光明公司 2015 年 1 月 1 日的资产负债情况为（单位：万元）

$$\begin{array}{ccccc} \text{资产} & = & \text{负债} & + & \text{所有者权益} \\ \hline 100 & = & 30 & + & 70 \end{array}$$

该公司 2015 年 1 月份发生如下会计事项：

（1）从银行取得短期借款 20 万元，存入开户银行。

（2）购买原材料 10 万元，用银行存款支付。

（3）用银行存款归还前欠某公司货款 15 万元。

（4）以应付票据抵付应付账款 5 万元。

根据上述会计事项，我们可以分析它们对会计等式的影响情况：

（1）这项会计事项的发生，使企业的负债（短期借款）增加了 20 万元，同时也使企业的资产（银行存款）增加了 20 万元。它对会计等式的影响为

$$\begin{array}{ccccc} \text{资产} & = & \text{负债} & + & \text{所有者权益} \\ \hline 100+20 & = & 30+20 & + & 70 \\ \hline 120 & = & 50 & & 70 \end{array}$$

（2）这项会计事项的发生，使企业的一项资产（原材料）增加 10 万元，同时使企业的另一项资产（银行存款）减少 10 万元。它对会计等式的影响为

$$\begin{array}{ccccc} \text{资产} & = & \text{负债} & + & \text{所有者权益} \\ \hline 120-10+10 & = & 50 & + & 70 \\ \hline 120 & = & 50 & + & 70 \end{array}$$

（3）这项会计事项的发生，使企业的资产（银行存款）减少 15 万元，同时使企业的负债（应付账款）减少 15 万元。它对会计等式的影响为

$$\begin{array}{ccccc} \text{资产} & = & \text{负债} & + & \text{所有者权益} \\ \hline 120-15 & = & 50-15 & + & 70 \\ \hline 105 & = & 35 & + & 70 \end{array}$$

（4）这项会计事项的发生，使企业的一项负债（应付账款）减少 5 万元，同时使另一项负债（应付票据）增加了 5 万元。它对会计等式的影响为

$$\begin{array}{ccccc} \text{资产} & = & \text{负债} & + & \text{所有者权益} \\ \hline 105 & = & 35+5-5 & + & 70 \\ \hline 105 & = & 35 & + & 70 \end{array}$$

通过以上分析，我们可以得出如下结论：

（1）一项会计事项的发生，可能仅涉及资产与负债和所有者权益中的一方，也可能涉及双方，但无论如何，结果一定是基本会计等式的恒等关系保持不变。

（2）一项会计事项的发生，如果仅涉及资产与负债和所有者权益中的一方，则既不会影

响到双方的恒等关系，也不会使双方的总额发生变动。

(3) 一项会计事项的发生，如果涉及资产与负债和所有者权益中的双方，则虽然不会影响到双方的恒等关系，但会使双方的总额发生同增或同减变动。

上面的分析仅考虑了资产、负债和所有者权益三个会计要素，如果再将收入、费用和利润这三个会计要素考虑进去，那么情况会怎么样呢？

(三) 扩展的会计等式

如果考虑收入、费用和利润这三个会计要素，则基本会计等式就会演变为

资产＝负债＋所有者权益＋（收入－费用）＝负债＋所有者权益＋利润

我们将这一等式称之为扩展的会计等式。下面，我们来考察企业会计事项的发生对该等式的影响：

(1) 企业收入的取得，或者表现为资产要素和收入要素同时、同等金额的增加，或者表现为收入要素的增加和负债要素同等金额的减少，结果，等式仍然保持平衡。

(2) 企业费用的发生，或者表现为负债要素和费用要素同时、同等金额的增加，或者表现为费用要素的增加和资产要素同等金额的减少，结果，等式仍然保持平衡。

(3) 在会计期末，将收入与费用相减得出企业的利润。利润在按规定程序进行分配以后，留存企业的部分（包括盈余公积金和未分配利润）转化为所有者权益的增加（或减少），同时，要么是资产要素相应增加（或减少），要么是负债要素相应减少（或增加），结果，等式仍然保持平衡。

由于收入、费用和利润这三个要素的变化实质上都可以表现为所有者权益的变化，因此，上述三种情况都可以归纳到前面我们总结的九种业务类型中去。也正因为如此，上述扩展的会计等式才会始终保持平衡。

以上分析说明，资产、负债、所有者权益、收入、费用和利润这六大会计要素之间存在着一种恒等关系。会计等式反映了这种恒等关系，因而，它始终成立。任何会计事项的发生都不会破坏会计等式的平衡关系。

第二节　会　计　科　目

一、会计科目的概念和意义

会计科目是对会计要素的具体内容进行分类核算的项目。

如前所述，会计要素是对会计对象的基本分类，包括资产、负债、所有者权益、收入、费用、利润等。企业开展生产经营活动的同时，会计要素的具体内容必定会发生数量、金额的增减变动。例如，用银行存款支付应付工资，应付工资的减少与银行存款的减少同时发生，使得资产和负债两要素数量同时减少。企业经济活动频繁，其所引起的各个会计要素的内部构成及各个会计要素之间的增减变化也错综复杂，表现为不同的形式。因此，需要对会计要素进行明细分类，如将资产分为流动资产、固定资产、无形资产、其他资产等，将流动资产进一步细分为现金、银行存款、应收账款、原材料等。这些对会计要素进一步分类核算的项目就是会计科目。

会计科目是进行会计记录和提供各项会计信息的基础，在会计核算中具有重要意义。

(1) 会计科目是编制记账凭证的基础。记账凭证是确定所发生的经济业务应记入何

种会计科目及分门别类登记账簿的凭证。没有会计科目，记账凭证的编制工作就无法进行。

(2) 会计科目是复式记账的基础。复式记账要求每一笔经济业务在两个或两个以上相互关联的账户中进行登记，以反映资金运动的来龙去脉。复式记账离不开账户，而账户是根据会计科目设置的。

(3) 会计科目的设置为全面、系统、分类地反映和监督各项经济业务的发生情况，以及由此而引起的各项资产、负债、所有者权益的增减变动情况，为正确核算企业的经营收入、经营支出和经营成果创造了条件。

二、会计科目设置的原则

会计科目作为反映会计要素的构成及其变化情况，是提供会计信息的重要手段，在其设置过程中应努力做到科学、合理、适用。应满足下列原则：

(1) 适用性原则。会计科目的设置，必须结合会计对象的特点，能够全面系统地反映会计对象的全部内容，不能有任何遗漏。除各行各业的共性会计科目外，还应根据各行各业会计对象的特点设置相应的会计科目。例如，工业企业是制造工业产品的单位，根据这一业务特点，就必须设置“生产成本”、“制造费用”等科目。商品流通企业是从事商品购销活动的单位，根据这一特点，就须设置“商品进销差价”、“库存商品”等科目。

(2) 相关性原则。在设置会计科目时要兼顾对外报告信息和企业内部加强经营管理的需要，并根据所需提供数据的详细程度，分设总分类科目和明细分类科目，使企业会计核算资料能满足各方面的需要。

(3) 既要适应经济业务发展的需要，又要保持相对稳定。会计科目的设置要适应社会经济环境的变化和本单位业务发展的需要。例如随着技术市场的形成和专利法、商标法的实施，对企业拥有的专利技术、专利权等无形资产的价值及变动情况，有必要专设“无形资产”科目予以反映。但是，会计科目的设置应保持相对稳定，以便在一定范围内综合汇总和在不同的时期对比分析其所提供的核算指标。

(4) 统一性与灵活性相结合。统一性是指在设置会计科目时应根据提供会计信息的要求，按照《企业会计准则》及《企业会计制度》对一些主要会计科目的设置及其核算内容进行统一的规定，以保证会计核算指标在一个部门，乃至全国范围内综合汇总、分析利用。灵活性是指在保证提供统一核算指标的前提下各单位可以根据本单位的具体情况和经济管理要求，对统一规定的会计科目作必要的增补或简并。

(5) 会计科目的设置，从会计科目总体上来讲应保持完整性，会计科目之间应具有互排性。保持完整性是指设置的一套会计科目，应能反映所有的经济业务，所有的经济业务都有特定的会计科目来反映。互排性，指各个会计科目的核算内容相互排斥，不同的会计科目不能有相同的核算内容，否则相同的经济业务就会出现几种不同的会计科目运用，这样，就会造成核算上的不统一。

三、会计科目的分类

(一) 按所反映的经济内容不同

会计科目按其所反映的经济内容不同，可分为资产类、负债类、所有者权益类、成本类和损益类五大类。依据财政部公布的《企业会计准则——应用指南》，节选一般工业企业常用的会计科目如表 2-1 所示。

表 2－1 **会计科目表（常用科目简表）**

编号	会计科目名称	编号	会计科目名称
	一、资产类	1701	无形资产
1001	库存现金	1702	累计摊销
1002	银行存款	1703	无形资产减值准备
1012	其他货币资金	1711	商誉
1101	交易性金融资产	1801	长期待摊费用
1121	应收票据		二、负债类
1122	应收账款	2001	短期借款
1123	预付账款	2201	应付票据
1131	应收股利	2202	应付账款
1132	应收利息	2203	预收账款
1221	其他应收款	2211	应付职工薪酬
1231	坏账准备	2221	应交税费
1401	材料采购	2231	应付利息
1402	在途物资	2232	应付股利
1403	原材料	2241	其他应付款
1404	材料成本差异	2401	递延收益
1405	库存商品	2501	长期借款
1406	发出商品	2502	应付债券
1407	商品进销差价	2701	长期应付款
1408	委托加工物资	2702	未确认融资费用
1411	周转材料	2711	专项应付款
1471	存货跌价准备	2801	预计负债
1501	持有至到期投资	2901	递延所得税负债
1502	持有至到期投资减值准备		三、共同类（略）
1503	可供出售金融资产		四、所有者权益类
1511	长期股权投资	4001	实收资本
1512	长期股权投资减值准备	4002	资本公积
1521	投资性房地产	4101	盈余公积
1531	长期应收款	4103	本年利润
1532	未实现融资收益	4104	利润分配
1601	固定资产		五、成本类
1602	累计折旧	5001	生产成本
1603	固定资产减值准备	5101	制造费用
1604	在建工程	5202	劳务成本
1605	工程物资	5301	研发支出
1606	固定资产清理		六、损益类

续表

编号	会计科目名称	编号	会计科目名称
6001	主营业务收入	6402	其他业务成本
6051	其他业务收入	6403	营业税金及附加
6101	公允价值变动损益	6601	销售费用
6111	投资收益	6602	管理费用
6301	营业外收入	6603	财务费用
6401	主营业务成本		

注 《企业会计准则——应用指南》将会计科目划分为资产类、负债类、所有者权益类、共同类、成本类、损益类六类，但共同类科目只是在某些特殊业务中使用，工商业企业一般涉及不到，因此，本教材根据大纲，将常见的会计科目划分为五类。

（二）按所提供信息的详细程度及其统驭关系不同

会计科目按其所提供信息的详细程度及其统驭关系不同，分为总分类科目和明细分类科目两类。

1. 总分类科目

总分类科目又称一级科目，也称为总账科目。它是按照会计对象的不同经济内容进行的分类，表 2-1 中所列示的会计科目就是一级会计科目，为了满足国家宏观经济管理的需要，原则上由国家统一规定。

2. 明细分类科目

明细分类科目又称明细科目，又可分为二级科目和三级科目。

（1）二级科目。二级科目即二级明细分类科目，又称子目，是在一级科目的基础上分类设置的，用以比较详细的反映和监督资金的变化情况。一级科目和其所属的二级科目，从性质上看是从属关系；从数量上看，一级科目所反映的资金的变化总额与其所属的二级科目反映的资金变化金额之和是相等的。例如，“应收账款”科目属于一级科目，下设的“红星公司”、“凯越公司”科目则属于二级科目。

（2）三级科目。三级科目也称细目，是在二级科目的基础上，对二级科目所反映的经济内容进一步详细分类的会计科目。例如，“原材料”科目属于总账科目，下设的“主要原料”、“辅助材料”、“修理用备件”等二级科目，还可以按材料品种、类别设置三级明细，如“甲材料”、“乙材料”等。

四、会计科目的编号

会计科目的编号是以数字确定会计科目所属类别及在类别中的位置。我国现行的会计科目通常为四位数编号法，依次表示科目的大类、小类以及顺序。

会计科目统一编号，便于编制会计凭证、登记账簿、查阅账目和实行会计电算化。公司不应随便打乱重编。在某些科目之间留有空号，供增设会计科目之用。

第三节 会 计 账 户

一、会计账户的概念和意义

会计账户简称账户，是根据会计科目开设的，具有一定格式和结构，用于分类、系统、连续反映会计要素增减变动及其结果的一种工具。

会计科目是对会计对象的具体内容进行分类的项目，它只能说明某一科目应包括的经济业务的内容，不能反映出经济业务发生后引起的各项资产、负债、所有者权益等项目的增减变动情况及结果。为连续、系统地把各种经济业务发生的情况和由此而引起的各类资金变化情况分门别类地进行反应和监督，必须根据会计科目开设相应的账户，以便提供日常管理上的核算资料。

二、会计账户的基本结构

会计账户的结构是指账页的格式。一个账户，首先需要一个名称（即会计科目），账户名称规定了账户所要核算的经济业务的内容。由于经济业务发生引起的会计要素变动，从数量上看不外乎是增加和减少两种情况。因此，账户结构至少要有两部分，一方登记增加额，另一方登记减少额。同时为了反映增减变化的结果，账户还需要设置反映余额的部分。账页有许多格式，但一般应包括以下内容：

（1）账户的名称（即会计科目）；

（2）日期和凭证号数（记录经济业务的日期和依据）；

（3）摘要（记录经济业务的内容）；

（4）增加和减少金额；

（5）余额。

在实际工作中，常用的三栏式账户的基本格式如表 2－2 所示。

表 2－2　　**总　分　类　账**

会计科目：

年		记账凭证		摘要	对方科目	借　方											贷　方											借或贷	余额										
月	日	字	号			亿	千	百	十	万	千	百	十	元	角	分	亿	千	百	十	万	千	百	十	元	角	分		亿	千	百	十	万	千	百	十	元	角	分

为了方便教学，上述账页通常简化为“T”形格式表示，如图 2－1 所示。

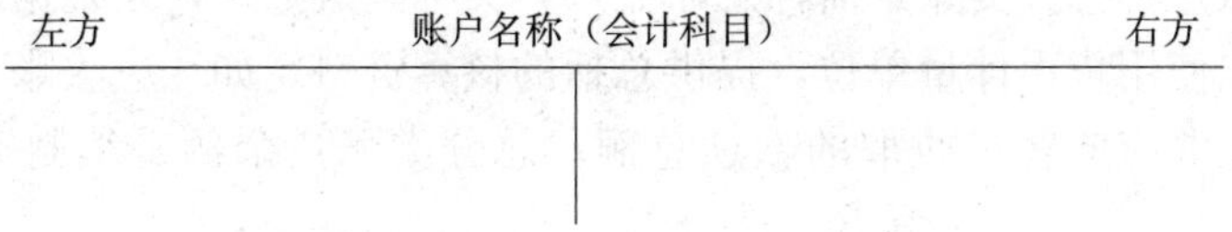

左方　　账户名称（会计科目）　　右方

图 2－1　“T”形账户

账户的左方和右方分别记录增加额和减少额，增减数额相抵后的差额称为账户余额，分为期初余额和期末余额。本期期末余额转入下期，即为下期的期初余额。账户内所登记的增加额、减少额统称为“发生额”，本期增加额和本期减少额是指在一定的会计期间（如月份、季度或年度）内，账户在左方和右方分别登记的增加金额合计和减少金额合计，也称为本期增加发生额和本期减少发生额。因此，账户中记录的金额就有期初余额、本期增加发生额、本期减少发生额和期末余额，这四项核算指标之间的数量关系可用等式表示为

期末余额＝期初余额＋本期增加发生额－本期减少发生额

账户的左、右两方按相反方向来记录增加额和减少额。如果在左方记录增加额，右方则记录减少额；反之，若在右方记录增加额，就应该在左方记录减少额。在具体的账户中，左右双方究竟哪一方记录增加额，哪一方记录减少额，其余额在哪一方，则取决于所采用的记账方法和账户本身的性质。账户的余额一般与记录的增加额在同一方向。具体记录方法在第三章详细介绍。

三、会计科目与会计账户的关系

会计科目与账户是两个既有联系又有区别的概念。

（一）会计账户与会计科目的联系

（1）会计科目与账户都是对会计对象的具体内容所做的进一步分类，两者所反映的经济内容相同。

（2）会计科目是设置账户的基础依据，是账户的名称；账户是根据会计科目开设的，是会计科目的具体运用。从一定意义讲，没有账户，设置会计科目就失去了作用和意义；反之，没有会计科目，设置账户也就没有了依据。

（二）会计科目与会计账户的区别

（1）会计科目只是对经济内容进行分类核算的标志或名称，本身没有什么结构；账户具有一定的结构和格式。

（2）会计科目只能定性界定核算内容；而账户可对经济业务进行定量记录，通过具有一定格式的账页，记录经济业务的增减变动及其余额。

（3）会计科目的作用主要是为开设账户、填制凭证所运用，而账户的作用主要是系统提供某一具体会计对象的会计资料，为编制会计报表和经济管理所运用。

四、会计账户的分类

（一）按账户的经济内容分类

会计账户按其经济内容进行分类是主要的、基本的分类。与会计科目按其反映的经济内容的分类一样，账户可以划分为资产类、负债类、所有者权益类、成本类和损益类五大类，具体内容见表2-1。

（二）按账户提供信息的详细程度分类

按照提供信息的详细程度分类，账户可分为总分类账户和明细分类账户。

（1）总分类账户。总分类账户简称总账账户，又称一级账户，是根据总分类科目开设的账户。总分类账户使用货币计量单位，提供总括的核算资料。如“应收账款”总分类账户提供至当前为止，企业应向客户收取的款项总额。总分类账户余额是编制资产负债表的主要依据。

（2）明细分类账户。明细分类账户简称明细账户，是根据明细分类科目开设的账户。明细分类账户除了使用货币计量单位外，有些还要用实物度量（件、千克、米）辅助计量，提供详细的核算资料。如“应收账款”明细账户详细记录企业应向各具体客户收取的款项情况“原材料”明细账户详细记录各种材料的数量、单价和金额。

总分类账户和明细分类账户的关系是统驭和从属、控制与被控制的关系。总分类账户是所属明细分类账户的统驭账户、控制账户，对所属明细分类账户起统驭、控制作用；明细分类账户是总分类账户的从属账户、被控制账户，对所隶属的总分类账户起补充和说明的作用。两者核算的内容相同，提供的资料互为补充。

习 题 二

一、单项选择题

1. 下列属于资产的是（　　）。

A. 应付账款　B. 预付账款　C. 预收账款　D. 实收资本

2. 下列属于负债的是（　　）。

A. 应收账款　B. 存货　C. 应付职工薪酬　D. 主营业务收入

3. 下列资产中流动性最强的是（　　）。

A. 货币资金　B. 固定资产　C. 长期股权投资　D. 无形资产

4. 下列不属于流动负债的是（　　）。

A. 短期借款　B. 应交税费　C. 应付票据　D. 盈余公积

5. 下列属于所有者权益类会计科目的是（　　）。

A. 制造费用　B. 本年利润　C. 所得税费用　D. 短期借款

6. 下列各项中，不属于反映企业一定期间经营成果的会计要素有（　　）。

A. 所有者权益　B. 收入　C. 利润　D. 费用

7. 对会计要素具体内容进行的再分类称为（　　）。

A. 会计项目　B. 会计科目　C. 会计账户　D. 会计对象

8.（　　）是指企业在日常活动中发生的、会导致所有者权益减少的、与向所有者分配利润无关的经济利益的总流出。

A. 负债　B. 支出　C. 收入　D. 费用

9. 企业以银行存款归还前欠货款，将引起（　　）。

A. 资产一增一减　B. 资产与负债同增

C. 资产与负债同减　D. 负债一增一减

10. 下列业务属于资产内部变化的有（　　）。

A. 从银行提取现金　B. 以银行存款归还借款

C. 将销售收入存入银行　D. 购买材料货款未付

11. 下列业务属于权益内部变化的有（　　）。

A. 收到投资 50 000 元存入银行

B. 收回前欠货款 10 000 元存入银行

C. 生产领料 5000 元

D. 向银行借入短期借款 80 000 元直接偿还应付账款

12. 下列经济业务发生，使资产和权益项目同时增加的是（　　）。

A. 生产产品领用材料　B. 以现金发放工资

C. 以资本公积转增资本金　D. 收到购货单位预付款，并存入银行

13. 下列经济业务发生，不会导致会计等式两边总额发生变化的有（　　）。

A. 收回应收账款并存入银行　B. 从银行取得借款并存入银行

C. 以银行存款偿还应付账款　D. 收到投资者以无形资产进行的投资

14. 下列引起资产和负债同时增加的经济业务是（　　）。

A. 以银行存款偿还银行借款　　B. 收回应收账款存入银行

C. 购进材料一批货款未付　　D. 以银行借款偿还应付账款

15. 会计科目是（　　）。

A. 账户的名称　　B. 账簿的名称

C. 报表项目的名称　　D. 会计要素的名称

16. 账户结构一般分为（　　）。

A. 左右两部分　　B. 上下两部分

C. 发生额、余额两部分　　D. 前后两部分

17. 有关会计科目与账户，下列说法正确的是（　　）。

A. 两者的经济内容不同

B. 账户有结构而会计科目没有

C. 会计科目是根据账户来设置的

D. 两者都能反映会计要素的增减变动情况

18. 某企业本期期初资产总额为 140 000 元，本期期末负债总额比期初增加 20 000 元，所有者权益总额比期初减少 10 000 元，则企业期末资产总额为（　　）元。

A. 170 000　　B. 130 000　　C. 150 000　　D. 120 000

19. 某企业 2014 年 10 月末负债总额 120 万元，11 月份收回应收账款 20 万元，用银行存款归还借款 15 万元，预付购货款 6 万元，11 月末负债总额为（　　）万元。

A. 105　　B. 111　　C. 115　　D. 121

二、多项选择题

1. 下列属于资产要素特点的有（　　）。

A. 必须是有形的经济资源　　B. 是企业拥有或控制的

C. 预期会给企业带来经济利益　　D. 是由过去的交易或事项形成的

2. 费用的发生可能引起（　　）。

A. 资产减少或负债增加　　B. 资产减少或所有者权益增加

C. 负债增加或所有者权益减少　　D. 利润减少，费用增加

3. 下列各项中属于会计科目的有（　　）。

A. 流动资产　　B. 固定资产　　C. 应付股利　　D. 在产品

4. 以资产和权益之间的平衡关系作为理论依据的会计核算方法有（　　）。

A. 设置账户　　B. 复式记账　　C. 试算平衡　　D. 编制会计报表

5. 会计科目是（　　）。

A. 对会计要素进行分类核算的项目　　B. 进行复式记账的依据

C. 账户的名称　　D. 设置账户的依据

6. 会计要素是（　　）。

A. 对会计对象进行的基本分类　　B. 构成会计报表的基本框架

C. 分静态要素和动态要素　　D. 设置会计科目的基本依据

7. 期间费用一般包括（　　）。

A. 财务费用　　B. 管理费用　　C. 制造费用　　D. 销售费用

8. 关于“资产＝负债＋所有者权益”的会计等式，下列提法正确的是（　　）。
A. 它反映了会计静态要素之间的基本数量关系
B. 资产和权益的对应是逐项的一一对应
C. 资产和权益的对应是综合的对应
D. 会计等式右边的排列顺序是任意的，则可以颠倒
9. 账户的基本结构一般应包括的内容有（　　）。
A. 账户名称　B. 日期和凭证号码　C. 摘要　D. 发生额及余额
10. 账户中的各项金额包括（　　）。
A. 期初余额　B. 期末余额　C. 本期增加额　D. 本期减少额
11. 下列等式正确的有（　　）。
A. 资产＝负债＋所有者权益　B. 利润＝收入－费用
C. 资产＝权益　D. 资产＋费用＝负债＋所有者权益＋收入
12. 下面哪些经济业务的发生会影响资产总额的变动（　　）。
A. 购进材料，价款 4000 元，尚未支付
B. 收到某公司前欠贷款 5000 元，存入银行
C. 以银行存款支付应付账款 40 000 元
D. 将债务 80 000 元转为资本
13. 下列经济业务中，属于资产和权益同时减少的有（　　）。
A. 用银行存款归还短期借款　B. 以现金支付职工工资
C. 收到投资款，存入银行　D. 销售产品，货款尚未收到
14. 会计科目与账户之间的关系是（　　）。
A. 会计科目是账户的名称
B. 会计科目就是账户
C. 账户按照会会计科目所作的分类来记录经济业务
D. 账户和会计科目都是对会计对象具体内容的科学分类
15. 下列属于成本类科目的有（　　）。
A. 制造费用　B. 主营业务成本　C. 其他业务成本　D. 生产成本
16. 总分类账户和明细账户的关系是（　　）。
A. 总分类账户提供总括资料，明细账户提供详细资料
B. 总分类账户统驭、控制所属明细账户
C. 所有总分类账户必须附设明细分类账户
D. 明细分类账户补充说明与其相关的总分类账户
17. 会计账户按提供核算指标的详细程度不同，一般分为（　　）。
A. 资产、负债和所有者权益类账户　B. 成本、损益类账户
C. 总分类账户　D. 明细分类账户

三、判断题

1. 账户是按照规定的会计科目来设置的，会计科目就是账户的名称。（　　）
2. 所有经济业务的发生，都会引起会计恒等式两边发生变化，但不破坏其平衡关系。（　　）

3. 资产＝权益这一会计等式在企业存续期间的任何时点上都是成立的。（　）

4. 每笔经济业务的发生，都会影响到资产和权益的变化。（　）

5. “T”字形账户的左方登记的是增加额，右方登记的是减少额。（　）

6. 会计科目具有一定的结构，通常划分为左、右两方。（　）

7. 设置会计科目要遵循统一性和灵活性相结合的原则。（　）

8. 为了保证会计核算指标在同一部门，乃至全国范围内进行综合汇总，所有会计科目及其核算内容都应由国家统一规定。（　）

9. 设置账户是会计核算的一种专门方法。（　）

10. 会计要素中既有反映财务状况的要素，又有反映经营成果的要素。（　）

四、实务操作题

1.【目的】练习会计要素的分类及会计等式。

【资料】某企业 2014 年 10 月 31 日的有关资料如表 2－3 所示。

表 2－3　某企业有关资料

序号	项　目	资产	权　益	
			负债	所有者权益
1	库存现金 600 元			
2	存在银行的款项 95 000 元			
3	生产车间厂房 280 000 元			
4	生产车间使用的机器设备 330 000 元			
5	运输车辆 250 000 元			
6	库存产品 75 000 元			
7	车间正在加工的产品 86 500 元			
8	库存生产用材料 85 000 元			
9	投资人投入的资本 800 000 元			
10	应付的购料款 142 000 元			
11	尚未缴纳的税金 6570 元			
12	向银行借入的短期借款 72 000 元			
13	应收产品的销货款 115 000 元			
14	采购员出差预借差旅费 2000 元			
15	购入的专利权 250 000 元			
16	发行的企业债券 317 000 元			
17	已完工入库的产成品 95 000 元			
18	提取的盈余公积 68 530 元			
19	接受捐赠 126 000 元			
20	未分配利润 132 000 元			
合计				

【要求】（1）根据表 2－3 中各项目的内容，将其金额分别填入该表中各栏。

（2）验证资产和权益是否相等。

2.【目的】熟悉经济业务对会计等式的影响。

三星公司 2015 年 7 月发生下列经济业务以前的资产总额为 956 000 元，该公司 2015 年 7 月份发生的经济业务如下：

（1）从银行提取现金 2000 元，作为备用金。

（2）收到投资者投入资本 210 000 元，存入银行。

（3）以银行存款 32 500 元，支付前欠大众工厂的购料款。

（4）从银行取得借款 23 000 元，归还前欠东方工厂的购料款

（5）以银行存款上缴所欠税金 8500 元。

（6）向 MN 公司购买材料 14 000 元，货款尚未支付。

（7）采购员李平出差，预支差旅费 3000 元，以银行存款支付。

（8）生产领用材料 12 000 元。

（9）向银行借入资金 150 000 元，存入银行。

（10）收回 A 企业前欠的销货款 35 000 元，存入银行。

【要求】（1）分析每笔经济业务所引起的资产和权益有关项目增减变动情况，指出属于何种类型的经济业务。

（2）计算资产和权益增减净额，验证两者是否相等。

（3）计算三星公司 2015 年 7 月发生上述经济业务以后的资产和权益总额，验证两者是否相等。

3.【目的】熟悉总分类科目与明细分类科目。

【资料】某公司设置的会计科目有：原材料、A 材料、应收 B 公司货款、应付账款、生产成本、财务费用、应交税费、应收账款、应交增值税、固定资产、应交所得税、应付 A 公司货款、B 材料、交易性金融资产。

【要求】分析上述科目中哪些是总分类科目，哪些是明细分类科目，并将结果填入表 2-4。

表 2-4　　某公司会计科目

总分类科目	明细分类科目

第三章 复 式 记 账

本章阐述复式记账的理论与方法。学习本章，要求理解复式记账的特点，着重掌握复式记账的记账符号、账户结构、记账规则和试算平衡，为以后各章的学习打下坚实的基础。

第一节 复式记账原理

一、记账方法的种类

记账方法是在账簿中登记经济业务的方法。经济业务的发生会引起各有关会计要素的增减变动。如何将这些经济业务记录在有关的账户中，曾采用过不同的方法，即单式记账法和复式记账法两种。

（一）单式记账法

单式记账法是指对发生的经济业务，只在一个账户中进行记录的记账方法。例如，用银行存款购买材料，业务发生后只在账户中记录银行存款的付出业务，而对材料的收入业务，却不在账户中记录。

单式记账法是一种比较简单、不完整的记账方法。它重点考虑的是现金、银行存款以及债权债务方面发生的经济业务。因此，一般只设置"现金"、"银行存款"、"应收账款"、"应付账款"等账户，而没有一套完整的账户体系，也不形成账户之间的对应关系，所以不能全面系统地反映经济业务的来龙去脉，也不便于检查账户记录的正确性。这种记账法目前实务上已不采用。

（二）复式记账法

复式记账法是指对发生的每一项经济业务，都以相等的金额，在相互关联的两个或两个以上账户中进行记录的记账方法。例如上述用银行存款购买材料业务，按照复式记账方法则应以相等的金额，一方面在银行存款账户中记录银行存款的付出业务，另一方面在原材料账户中记录材料增加业务。

二、复式记账法的特点

复式记账法是以会计等式为依据建立的一种记账方法，其特点是：①对于每一项经济业务，都在两个或两个以上相互关联的账户中进行记录。这样，在将全部经济业务都相互联系地记入各有关账户后，通过账户记录不仅可以全面、清晰地反映出经济业务的来龙去脉，还能够全面、系统地反映经济活动的过程和结果。②由于每项经济业务发生后，都是以相等的金额在有关账户中进行记录，因而可据以进行试算平衡，以检查账户记录是否正确。

复式记账法由于具备上述特点，因而被世界各国公认为是一种科学的记账方法而被广泛采用。

复式记账法主要包括借贷记账法、增减记账法和收付记账法。目前，我国的企业和行政、事业单位采用的记账方法是复式记账法中的借贷记账法。这是因为借贷记账法经过数百年的实践，已被全世界的会计工作者普遍接受，是一种比较成熟、完善的记账方法。另外，从实务角度看，企业间记账方法不统一，会给企业间横向经济联系和国际经济交往带来诸多不便；不同行业、企业记账方法不统一，也必然会加大跨行业的公司和企业集团会计工作的难度，使经济活动信息和经营成果不能及时、准确地反映。因此，统一全国各个行业企业和行政事业单位的记账方法，对会计核算工作的规范和更好地发挥会计的作用具有重要意义。

第二节 借 贷 记 账 法

借贷记账法是指以“借”、“贷”作为记账符号，反映各项会计要素增减变动情况的一种复式记账方法。

一、借贷记账法的记账符号

记账符号反映的是各种经济业务金额的增加或减少。

（一）“借”、“贷”是抽象的记账符号

“借”、“贷”作为记账符号，用来指明记账的增减方向、账户之间的对应关系和账户余额的性质等，而与两个文字的字义及其在会计史上的最初含义无关。“借”、“贷”是会计的专门术语，并已经成为通用的国际商业语言。

（二）“借”、“贷”表示增加或减少

“借”、“贷”作为记账符号，具有增加或减少的双重意义。至于“借方”表示增加或减少，还是“贷方”表示增加或减少，取决于账户的性质及结构。对于某个具体账户，借贷方所登记的增减正好相反。一般来说，“借方”表示资产、成本、费用的增加，负债、所有者权益、收入、利润的减少；“贷方”表示资产、成本、费用的减少，负债、所有者权益、收入、利润的增加，如图 3-1 所示。

借 贷 方 向

借	贷
资产的增加	资产的减少
负债、所有者权益的减少	负债、所有者权益的增加
成本费用的增加	成本费用的减少
收入利润的减少	收入利润的增加

图 3-1 借贷方向示意图

二、借贷记账法的账户结构

在借贷记账法下，账户的基本结构为左方为借方，右方为贷方。但哪一方登记增加，哪一方登记减少，则要根据账户反映的经济业务的内容决定。

（一）资产类账户的基本结构

资产类账户的借方登记增加额，贷方登记减少额，一般为借方余额（账户余额一般在增加方），表示资产的结余数额，如图 3-2 所示。

资产类账户名称

借	贷
期初余额	
本期增加额	本期减少额
本期借方发生额合计	本期贷方发生额合计
期末余额	

图 3-2 资产类账户结构示意图

资产类账户的期末余额计算公式为

期末借方余额＝期初借方余额＋本期借方发生额－本期贷方发生额

（二）负债、所有者权益类账户的基本结构

负债、所有者权益类账户的借方登记减少额，贷方登记增加额，如有余额，一般为贷方余额，表示权益的结余数额，如图 3-3 所示。

负债、所有者权益类账户名称

借	贷
	期初余额
本期减少额	本期增加额
本期借方发生额合计	本期贷方发生额合计
期末余额	

图 3-3 负债、所有者权益类账户结构示意图

负债、所有者权益类账户的期末余额计算公式为

期末贷方余额＝期初贷方余额＋本期贷方发生额－本期借方发生额

（三）成本类账户的基本结构

成本类账户的借方登记增加额，贷方登记减少额或转出数，期末一般没有余额，如有余额则为借方余额，表示期末某项资产余额，如图 3-4 所示。

成本类账户名称

借	贷
期初余额	
本期增加额	本期减少额
本期借方发生额合计	本期贷方发生额合计
期末余额	

图 3-4 成本类账户结构示意图

成本类账户的期末余额计算公式与资产类账户相同。

期末借方余额＝期初借方余额＋本期借方发生额－本期贷方发生额

（四）损益类账户的基本结构

损益类账户是计算利润或亏损的账户。从广义上讲，收入－费用＝利润（或亏损），所以收益类账户分为两类：收入类账户和费用类账户。

1. 收入类账户的基本结构

收入类账户的借方登记减少额或转出额，贷方登记增加额。由于期末要将账户的余额转入所有者权益有关账户，所以期末没有余额，如图 3-5 所示。

收入类账户名称

借	贷
本期减少额	本期增加额
本期借方发生额合计	本期贷方发生额合计

图 3－5 收入类账户结构示意图

2. 费用类账户的基本结构

费用类账户的借方登记增加额，贷方登记减少额或转出额。由于期末要将账户的余额转入所有者权益有关账户，所以期末没有余额，如图 3－6 所示。

费用类账户名称

借	贷
本期增加额	本期减少额
本期借方发生额合计	本期贷方发生额合计

图 3－6 费用类账户结构示意图

上所述，成本、费用类账户可以纳入资产类账户中，收入类账户可以纳入负债及所有者权益类账户中。因此，账户的基本结构可以分成两大类，及资产类账户（包括成本、费用类账户）和权益类账户（包括负债、所有者权益和收入类账户），如图 3－7 所示。

资产、成本费用类账户

借	贷
登记增加额	登记减少额

负债、所有者权益、收入类账户

借	贷
登记减少额	登记增加额

图 3－7 账户结构分类示意图

将账户结构分成两大类，主要是便于初学者掌握。但由于会计要素之间往往会相互转化，因而对所有账户这种分类的理解也不要绝对化。例如应收账款是资产，如果多收了，那么多收部分就转化成应退还给对方的款项，变为负债。另外，“应收账款”账户还可以登记预收账款这一负债项目的增减变动，因而期末余额也可能出现在贷方。

类似情况在很多账户都存在。也就是说，这些账户实际上都是既反映资产，又反映负债；既反映债权，又反映债务的双重性质的账户。期末，根据账户余额的方向确定其反映的经济业务的性质。因此，学习中应注意对借贷记账法账户基本结构的深入理解和掌握。

三、借贷记账法的记账规则

借贷记账法的记账规则，概括地说就是“有借必有贷，借贷必相等”。

根据复式记账的原理，任何一项经济业务都必须以相等的金额，借贷相反的方向，在两个或两个以上相互关联的账户中进行登记。举例如下：

（1）用银行存款 2000 元购买材料。这项业务的发生，使原材料和银行存款两个流动资产项目一增一减。增加记借方，减少记贷方，借、贷方金额都为 2000 元，是相等的。

（2）向银行借入短期借款 100 000 元，直接偿还应付账款。这项业务的发生，使短期借款和应付账款两个流动负债项目一增一减。增加记贷方，减少记借方，借贷金额相等，都为 100 000 元。

（3）接受其他企业投资新设备一台，价值 30 000 元。这项业务的发生，使固定资产这一资产项目和实收资本这一所有者权益项目都增加 30 000 元。资产增加记借方，所有者权益增加记贷方，借贷金额相等，都是 30 000 元。

（4）用银行存款 50 000 元归还长期借款。这项业务的发生，银行存款这一流动资产项目和长期借款这一长期负债项目同时减少 50 000 元。流动资产减少记贷方，长期负债减少记借方，借贷金额相等。

遇有复杂的经济业务，需要登记在一个账户的借方和几个账户的贷方，即一借多贷或在几个账户的借方和一个账户的贷方，即多借一贷，但借贷双方的金额也必须相等。

记账规则是记账的依据，也是核对账目的依据。

运用借贷记账法记账时，在有关账户之间会形成应借、应贷的相互关系，这种关系叫做账户的对应关系。发生对应关系的账户叫对应账户。

四、会计分录

（一）会计分录的概念

会计分录就是对每一项经济业务指明其应登记的账户名称、记账方向和金额的一种记录。在实际工作中，业务发生后，会计人员先要填制记账凭证（即编制会计分录），然后才能记入有关账簿的账户中。

会计分录必须具备三个要素：①账户的名称，即会计科目；②记账方向的符号，即借方和贷方；③记录的金额。

（二）会计分录的格式

会计分录的格式是：①先借后贷即借方在前，贷方在后；②贷方文字和数字都要比借方后退两格书写；③在一借多贷或一贷多借和多借多贷的情况下，有几个账户的一方（如多借或多贷的一方）文字要左对齐，而金额要右对齐；④金额后面不加元、角、分等。

（三）会计分录的编制方法

编制会计分录，应按以下步骤进行：

（1）一项经济业务发生后，首先分析这项业务涉及哪些账户，明确账户名称；

（2）根据第一步分析来确定应记账户是增加了还是减少了；

（3）根据会计科目表，确定记入哪个账户的借方或贷方；

（4）确定应记入每个账户的金额，并检验借贷方金额是否相等，有无错误。

以“用银行存款 50 000 元，归还长期借款”为例。按上述步骤，经分析这项业务涉及的是银行存款和长期借款同时减少；资产减少记贷方，负债减少记借方。据此，编制会计分录如下：

借：长期借款　　　50 000

　　贷：银行存款　　　50 000

根据会计分录，登记有关账户：

（四）会计分录的分类

会计分录有两种：①简单会计分录，指一个账户借方只同另一个账户贷方发生对应关系的会计分录，即一借一贷的会计分录；②复合会计分录，指一个账户借方与几个账户贷方发生对应关系，或相反，一个账户贷方与几个账户借方发生对应关系的会计分录，即一借多贷或多借一贷的会计分录。比如，某企业生产产品领用原材料 5000 元，车间一般消耗领用原材料 500 元。若用简单的会计分录应作两笔，即

（1）借：生产成本 5000
　　贷：原材料 5000
（2）借：制造费用 500
　　贷：原材料 500

上述分录也可合并为如下复合分录：

借：生产成本 5000
　制造费用 500
　贷：原材料 5500

上面的两个会计分录为简单会计分录，下面的会计分录则为多借一贷的复合会计分录。

通常情况下，复合会计分录的形式可以是一借多贷或一贷多借。特殊经济业务也可以编制多借多贷的会计分录。

五、借贷记账法的试算平衡

为了检验一定时期内所发生经济业务在账户中记录的正确性，需要在会计期末（月末、季末、年末）进行账户的试算平衡。所谓试算平衡，是指根据资产与权益的恒等关系及借贷记账法的记账规则，检查所有账户记录是否正确的过程。它包括发生额试算平衡和余额试算平衡两种方法。

（一）发生额试算平衡

发生额试算平衡是通过本期所有账户的借方发生额合计与贷方发生额合计是否相等，来检验本期发生额记录是否正确的方法。其计算公式为

全部账户本期借方发生额合计＝全部账户本期贷方发生额合计

发生额试算平衡的理论依据是借贷记账法的记账规则，即“有借必有贷，借贷必相等”。由于每一笔经济业务的会计分录借贷两方的发生额是相等的，因此，将一定时期内的全部经济业务的会计分录全部计入有关账户后，所有账户的借方发生额合计与贷方发生额合计也必然相等。如果不相等，必然是在记账过程中出现了差错，应及时查找并更正。

（二）余额试算平衡

余额试算平衡是根据本期所有账户借方余额合计与贷方余额合计是否相等，来检验本期账户记录是否正确的方法。根据余额时间不同，又分为期初余额平衡与期末余额平衡两类。其计算公式为

全部账户的借方期初余额合计＝全部账户的贷方期初余额合计

全部账户的借方期末余额合计＝全部账户的贷方期末余额合计

余额试算平衡的理论依据是“资产＝负债＋所有者权益”这一会计恒等式。因为资产类账户的期末余额一般都是在借方（成本费用类账户如有余额也在借方，视作资产），所有账户的借方余额合计就是资产总额；负债及所有者权益类账户的期末余额都在贷方（收入类账户如有余额也在贷方，视作权益），所有账户的贷方余额合计就是负债及所有者权益总额，所以在一定时点上，全部账户的借方余额合计数应当等于全部账户的贷方余额。如果不相

等，说明账户记录有差错，应及时查找并更正。

下面举例说明，采用借贷记账法如何编制会计分录、登记账户和进行试算平衡。

（1）某企业总分类账户的月初余额（见表3-1）。

表3-1 **某企业总分类账户的月初余额** （单位：元）

资　产	金　额	负债及所有者权益	金　额
银行存款	25 400	短期借款	10 000
原材料	60 000	应付账款	4600
库存商品	8200	实收资本	205 000
固定资产	150 000	资本公积	10 000
生产成本	6000	盈余公积	20 000
合　计	249 600	合　计	249 600

（2）该企业本月发生下列经济业务。

1）用银行存款购买原材料5400元，材料已验收入库，货款已付；

2）向银行借入短期借款2600元，直接偿还应付账款；

3）用银行存款偿还短期借款5000元；

4）收到投资者追加投资60 000元，存入银行；

5）本期生产A产品，领用原材料10 000元；

6）销售A产品一批，价款8000元，款项已收讫并存入银行；

7）结转本期A产品销售成本6500元。

（3）根据上述经济业务编制会计分录。

1）借：原材料　5400
　　应交税费——应交增值税（进项税额）　918
　　贷：银行存款　6318

2）借：应付账款　2600
　　贷：短期借款　2600

3）借：短期借款　5000
　　贷：银行存款　5000

4）借：银行存款　60 000
　　贷：实收资本　60 000

5）借：生产成本——A产品　10 000
　　贷：原材料　10 000

6）借：银行存款　9360
　　贷：主营业务收入　8000
　　　　应交税费——应交增值税（销项税额）　1360

7）借：主营业务成本　6500
　　贷：库存商品——A产品　6500

（4）根据以上会计分录登记账户，期末结出账户的本期发生额和期末余额。

借方	银行存款		贷方
期初余额	25 400	1)	6318
4)	60 000	3)	5000
6)	9360		
本期发生额	69 360	本期发生额	11 318
期末余额	83 442		

借方	库存商品		贷方
期初余额	8200	7)	6500
本期发生额	0	本期发生额	6500
期末余额	1700		

借方	原材料		贷方
期初余额	60 000	5)	10 000
1)	5400		
本期发生额	5400	本期发生额	10 000
期末余额	55 400		

借方	固定资产		贷方
期初余额	150 000		
本期发生额	0	本期发生额	0
期末余额	150 000		

借方	生产成本		贷方
期初余额	6000		
5)	10 000		
本期发生额	10 000	本期发生额	0
期末余额	16 000		

借方	资本公积		贷方
		期初余额	10 000
本期发生额	0	本期发生额	0
		期末余额	10 000

借方	短期借款		贷方
3)	5000	期初余额	10 000
		2)	2600
本期发生额	5000	本期发生额	2600
		期末余额	7600

借方	盈余公积		贷方
		期初余额	20 000
本期发生额	0	本期发生额	0
		期末余额	20 000

借方	应付账款		贷方
2)	2600	期初余额	4600
本期发生额	2600	本期发生额	0
		期末余额	2000

借方	主营业务收入		贷方
		6)	8000
本期发生额	0	本期发生额	8000
		期末余额	8000

借方	实收资本		贷方
		期初余额	205 000
		4)	60 000
本期发生额	0	本期发生额	60 000
		期末余额	265 000

借方	应交税费—应交增值税		贷方
1)	918	6)	1360
本期发生额	918	本期发生额	1360
		期末余额	442

借方	主营业务成本		贷方
7)	6500		
本期发生额	6500	本期发生额	0
期末余额	6500		

（5）根据账户记录进行试算平衡（见表3-2）。

表3-2 **发生额及余额试算平衡表** （单位：元）

会计科目	期初余额		本期发生额		期末余额	
	借方	贷方	借方	贷方	借方	贷方
银行存款	25 400		69 360	11 318	83 442	
原材料	60 000		5400	10 000	55 400	
库存商品	8200			6500	1700	
固定资产	150 000				150 000	
生产成本	6000		10 000		16 000	
短期借款		10 000	5000	2600		7600
应付账款		4600	2600			2000
应交税费			918	1360		442
实收资本		205 000		60 000		265 000
资本公积		10 000				10 000
盈余公积		20 000				20 000
主营业务收入				8000		8000
主营业务成本			6500		6500	
合 计	249 600	249 600	99 778	99 778	313 042	313 042

必须指出，经试算的借贷方数额如果不等，肯定是记账有错误；如果相等，一般说来记账是正确的，除非借方和贷方都多记或少记了相同的金额，或者应借应贷科目写错，或者借贷方向弄反。这时还必须通过其他的检查方法进行核对和检查。

一、单项选择题

1. 在复式记账法下，对每项经济业务都在（　　）账户中进行登记。

   A. 一个　　B. 两个　　C. 两个或两个以上　　D. 全部

2. 下列会计分录中，属于简单会计分录的是（　　）的会计分录。

   A. 一借多贷　　B. 一贷多借　　C. 一借一贷　　D. 多借多贷

3. 账户余额一般与（　　）在同一方向。

   A. 减少额　　B. 增加额　　C. 借方发生额　　D. 贷方发生额

4. 在借贷记账法中，账户哪方记增加数，哪方记减少数是由（　　）决定的。

   A. 账户的结构　　B. 账户的性质　　C. 账户的用途　　D. 账户的名称

5. 存在对应关系的账户称为（　　）。

   A. 对应账户　　B. 平衡账户　　C. 总分类账户　　D. 联系账户

6. 在借贷记账法下，所有者权益账户的期末余额等于（　　）。

   A. 期初贷方余额＋本期贷方发生额－本期借方发生额

   B. 期初借方余额＋本期贷方发生额－本期借方发生额

C. 期初借方余额＋本期借方发生额－本期贷方发生额

D. 期初贷方余额＋本期借方发生额－本期贷方发生额

7. 在编制“总分类账户发生额及余额试算平衡表”中，若出现三对平衡数字，则（　　）。

A. 全部总账账户记录一定正确

B. 全部总账账户记录也不能认为肯定无错

C. 全部明细分类账户记录一定正确

D. 全部明细分类账户记录也不能认为肯定无错

8. 在账户中，用“借方”和“贷方”登记资产和负债、所有者权益的增减数额，按照账户结构，概括地说是（　　）。

A. “借方”登记资产的增加和负债、所有者权益的减少；“贷方”反之

B. “借方”登记资产和负债、所有者权益的增加；“贷方”反之

C. “借方”登记资产和负债、所有者权益的减少；“贷方”反之

D. “借方”登记资产的减少和负债、所有者权益的增加

9. 在下列账户中，期末一般无余额的账户有（　　）。

A. 库存现金　　B. 管理费用　　C. 利润分配　　D. 短期借款

10. 假如企业某资产账户期初余额为 5600 元，期末余额为 5700 元，本期贷方发生额为 800 元，则本期借方发生额为（　　）元。

A. 900　　B. 10 500　　C. 700　　D. 12 100

11. 下列记账错误可以通过试算平衡发现的有（　　）。

A. 漏记经济业务　　B. 借贷金额不等

C. 重记经济业务　　D. 借贷方向颠倒

12. 若会计分录为借记银行存款，贷记短期借款，则其反映的经济业务的内容是（　　）。

A. 以银行存款偿还短期借款　　B. 收到某企业前欠货款

C. 取得短期借款存入银行　　D. 收到银行投入的货币资金

13. 我国法定的记账方法是（　　）。

A. 复式记账法　　B. 单式记账法　　C. 借贷记账法　　D. 以上均可

二、多项选择题

1. 借贷记账法的基本内容包括（　　）。

A. 记账符号　　B. 账户结构　　C. 记账规则　　D. 试算平衡

2. 下列说法正确的是（　　）。

A. 账户的余额一般与记录增加额在同一方向

B. 损益类账户在期末结转后一般无余额

C. 成本类账户如有余额，则按负债账户期末余额计算公式计算

D. 账户期末余额的计算与其发生额无关

3. 每笔会计分录都包括（　　）。

A. 会计科目　　B. 记账方向　　C. 记账金额　　D. 核算方法

4. 在借贷记账法下，属于资产类账户的有（　　）。

A. 银行存款　　B. 实收资本　　C. 制造费用　　D. 累计折旧

5. 在借贷记账法下，期末结账后，一般有余额的账户有（　　）。

A. 资产类账户　　B. 损益类账户
C. 负债类账户　　D. 所有者权益类账户

6. 某企业生产产品领用材料5000元，车间一般消耗领用2000元，应记入下列（　　）账户的借方。
A. 原材料　　B. 管理费用　　C. 生产成本　　D. 制造费用

7. 对于费用类账户来讲（　　）。
A. 其增加额记入账户的借方　　B. 其减少额记入账户的贷方
C. 期末一般没有余额　　D. 如有期末余额，必然为借方余额

8. 在借贷记账法下，账户的贷方应登记（　　）。
A. 负债的增加　　B. 收入、利润的增加的减少
C. 资产、费用的减少　　D. 所有者权益的增加

9. 借贷记账法的试算平衡法包括（　　）。
A. 借贷平衡法　　B. 发生额平衡法
C. 余额平衡法　　D. 借方发生额平衡法

10. 下列各账户中，期末余额可能在借方也可能在贷方的有（　　）。
A. 预收账款　　B. 预付账款　　C. 短期借款　　D. 管理费用

11. 下列个账户，在借贷记账法下，本期增加的金额应计入贷方的有（　　）。
A. 短期借款　　B. 预付账款　　C. 预收账款　　D. 实收资本

12. 某单位购入一批材料，用银行存款支付一部分货款后，余款暂欠，原材料已入库。该业务涉及的账户有（　　）。
A. 原材料　　B. 应付账款　　C. 银行存款　　D. 预付账款

13. 下列账户中，月末或年末结转后一般无余额的是（　　）。
A. 主营业务成本　　B. 银行存款　　C. 财务费用　　D. 应付账款

14. 总分类账户余额试算平衡表中的平衡关系有（　　）。
A. 全部账户的本期借方发生额合计＝全部账户的本期贷方发生额合计
B. 全部账户的期初借方余额合计＝全部账户的期末贷方余额合计
C. 全部账户的期初借方余额合计＝全部账户的期初贷方余额合计
D. 全部账户的期末借方余额合计＝全部账户的期末贷方余额合计

15. 下列错误中，不能通过试算平衡发现的有（　　）。
A. 某项经济业务未登记入账
B. 借贷双方同时多记了相等的金额
C. 借贷双方同时少记了相等的金额
D. 应借应贷的账户中错记了借贷方向

三、判断题

1. 借、贷不仅作为记账符号，其本身的含义也应考虑，“借”只能表示债权的增加，“贷”只能表示债务的增加。（　　）

2. 对于不同性质的账户，借、贷的含义有所不同。（　　）

3. 借贷记账法下账户的基本结构是：每一个账户的左边均为借方，右边均为贷方。（　　）

4. 借贷记账法下，记录任何一笔经济业务时，如果在一个账户中记增加，在另一个或几个账户中则一定记减少。（　）

5. 账户的对应关系是指某个账户的借方与贷方的关系。（　）

6. 凡是余额在借方的都是资产类账户。（　）

7. 在实务中，会计分录是在记账凭证上登记的。（　）

8. 借贷记账法的基本内容，主要包括记账符号、账户设置、记账规则和试算平衡。（　）

9. 某企业的试算平衡表实现了平衡关系，那么这个企业的账户记录就是正确无误的。（　）

10. 账户期末借方发生额合计数与贷方发生额合计数相等。（　）

四、实务操作题

1.【目的】练习账户结构及账户金额的计算方法。

【资料】会通公司 2014 年 12 月 31 日有关账户的资料如下：

账户名称	期初余额		本期发生额		期末余额	
	借方	贷方	借方	贷方	借方	贷方
库存现金	4000		2000		4750	
银行存款	75 000		50 000	91 000		
应收账款			52 300	43 000	17 000	
短期借款		50 000		25 000		45 000
实收资本		150 000		0		150 000
固定资产	67 000		5400		56 500	
原材料			6450	8670	7410	
应付账款		2000		1500		2100

【要求】根据账户的期初余额、本期发生额和期末余额的关系，计算并填写上列表格的空格。

2.【目的】练习借贷记账法的应用及试算平衡表的编制

【资料】假定某工厂 2015 年 3 月各资产、负债和所有者权益账户期初余额如下：

（单位：元）

资产类账户	金　额	负债及所有者权益类账户	金　额
库存现金	200	负债：	
银行存款	130 000	短期借款	580 000
应收账款	12 000	应付账款	16 500
生产成本	24 000	合计	596 500
原材料	30 000	所有者权益：	
其他应收款	300	实收资本	250 000
固定资产	650 000	所有者权益合计	250 000
总计	846 500	总计	846 500

该工厂3月发生下列经济业务：

(1) 以银行存款6000元偿还银行借款。

(2) 收到外商投资100 000元存入银行。

(3) 以银行存款2500元，偿还前欠某工厂购货款。

(4) 收到购货单位前欠的货款3000元，其中支票2700元存入银行，另收现金300元。

(5) 以银行借款20 000元购买设备一台。

(6) 采购员预借差旅费800元，以现金付讫。

(7) 购进材料一批，计价15 000元，以银行存款支付，材料验收入库。

(8) 从银行提取现金500元，以备零星开支。

(9) 生产车间领用材料10 000元。

(10) 收到某单位投入的设备一台价值6000元。

【要求】(1) 根据期初余额资料开设各"T"形账户，并登记期初余额。

(2) 根据3月份发生的经济业务编制会计分录，并计入有关账户。

(3) 结出每个账户的期末余额。

(4) 编制发生额及余额试算平衡表。

3.【目的】练习账户对应关系及会计分录的编制。

【资料】创新公司2015年8月份的有关账户记录如下：

库存现金	
期初余额 150	
(1) 500	(5) 350
(9) 100	
期末余额 400	

原材料	
期初余额 98 000	
(2) 82 000	(4) 150 000
(7) 58 600	
期末余额 88 600	

银行存款	
期初余额 89 600	(1) 500
(6) 15 800	(5) 70 000
(8) 30 000	(7) 58 600
(9) 20 000	(10) 20 000
期末余额 6300	

应收账款	
期初余额 45 800	
	(6) 15 800
	(9) 20 100
期末余额 9900	

生产成本	
期初余额 42 280	
(4) 150 000	
期末余额 192 280	

应付账款	
	期初余额 35 800
(5) 70 350	(2) 82 000
	期末余额 47 450

固定资产	
期初余额 370 000	
(3) 124 000	
期末余额 494 000	

实收资本	
	期初余额 483 000
	(3) 124 000
	期末余额 607 000

短期借款

借方	贷方
	期初余额 84 320
（10）20 000	（8）30 000
	期末余额 94 320

【要求】根据上述账户记录，补编会计分录，并说明每笔经济业务的内容。

第四章 工业企业主要经济业务的核算及成本计算

本章按照工业企业资金运动的过程，就资金筹集、生产准备、产品生产、产品销售及财务成果的形成等环节的主要经济业务来说明账户和借贷记账法的应用。学习本章，要掌握工业企业的主要经济业务种类及核算；掌握账户和借贷记账法在各个环节的具体应用；掌握成本计算的原理及应用。

第一节 工业企业的主要经济业务

工业企业的主要经济活动是生产和销售产品，其经营资金的运动通常表现为资金筹集、资金周转、资金退出三种形式。

一、资金筹集

工业企业要进行生产经营活动，必须拥有一定的财产物资作为物质基础。企业一切财产物资的货币表现，称为资金。

筹集资金是工业企业资金运动和财务管理活动的起点和基本环节，企业筹集资金的渠道有两种：一种是接受投资者投入的资金，形成企业的资本金；另一种是向债权人借入的资金，形成企业的负债。资本金是可以供企业长期运用的资金，负债必须按期偿还。资本金和借入的资金形成企业的资金来源，企业可以按自己的需要灵活地统筹运用。

在筹集资金过程中，就会发生投资者投入资本的会计核算和借入资金的会计核算。

二、资金周转

工业企业的再生产过程包括供应、生产、销售三个过程，在这三个过程中，经常发生着各种不同的经济业务，企业的资金也因此不断地改变形态，周而复始地循环周转。

1. 供应过程

供应过程是企业为保证生产需要，用货币资金购买材料，支付购入材料的买价和采购费用，同供应单位发生货款结算关系的过程。因此，计算材料采购成本，同供应单位结算款项，是供应阶段的主要经济业务。通过这一过程，企业的货币资金转化为储备资金。

2. 生产过程

生产过程是劳动者运用劳动资料（如机器设备、工具、仪器等）对原材料进行加工制造、生产出新产品的过程。因此，在这一过程中，就发生了原材料的消耗、工资的支付、固定资产的磨损、水电动力费用等各项生产费用。由于企业生产费用发生在其内部的不同部门和单位，耗用在不同的产品上，其经济内容和用途也就不尽相同，有必要借助于会计核算，对生产费用加以归集和分配，正确计算各种产品的生产成本。因此，生产费用的发生、归集和分配，以及产品成本的核算就构成了生产过程的主要经济业务。通过生产过程，企业的储备资金的一部分转化成为生产资金，随着产品生产完工，新产品入库又转化为成品资金。

3. 销售过程

销售过程的主要经济业务是出售产品并收回货款，完成产品的价值实现过程。在这一过程中，企业通过销售产品取得收入，同时应计算并结转产品销售成本，与购货单位结算货款。另外，还会发生广告宣传费、运输包装费等产品销售费用。因此，这一过程的主要经济业务是对产品销售收入进行确认、记录，办理货款的结算、计算结转已销产品的成本，支付销售费用。通过这一过程，成品资金又转化为货币资金。

企业经营资金的这一系列变化，从货币资金开始，依次经过储备资金、生产资金和成品资金，再转化为货币资金的过程，称为资金循环。周而复始的资金循环称为资金周转。工业企业资金周转的运动过程，也是企业实现利润的过程，在资金运动中发生的耗费构成费用和成本，通过销售使资金得以收回，将收入与成本费用进行比较，就可以确定企业的经营成果。

三、资金退出

资金退出是指企业的经营资金完成资金循环后或由于其他原因退出企业经营，不再参与企业资金周转。例如：支付投资者的利润、归还银行贷款、上缴国家税金等。因为这些业务直接影响了企业资金的变化，所以也是会计核算的内容。

上述工业企业的主要经济业务及财务成果的核算，构成了工业企业主要经营过程核算的内容。此外，企业为生产经营还会发生固定资产、无形资产的增减业务；为提高企业经济效益，还会发生对外投资等其他业务。对此，会计上也要进行核算。

第二节　资金筹集业务的核算

目前，工业企业的资金来源主要是企业所有者的投入和企业债权人的提供。因此，资金筹集核算的主要内容包括两个部分，即投资人投入资金的核算与借入资金的核算。

一、投入资金的核算

（一）实收资本

实收资本（股份有限公司称之为“股本”）是指投资者按照企业章程或合同、协议的约定，实际投入企业的资本。实收资本是企业所有者权益的主要组成部分。企业的资本按照投资主体的不同，分为国家资本、法人资本、个人资本和外商资本等；按照投入资本的不同物质形态，分为货币投资、实物投资、证券投资和无形资产投资等。投资者投入的资本应当保全，除法律、法规另有规定者外，不得抽回。

1. 账户设置

为了反映和监督企业实收资本的增减变动情况及其结果，应设置“实收资本”账户。该账户属于所有者权益类账户，其贷方登记企业收到的投资人投入资本的增加数额；借方登记投资者依法抽回资本的减少数额；期末余额在贷方，表示期末所有者投资的实有数额。该账户按投资人设置明细账，进行明细分类核算。“实收资本”账户的结构可用图4-1表示。

借方　　　　实收资本	贷方
投入资本的减少	期初余额 收到投资者投入的资本
	期末余额：期末投入资本的实有数额

图4-1　“实收资本”账户的结构

2. 实收资本的核算

某企业 2014 年 12 月发生下列经济业务：

【例 4-1】 1 日，收到甲公司投资 500 000 元，款项存入银行。

这项业务的发生，一方面使企业的银行存款增加 500 000 元，另一方面使企业的资本金也增加 500 000 元。因此，这项业务涉及"银行存款"和"实收资本"两个账户。银行存款增加是资产的增加，应记入"银行存款"账户的借方；企业的资本金的增加是所有者权益的增加，应记入"实收资本"账户的贷方。该企业对这项业务应编制如下会计分录：

借：银行存款 500 000

贷：实收资本——甲公司 500 000

【例 4-2】 3 日，收到乙公司作为资本投入的汽车一辆，投资各方确认价值为 200 000 元。

这项经济业务的发生，一方面使该企业的固定资产增加 200 000 元，另一方面使企业的资本也增加 200 000 元，因此，这项业务涉及"固定资产"和"实收资本"两个账户。固定资产增加是资产的增加，应记入"固定资产"账户的借方，企业资本的增加是所有者权益的增加，应记入"实收资本"账户的贷方。这项业务应编制如下会计分录：

借：固定资产 200 000

贷：实收资本——乙公司 200 000

（二）资本公积

1. 账户设置

资本公积用以核算和监督资本公积增减变动情况及结余的账户。属于所有者权益类账户，其贷方登记资本公积形成的增加额，借方登记资本公积用于转增资本的减少额，期末余额在贷方，表示企业资本公积的实有数额。该账户应当分别设置"资本溢价（或股本溢价）"和"其他资本公积"明细分类账户。

资本公积主要是指企业在筹集资本活动中，投资者实际缴付的出资额超出其资本金的差额（包括股份有限公司发行股票的溢价收入）等。资本公积金按照法定的程序可转增注册资本。"资本公积"账户的结构如图 4-2 所示。

借方　　资本公积	贷方
	期初余额
用于转增资本的数额	增加的资本公积数额
	期末余额：期末资本公积的实有数额

图 4-2 "资本公积"账户结构

2. 资本公积的核算

【例 4-3】 4 日，按照法定程序将 100 000 元的资本公积转入注册资本。

借：资本公积 100 000

贷：实收资本 100 000

【例 4-4】 公司委托某证券公司代理发行普通股 100 万股，面值为每股 1 元，发行价格为每股 3 元，发行股款已全部收到并存入银行。

股票的发行价格超过股票面值即为溢价发行。此时，应将发行价格分为面值和溢价两部分。该项业务应计入股本的股票面值为 1 000 000（1 000 000×1）元，溢价额为 2 000 000（1 000 000×3－1 000 000）元。这项经济业务的发生，一方面使得公司的银行存款增加

3 000 000（1 000 000＋2 000 000）元；另一方面使得公司的股本增加 1 000 000 元和资本公积增加 2 000 000 元。该项业务涉及“银行存款”、“股本”和“资本公积”三个账户。应借记“银行存款”，贷记“股本”、“资本公积”账户。

借：银行存款　　　3 000 000

　贷：股本　　　　1 000 000

　　资本公积——股本溢价　　2 000 000

二、借入资金的核算

企业为了满足正常生产经营的需要，向银行或其他金融机构借入的期限在 1 年以下（含 1 年）的各种借款为短期借款。期限在 1 年以上的各种借款为长期借款。企业借入的各种款项必须按照规定的用途使用，按期支付利息和本金归还。

（一）短期借款

1. 账户设置

为了反映和监督短期借款的取得和归还情况，应设置“短期借款”账户，该账户属于负债类账户，贷方登记取得借款的本金数额，借方登记偿还借款的本金数额，余额在贷方，表示尚未偿还的借款本金数额。该账户应按债权人、借款种类和币种设置明细账。“短期借款 ”账户的结构可用图 4－3 表示。

借方	短期借款　　贷方
归还的短期借款本金	期初余额 取得的短期借款本金
	期末余额：期末尚未归还的短期借款本金数额

图 4－3　“短期借款”账户结构

短期借款利息属于筹资费用，应记入“财务费用”账户，在实际工作中，银行一般于每季度末收取短期借款利息，为此，企业的短期借款利息一般采取月末计提的方式进行核算，应借记“财务费用”账户，贷记“应付利息”账户。

2. 短期借款的核算

【例 4－5】 4 月 1 日从银行借入款项 100 000 元，期限为 3 个月，年利率为 6%，利息每季结算一次，借的款项已存入银行。

(1) 4 月 1 日取得短期借款时

借：银行存款　　　100 000

　贷：短期借款　　　100 000

(2) 4 月 30 日计提短期借款利息时

借：财务费用　　　500

　贷：应付利息　　　500

4 月份应计提的利息＝100 000×6%÷12＝500（元）。利息费用的增加应记入“财务费用”账户的借方，同时，该利息尚未支付，属于负债增加，应记入“应付利息”账户的贷方。

5 月份的利息计提方法与 4 月份相同。

(3) 6 月 30 日偿还短期借款及利息时

借：短期借款 100 000
　　应付利息 1000
　　财务费用 500
　　贷：银行存款 101 500

（二）长期借款

1. 账户设置

“长期借款”账户用以核算和监督企业长期借款的借入、借款利息的结算和借款本金利息的归还情况。属于负债类账户，其贷方登记长期借款本金的增加额，借方登记长期借款本金的减少额，期末余额在贷方，表示期末尚未归还的长期借款。该账户可按借款单位、借款种类和币种设置明细账。“长期借款”账户的结构可用图 4-4 表示。

借方	长期借款 贷方
	期初余额
归还的各种长期借款本金	借入的各种长期借款本金
	期末余额：尚未偿还的长期借款本金

图 4-4 “长期借款”账户结构

属于生产经营期间发生的长期借款利息费用记入“财务费用”账户的借方，按期计提的应付而未付的利息记入“应付利息”账户的贷方。

2. 长期借款的核算

【例 4-6】 企业 2014 年 1 月 1 日从银行借入款项 100 000 元，期限为 2 年，年利率为 6%，到期一次还本付息，该企业按年计提利息，所借款项已存入银行。

（1）2014 年 1 月 1 日取得长期借款时

借：银行存款 100 000
　　贷：长期借款 100 000

（2）2014 年 12 月 31 日计提长期借款利息时

借：财务费用 6000
　　贷：应付利息 6000

2014 年应计提的利息＝100 000×6%＝6000（元）。利息费用的增加应记入“财务费用”账户的借方，同时，该利息尚未支付，属于负债增加，应记入“应付利息”账户的贷方。

（3）2015 年 12 月 31 日偿还长期借款及利息时

借：长期借款 100 000
　　应付利息 6000
　　财务费用 6000
　　贷：银行存款 112 000

第三节　生产准备业务的核算

工业企业为了进行产品生产，必须建造厂房、购置机器设备和进行材料采购。因此，固定资产购建业务和材料采购业务的核算，就构成了生产准备业务的主要内容。

一、固定资产购入业务的核算

固定资产是指使用期限超过一年，并且是为生产商品、提供劳务、出租或经营管理而持有的有形资产，如房屋建筑物、机器设备、运输工具等。固定资产在取得时，应按取得时的成本入账。取得时的成本包括买价、进口关税、运输和保险等相关费用，以及为使固定资产达到预定可使用状态前的必要支出。

（一）账户设置

为了反映和监督固定资产的增减变动及结存情况，应设置“固定资产”账户，该账户属于资产类账户，其借方登记增加（包括购进、接受投资、盘盈等原因）的固定资产的原始价值，贷方登记减少（包括处置、投资转出、盘亏等原因）的固定资产的原始价值，期末余额在借方，表示结存的固定资产的原始价值。企业应按固定资产类别、使用部门和每项固定资产进行明细核算。“固定资产”的账户结构用图 4－5 表示。

借方　　　　固定资产	贷方
期初余额 增加固定资产的原始价值	减少固定资产的原始价值
期末余额：结存固定资产的原始价值	

图 4－5　“固定资产”的账户结构

（二）固定资产购入的核算

企业购置的不需要经过建造过程即可使用的固定资产，应按实际支付的买价、包装费、运输费、安装成本、交纳的有关税金等作为固定资产的入账价值。

【例 4－7】 5 日，购入不需要安装的设备一台，买价和税金共计 23 400 元，另支付运输费 400 元，包装费 200 元，全部款项已用银行存款支付。

这项经济业务的发生，一方面使企业的固定资产增加 24 000 元，另一方面使企业的银行存款减少 24 000 元。这项业务应编制如下会计分录：

借：固定资产　　　　　　　　24 000

　　贷：银行存款　　　　　　　　24 000

企业购入需安装方可使用的固定资产及其他渠道形成的固定资产，将在专业会计介绍。

二、材料采购业务的核算

材料是构成产成品实体的物质基础，材料的采购过程是工业企业经营活动的起点。材料采购的数量、质量和采购成本的高低，将直接影响产品生产过程的顺利完成及产成品的成本。此过程的核算任务是合理确定材料的实际采购成本并结算货款。

（一）账户设置

1.“在途物资”账户

“在途物资”账户核算企业采用实际成本进行日常核算，贷款已付但尚未验收入库的外购材料的实际采购成本。该账户属于资产类。其借方登记购入材料的买价和采购费用等；贷方登记验收入库的材料采购成本。如有余额在借方，表示尚未到达或尚未验收入库的在途材料的实际成本。该账户应按供应单位和物资品种设置明细账，进行明细核算。该账户的结构可用图 4－6 表示。

借方	在途物资	贷方
期初余额 购入材料的买价和采购费用等		已验收入库材料的实际成本
期末余额：期末尚未验收入库材料的实际成本		

图 4-6 “在途物资”账户的结构

2. “原材料”账户

“原材料”账户是用来核算和监督企业库存材料的增减变动和结存情况。该账户属于资产类，其借方登记已验收入库材料的成本；贷方登记发出材料的成本；期末借方余额反映库存材料的成本。该账户应按材料的类别、品种和规格及保管地点设置明细账，从数量和金额两个方面进行明细分类核算。“原材料”账户的结构可用图 4-7 表示。

借方	原材料	贷方
期初余额 入库材料的成本		发出材料的成本
期末余额：期末结存材料的成本		

图 4-7 “原材料”账户的结构

3. “应付账款”账户

“应付账款”账户是用来核算和监督企业因采购物资和接受劳务供应等而应付给供应单位的款项。该账户属于负债类，其贷方登记应付未付的款项；借方登记已偿还的款项；期末贷方余额表示尚未偿还的款项。该账户应按供应单位（债权人）设置明细账户，进行明细分类核算。“应付账款”账户的结构可用图 4-8 表示。

借方	应付账款	贷方
偿还供应单位款项		期初余额 应付供应单位的款项
		期末余额：尚未偿还的应付账款

图 4-8 “应付账款”账户的结构

4. “应付票据”账户

当企业购买材料、商品、接受劳务供应时，采用商业汇票（包括银行，承兑汇票和商业承兑汇票）结算方式与供应单位结算货款时，应设置“应付票据”账户，用来核算和监督与供应单位债务的结算情况。该账户属于负债类，企业开出承兑汇票时，贷记本账户，偿还应付票据时，借记本账户，期末贷方余额表示尚未到期的应付票据。另外，企业还应设置“应付票据备查簿”，详细登记每一应付票据的种类、号数、签发日期、到期日、票面金额和利率、收款人姓名和单位及付款日期和金额等资料。应付票据到期结清时，应当在备查簿内逐笔注销。“应付票据”账户的结构可用图 4-9 表示。

借方	应付票据	贷方
偿付的商业汇票款		期初余额 开出承兑的商业汇票款
		期末余额：尚未偿付的商业汇票款

图 4-9 “应付票据”账户的结构

5.“预付账款”账户

“预付账款”账户核算和监督企业按照购货合同规定预付给供应单位的款项。该账户属于资产类，借方登记向供应单位预付的货款；贷方登记收到供应单位提供的材料而冲销的预付款；期末余额一般在借方，表示尚未结算的预付款项。该账户按供应单位设置明细账，进行明细核算。“预付账款”账户的结构可用图 4－10 表示。

借方　　　　　　预付账款	贷方
向供应单位预付货款和补付货款	冲销预付供应单位货款和收到退回多付的款项
期末余额：尚未结算的预付货款	期末余额：尚未补付的款项

图 4－10　“预付账款”账户的结构

预付款不多的企业，也可不设置“预付账款”账户，将预付的款项记入“应付账款”的借方。但在编制资产负债表时，应将其分列于“预付账款”与“应付账款”。

6.“应交税费”账户

“应交税费”账户是用来核算和监督企业应缴纳的各种税金，包括增值税、消费税、城市维护建设税、教育费附加、企业所得税、个人所得税等。该账户属于负债类，贷方登记经计算应缴纳的税金数；借方登记实际缴纳的税金数，期末贷方余额表示欠缴的税金数。该账户如有借方余额，表示多缴或预缴的税金数额。该账户应按税种设置明细分类账，进行明细分类核算。其中“应交税费——应交增值税”账户是用来核算和监督企业应缴和实缴增值税结算情况的账户，企业购买材料时支付的增值税的进项税额记入该账户的借方，企业销售产品时向购买单位收取的销项税额记入该账户的贷方。该账户中应分设“进项税额”、“已交税金”、“出口退税”、“转出未交增值税”、“销项税额”、“进项税额转出”、“出口抵内销产品应纳税额”、“免交增值税”、“转出多交增值税”等专栏进行明细核算。“应交税费”账户的结构可用图 4－11 表示。

借方　　　　　　应交税费	贷方
实际缴纳的各种税金	计算应缴纳的各种税金
期末余额：多缴的税金或预缴的税金（1～11 月）	期末余额：未缴的税金

图 4－11　“应交税费”账户的结构

按照增值税暂行条例规定，一般纳税人企业购入或接受应税劳务、服务支付的增值税（即进项税额），可以从销售货物或提供劳务按规定收取的增值税（即销项税额）中抵扣。一般纳税人按 17%、13%、11%、6%等的税率计算增值税，但小规模纳税人按销售额的 3%计算增值税，并且不得抵扣进项税额。

一般纳税人应纳增值税的计算公式如下：

应纳税额＝当期销项税额－当期进项税额

销项税额＝销售额×增值税税率

进项税额＝购进货物或劳务价款×增值税税率

同一笔买卖中，销项税额与进项税额是相对应的，销售方收取的销项税额，就是购买方支付的进项税额。

（二）材料采购业务的核算

【例 4－8】 3 日，从光明公司购进 A 材料 2000 吨，每吨买价 100 元，计价款 200 000

元，增值税进项税额 34 000 元，价税合计 234 000 元均以银行存款支付，材料尚未到达企业。

这项经济业务的发生，应按采购成本和支付的进项税额借记“在途物资”和“应交税费——应交增值税（进项税额）”账户，对已付款项贷记“银行存款”账户。编制会计分录如下：

借：在途物资——A 材料　　200 000
　　应交税费——应交增值税（进项税额）　　34 000
　　贷：银行存款　　234 000

【例 4-9】 5 日，上述业务中购进的 A 材料到达，验收入库。

材料已验收入库，应按材料的实际成本借记“原材料”账户，贷记“在途物资”账户。编制会计分录如下：

借：原材料——A 材料　　200 000
　　贷：在途物资——A 材料　　200 000

【例 4-10】 6 日，从胜利工厂购进 B 材料 10 吨，每吨 3000 元，计价款 30 000 元，增值税进项税 5100 元，运杂费 400 元，货款采用商业汇票结算，企业开出并承兑三个月的商业承兑汇票一张，材料尚未运到。

这项经济业务的发生，应按采购成本和进项税额借记“在途物资”账户和“应交税费——应交增值税”账户，对已开出并承兑的商业承兑汇票，应贷记“应付票据”账户。编制会计分录如下：

借：在途物资——B 材料　　30 400
　　应交税费——应交增值税（进项税额）　　5100
　　贷：应付票据　　35 500

【例 4-11】 8 日，企业以银行存款 50 000 元向大明公司预付购买 C 材料的货款。

这项经济业务，企业应将预付的材料款记入“预付账款”账户的借方，同时将减少的银行存款记入“银行存款”账户的贷方。编制会计分录如下：

借：预付账款——大明公司　　50 000
　　贷：银行存款　　50 000

【例 4-12】 12 日，收到大明公司运来的 C 材料并验收入库。该批材料 250 吨，每吨 200 元，计价款 50 000 元，增值税进项税额 8500 元，运杂费 500 元，除冲销原预付货款外，其余用银行存款支付。

这项经济业务，一方面应将采购成本和进项税额借记“原材料”账户和“应交税费——应交增值税”账户；另一方面，应贷记“预付账款”账户和“银行存款”账户。编制会计分录如下：

（1）借：原材料——C 材料　　50 500
　　　　应交税费——应交增值税（进项税额）　　8500
　　　　贷：预付账款——大明公司　　59 000
（2）借：预付账款——大明公司　　9000
　　　　贷：银行存款　　9000

【例 4-13】 14 日，从光明公司购进 A 材料 1000 吨，每吨 100 元，计价款 100 000 元，增值税进项税额 17 000 元，款项尚未支付，材料运到并验收入库。

这项经济业务，应按采购成本和支付的进项税额借记“原材料”账户和“应交税费——应交增值税”账户，对未付款项贷记“应付账款”账户。编制会计分录如下：

借：原材料——A材料　　100 000
　　应交税费——应交增值税（进项税额）　　17 000
　　贷：应付账款——光明公司　　117 000

【例4－14】 20日，以银行存款支付前欠光明公司材料款117 000元。

这项经济业务使银行存款和应付账款同时减少，应借记“应付账款”账户，贷记“银行存款”账户。编制会计分录如下：

借：应付账款——光明公司　　117 000
　　贷：银行存款　　117 000

（三）材料采购成本的计算

材料采购成本的计算，就是把企业在材料采购过程中所支付的材料的买价和采购费用等按照材料的类别和品种归集和分配，计算各种材料的实际采购总成本和单位成本。各种材料的采购成本，应在“在途物资”明细分类账中进行反映和监督。

1. 材料采购成本的内容

企业购入材料的采购成本由下列各项组成：

（1）买价，即购买材料的价款；

（2）运杂费（包括运输费、装卸费、保险费、包装费、仓储费等；

（3）运输途中的合理损耗；

（4）入库前的挑选整理费用（包括挑选整理中发生的工、费支出和必要的损耗，并减去回收的下脚废料价值）；

（5）购入材料负担的税金（如关税等）和其他费用。

小规模纳税人和购入材料未能取得增值税专用发票的企业，购入材料支付的不可抵扣的增值税进项税额，计入所购材料的成本。

为了简化核算，实际工作中对某些本应计入材料采购成本的采购费用，如采购人员的差旅费、市内采购材料的运杂费、专设采购机构的经费等，不计入材料采购成本，而是列作管理费用。

2. 归集和分配采购费用，计算采购成本

在计算材料采购成本时，凡是能分清由哪一种材料负担的费用，应直接记入该种材料的采购成本；凡不能分清的，如为运输两种或两种以上材料所支付的运输费，应采用合理的分配标准（如按材料的重量、买价、体积等比例），分配计入各种材料的采购成本。其采购费用的分配方法如下：

（1）计算采购费用分配率

$$采购费用分配率=\frac{应分配的采购费用总额}{分配标准总量（如重量、买价、体积、容积等）}$$

（2）计算每种材料应分配的采购费用额

某种材料应分配的采购费用＝该种材料的分配标准量×采购费用分配率

【例4－15】 15日，从时代工厂购进材料一批，计有

A材料　4000吨　单价100元　计400 000元

C材料　1000吨　单价200元　计200 000元

共发生运杂费 1500 元，进项税额共计 102 000 元。

上述款项均以银行存款支付，材料尚未到达企业。

根据这项业务资料，A、C 两种材料实际采购成本的计算如下：

（1）分配运杂费用。

1）分配标准，A、C 两种材料的采购重量。

2）分配率$=\frac{1500}{4000+1000}=0.3$（元/吨）

3）各种材料应分配的运杂费

A 材料应分配的运杂费$=4000\times0.3=1200$（元）

C 材料应分配的运杂费$=1000\times0.3=300$（元）

计算结果见表 4－1。

表 4－1 采购费用分配表

材料名称	分配标准（吨）	分配率（元/吨）	费用分配额（元）
A 材料	4000	0.3	1200
C 材料	1000	0.3	300
合　计	5000		1500

（2）计算材料采购成本。见表 4－2。

表 4－2 材料采购成本计算表 （单位：元）

材料名称	单位	数量	单价	买价	运杂费	总成本	单位成本
A 材料	吨	4000	100	400 000	1200	401 200	100.30
C 材料	吨	1000	200	200 000	300	200 300	200.30
合计	—	5000	—	600 000	1500	601 500	—

根据分配结果，编制会计分录如下：

借：在途物资——A 材料　　401 200
　　　　　　——C 材料　　200 300
　　应交税费——应交增值税（进项税额）　　102 000
　　贷：银行存款　　703 500

【例 4－16】 17 日，材料全部到达企业，并验收入库。材料入库作如下分录：

借：原材料——A 材料　　401 200
　　　　　——C 材料　　200 300
　　贷：在途物资——A 材料　　401 200
　　　　　　　　——C 材料　　200 300

第四节　产品生产业务的核算

一、产品生产过程的主要核算任务

工业企业的主要经济活动是生产社会需要的产品。产品的生产过程中，既有物化劳动的耗费，又有活劳动的耗费，在发生各种耗费的同时生产出产成品。因此，生产过程的主要核算任务是按一定的成本计算对象，归集和分配生产过程中的各种耗费，以确定完工产品的生产成本。为此，要明确以下几个问题：

企业的各种耗费按与产品生产的关系划分，可分为生产费用和非生产费用两部分。

(1) 生产费用：是指与生产产品有关的费用，是以产品为成本计算对象归集的费用。这类费用形成产品生产成本。生产费用进一步划分为直接材料（即直接形成产品实体的各种原材料）；直接人工（即直接从事产品生产的人员的工资）；制造费用（即企业各生产单位为组织和管理生产而发生的各项间接费用）。

(2) 非生产费用：是指与产品生产没有直接关系的各种耗费。包括管理费用（即企业行政管理部门发生的费用）、财务费用（即企业筹集资金过程中发生的费用）、销售费用（即企业在销售产品过程中发生的费用）。非生产费用不计入产品成本，直接计入当期损益，所以又称其为期间费用。

二、账户设置

（一）“生产成本”账户

“生产成本”账户是用来核算企业为进行产品生产而发生的各项生产费用。该账户属于成本类，借方登记应计入产品生产成本的各项费用，包括直接材料、直接人工和制造费用；贷方登记完工入库产品的生产成本；期末如有余额在借方，表示尚未完工产品（在产品）的成本。小型企业该账户应按成本核算对象即产品的品种和类别等设置明细账；大中型企业，该账户可按“基本生产成本”和“辅助生产成本”设置明细账，进行明细分类核算。“生产成本”账户的结构可用图 4-12 表示。

借方　　　生产成本	贷方
期初余额 生产产品所发生的各种费用	完工入库产品的生产成本
期末余额：期末在产品成本	

图 4-12　“生产成本”账户的结构

（二）“制造费用”账户

“制造费用”是用来归集和分配企业生产车间（部门）为生产产品而发生的各项间接费用，包括工资和福利费、折旧费、办公费、水电费、机物料消耗、劳动保护费、季节性和修理期间的停工损失等。该账户属于成本类，借方登记实际发生的各项制造费用，贷方登记经过分配记入产品成本计算对象而转入“生产成本”账户的制造费用。该账户月末一般无余额。本账户应按不同的车间、部门和费用设置明细账，进行明细分类核算。“制造费用”账户的结构可用图 4-13 表示。

借方　　　制造费用	贷方
本期发生的各项制造费用	分配计入各种产品成本而转入“生产成本”账户的制造费用

图 4-13　“制造费用”账户的结构

（三）“管理费用”账户

管理费用用来核算企业为组织和管理生产经营活动所发生的各种费用。包括董事会和行政管理部门的职工工资及福利、物料消耗、管理用固定资产的折旧费和修理费、办公水电费、差旅费、业务招待费、劳动保险费，还包括一些税费（包括房产税、车船使用税、土地使用税、印花税）、研究与开发费、无形资产摊销和存货盘盈和盘亏等。“管理费用”账户属于损益类账户，借方登记本期发生的各项管理费用，贷方登记期末转入“本年利润”账户的管理费用，期末该账户一般无余额。该账户可按不同车间、部门和费用项目设置明细账，进行明细分类核算。账户结构如图 4-14 所示。

借方　　　　　　　　管理费用　　　　　　　　贷方

借方	贷方
本期发生的各项管理费用	期末转入“本年利润”的管理费用

图 4-14 “管理费用”账户结构

（四）“财务费用”账户

财务费用用来核算企业为筹集生产经营所需资金而发生的各项费用，包括利息支出（减利息收入）、汇兑损失（减汇兑收益）以及相关的手续费、企业发生的现金折扣收到的现金折扣等。“财务费用”账户属于损益类账户，借方登记本期发生的各项财务费用，如利息支出等，贷方登记本期发生的利息收入和期末转入“本年利润”账户的财务费用，期末结转后，该账户一般无余额。该账户按照费用项目设置明细账，进行明细分类核算。账户结构如图 4-15 所示。

借方　　　　　　　　财务费用　　　　　　　　贷方

借方	贷方
本期发生的各项财务费用	本期发生的应冲减财务费用数 期末转入“本年利润”账户的财务费用

图 4-15 “财务费用”账户结构

（五）“应付利息”账户

应付利息用来核算企业按照合同约定应支付的利息，包括吸收存款、分期付息到期还本的借款、企业债券等应支付的利息。“应付利息”账户属于负债类账户，贷方登记按规定利率计算的应付利息数，借方登记实际支付的利息数，期末余额在贷方，余额反映企业应付未付的利息。本账户可按存款人或债权人设置明细账，进行明细分类核算。账户结构如图 4-16所示。

借方　　　　　　　　应付利息　　　　　　　　贷方

借方	贷方
	期初余额
企业实际支付的利息	企业计提的利息
	期末余额：期末企业应付未付的利息

图 4-16 “应付利息”账户结构

（六）“应付职工薪酬”账户

应付职工薪酬账户用来核算企业根据有关规定应付给职工的各种薪酬，包括①职工工资、奖金、津贴和补贴；②职工福利；③各项保险待遇（医疗、养老、失业、工伤、生育保险费等社会保险以及企业为职工购买的各种商业保险）和住房公积金；④工会经费和职工教育经费等项目。“应付职工薪酬”账户属于负债类账户，贷方登记应由本月负担但尚未支付的职工薪酬，借方登记实际发放的职工薪酬，期末为贷方余额，表示企业应付未付的职工薪酬。本账户可按“工资”、“职工福利”、“社会保险费”、“住房公积金”、“工会经费”、“职工教育经费”等设置明细账，进行明细分类核算。账户结构如图 4－17 所示。

借方　　　　应付职工薪酬	贷方
	期初余额
企业实际支付的各种薪酬	企业应支付给职工的各种薪酬
	期末余额：企业应付未付的职工薪酬

图 4－17　“应付职工薪酬”账户结构

（七）“累计折旧”账户

固定资产折旧是指企业的固定资产由于磨损和损耗而逐渐转移的价值。这部分转移的价值是以折旧费的形式计入成本费用，并从企业营业收入中得到补偿，转化为货币资金。

“累计折旧”账户，核算企业固定资产的累计折旧。该账户属于“固定资产”的备抵账户，其性质从属于固定资产，属资产类。但由于它对固定资产的价值起备抵作用，该账户的增减方向应与固定资产相反。期末计提折旧时记入该账户的贷方；固定资产减少（由于出售、报废、转让和毁损的原因）时注销其折旧记入该账户的借方；期末贷方余额，反映企业提取的固定资产折旧的累计数。该账户只进行总分类核算，不进行明细分类核算。如需要查明某项固定资产已提折旧，可以根据固定资产卡片上记载的资料计算。“累计折旧”账户的结构可用图 4－18 表示。

借方　　　　累计折旧	贷方
固定资产折旧注销	按月计提固定资产折旧
	期末余额：企业提取的固定资产折旧的累计数

图 4－18　“累计折旧”账户结构

（八）“库存商品”账户

“库存商品”是用来核算企业库存产成品成本增减变动及其结存情况的账户。“库存商品”是指企业已经完成全部生产过程并已验收入库合乎标准规格和技术条件，可以按照合同规定的条件送交订货单位，或者可以作为商品对外销售的产品。该账户属于资产类，借方登记验收入库产品的成本；贷方登记销售、发出的产品的成本；期末借方余额，反映企业库存商品的实际成本。该账户应按库存商品的种类、品种和规格设置明细账，进行明细分类核算。“库存商品”账户的结构可用图 4－19 表示。

借方　　　　库存商品	贷方
期初余额 入库产成品的成本	出库产成品的成本
期末余额：库存产成品的成本	

图 4－19　“库存商品”账户的结构

三、产品生产业务的核算

假定某企业生产甲、乙两种产品，本月发生如下生产业务：

【例 4－17】 2 日，本月生产车间领用材料及其用途见表 4－3。

表 4-3 生产车间领用材料及其用途 (单位：元)

项　目	A材料	B材料	C材料	合　计
生产产品耗用	100 000	6000	16 000	122 000
其中：甲产品	80 000	3000	10 000	93 000
乙产品	20 000	3000	6000	29 000
车间一般耗用	—	—	4000	4000
厂部管理部门	—	11 000	—	11 000
合　计	100 000	17 000	20 000	137 000

在这项经济业务中，生产车间领用材料，使企业的生产费用增加，应按照其在生产过程中的用途，凡用于产品生产而直接消耗的材料应计入产品“生产成本”账户的借方，车间一般耗用的材料，应记入“制造费用”账户的借方，厂部管理部门领用的材料，应记入“管理费用”账户的借方。同时，领用材料后，使库存材料减少，应记入“原材料”账户的贷方。这项业务应编制会计分录如下：

借：生产成本——甲产品　　93 000
　　　　　　——乙产品　　29 000
　　制造费用　　4000
　　管理费用　　11 000
　　贷：原材料——A材料　　100 000
　　　　　　　——B材料　　17 000
　　　　　　　——C材料　　20 000

【例 4-18】 3 日，从银行提取现金 85 500 元，以备发放上月职工薪酬。

这项经济业务，使现金增加，银行存款减少，应编制会计分录如下：

借：库存现金　　85 500
　　贷：银行存款　　85 500

【例 4-19】 3 日，用现金发放上月职工薪酬 85 500 元。

这项经济业务，使应付给职工的薪酬减少，应记入“应付职工薪酬”账户的借方，同时现金减少记入“现金”账户的贷方，应编制会计分录如下：

借：应付职工薪酬　　85 500
　　贷：库存现金　　85 500

【例 4-20】 3 日，本单位职工李明出差，预借差旅费 2000 元，以现金支付。

借：其他应收款——李明　　2000
　　贷：库存现金　　2000

【例 4-21】 5 日，用银行存款购买办公用品 2900 元，生产车间领用 300 元，行政管理部门领用 2600 元。

这项经济业务，一方面使企业银行存款减少，另一方面使车间费用增加，车间领用的办公用品费，应计入“制造费用”账户。应编制会计分录如下：

借：制造费用　　300
　　管理费用　　2600

　　贷：银行存款　　　　　　　　　　　2900

【例 4-22】 10 日，用银行存款预付下季度财产保险费 1200 元。

这项经济业务，一方面使银行存款减少，另一方面使企业费用增加，但根据权责发生制原则，该项费用虽在本期发生，但应由下季度来负担，因而属于待摊费用，应记入“预付账款”账户的借方。应编制会计分录如下：

借：预付账款——财产保险费　　　　1200

　　贷：银行存款　　　　　　　　　　　1200

【例 4-23】 30 日，以银行存款支付本月生产车间一般耗用的水电费 1500 元，劳动保护费 500 元。

这项经济业务，一方面使制造费用增加，另一方面使银行存款减少。应编制会计分录如下：

借：制造费用　　　　　　　　　　　2000

　　贷：银行存款　　　　　　　　　　　2000

【例 4-24】 30 日，本单位职工李明出差返回，报销差旅费 1900 元，余额退回现金。

借：管理费用　　　　　　　　　　　1900

　　库存现金　　　　　　　　　　　　100

　　贷：其他应收款——李明　　　　　　2000

【例 4-25】 31 日，结算本月应付职工工资 75 000 元。其中：生产工人工资 50 000 元（用于甲产品生产工人工资 28 000 元，乙产品生产工人工资 22 000 元），车间管理人员工资 5000 元，企业管理人员工资 20 000 元。

这项经济业务，一方面使企业应付职工工资增加，应记入“应付职工薪酬”账户的贷方；另一方面使生产费用增加，生产工人的工资属直接费用，应直接记入产品生产成本，故应借记“生产成本”账户，而车间管理人员工资属于间接生产费用，故应借记“制造费用”账户。企业管理人员工资属于期间费用，应借记“管理费用”。这项业务应编制会计分录如下：

借：生产成本——甲产品　　　　　　28 000

　　　　　　——乙产品　　　　　　22 000

　　制造费用　　　　　　　　　　　　5000

　　管理费用　　　　　　　　　　　20 000

　　贷：应付职工薪酬　　　　　　　　　75 000

【例 4-26】 31 日，按工资总额的 14%计提本月职工福利费 10 500 元，其中，按甲产品生产工人工资计提福利费 3920 元，按乙产品生产工人工资计提福利费 3080 元，按车间管理人员工资，企业管理人员工资分别计提福利费 700 元和 2800 元。

由于职工福利费是按照工资总额的一定比例提取的，因此它与工资结算业务相似。生产工人的福利费应借记“生产成本”账户，车间管理人员和企业管理人员的福利费应借记“制造费用”账户和“管理费用”；同时，由于福利费是采取计提的方式计入本期产品生产成本，并未实际支付，从而形成对职工的一种负债，使应付福利费增加，应贷记“应付职工薪酬”账户。应编制会计分录如下：

借：生产成本——甲产品　　　　　　3920

——乙产品 3080
制造费用 700
管理费用 2800
贷：应付职工薪酬——福利费 10 500

【例 4-27】 31 日，计提本月负担的短期借款利息 4000 元。

借：财务费用 4000
贷：应付利息 4000

【例 4-28】 31 日，按规定计提本月车间使用的厂房、机器设备等固定资产的折旧 7000 元。行政管理部门用固定资产 3000 元。

这项业务，使车间固定资产折旧费增加，应记入“制造费用”账户的借方和“累计折旧”账户的贷方。应编制会计分录如下：

借：制造费用 7000
管理费用 3000
贷：累计折旧 10 000

【例 4-29】 31 日，摊销应由本月负担的车间和行政管理部门财产保险费分别为 400 元和 300 元。

这项经济业务，使制造费用增加，应借记“制造费用”账户；同时，待摊费用减少，应贷记“预付账款”账户。应编制会计分录如下：

借：制造费用 400
管理费用 300
贷：预付账款——财产保险费 700

【例 4-30】 31 日，预提应由本月负担的车间用固定资产大修理费 600 元。

这项经济业务，使制造费用增加，应借记“制造费用”账户；同时，预提费用增加，应贷记“其他应付款”账户。应编制会计分录如下：

借：制造费用 600
贷：其他应付款——大修理费 600

【例 4-31】 31 日，本月共发生制造费用 20 000 元，其中：甲产品应分配 12 000 元，乙产品应分配 8000 元。转入产品生产成本。

制造费用是为生产产品而发生的各项间接费用，平时发生时，在“制造费用”账户进行归集，期末应按一定的标准进行分配转入“生产成本”账户。因此，应编制会计分录如下：

借：生产成本——甲产品 12 000
——乙产品 8000
贷：制造费用 20 000

【例 4-32】 31 日，本月生产甲产品 2000 件已全部完工，验收入库，实际生产成本 140 000元。

产品生产完工，验收入库，使库存商品增加，应借记“库存商品”账户，同时，结转入库产品成本使生产成本减少，应贷记“生产成本”账户。编制如下会计分录：

借：库存商品——甲产品 140 000
贷：生产成本——甲产品 140 000

四、产品生产成本的计算

产品生产成本的计算，就是把生产过程中为制造产品所发生的各项生产费用，以生产的各种产品作为成本计算对象归集生产费用，计算各种产品的总成本和单位成本。通过产品生产成本的计算，可以确定生产耗费的补偿尺度，用以考核企业的生产经营管理水平，并为正确计算财务成果打下基础。

（一）产品生产成本的内容

企业的生产成本按经济内容分，有以下成本要素：

(1) 有关劳动对象的耗费，如原材料、燃料、辅助材料等。

(2) 有关劳动资料的耗费，如机器设备、厂房建筑物等固定资产的折旧费。

(3) 有关活劳动的耗费，如支付给工人的工资等。

(4) 其他费用支出，如办公费等。

生产成本按照经济用途分，有如下成本项目：

(1) 直接材料，指直接用于产品生产、构成产品实体的原材料和有助于产品形成的辅助材料。

(2) 直接人工，指直接参加产品生产的生产工人工资及按规定比例计提的职工福利费。

(3) 制造费用，指企业为生产产品而发生的各项间接费用，包括工资和福利费、折旧费、修理费、办公费、水电费、机物料消耗、劳动保护费、季节性和修理期间的停工损失等。

产品成本明细账就是按照上述成本项目设置专栏，用来归集和计算应计入各种产品的生产费用。

（二）产品生产成本的计算

产品生产成本的计算过程就是按不同的成本计算对象归集分配生产费用的过程。因此，企业发生的生产费用，凡为生产某种产品而直接发生的，应当在费用发生时直接计入该种产品的成本；凡为生产多种产品共同发生的材料及人工费，应在费用发生时通过分配计入各种产品的成本。对于车间发生的制造费用，应当在费用发生时先通过“制造费用”账户归集，月末再按照适当的分配标准（如产品的生产工时、生产工人工资比例等）分配计入各种产品成本，从“制造费用”账户转入“生产成本”账户。

制造费用分配公式如下：

$$\text{制造费用分配率}=\frac{\text{制造费用总额}}{\text{分配标准总量}}$$

$$\text{某种产品应分配的制造费用}=\text{该种产品的分配标准量}\times\text{制造费用分配率}$$

如［例 4－31］所列举经济业务，企业本月共发生制造费用 20 000 元，生产甲、乙两种产品的生产工时分别为 600h 和 400h，其制造费用分配如下：

$$\text{制造费用分配率}=\frac{20\ 000}{600+400}=20\ (\text{元/h})$$

$$\text{甲产品应分配制造费用}=600\times20=12\ 000\ (\text{元})$$

$$\text{乙产品应分配制造费用}=400\times20=8000\ (\text{元})$$

制造费用的分配是通过编制分配表进行的，见表 4－4。

表 4-4 **制造费用分配表**

20××年 12 月 (单位：元)

产品名称	分配标准（生产工时）	分配率	分配金额
甲产品	600	20	12 000
乙产品	400	20	8000
合计	1000	20	20 000

通过上述归集分配费用，已将应由各个成本计算对象负担的费用归集到了该种产品成本中，在此基础上，计算完工产品成本。

本月完工产品成本＝月初在产品成本＋本月生产费用－月末在产品成本

如果月末没有在产品或者不计算在产品成本的企业，则本月发生的费用，就是本月完工产品成本；如果生产费用需要在完工产品和在产品之间分配，则要求采用适当的分配方法，计算产品成本。这个问题是成本计算中的一个既重要而又复杂的问题，将在成本会计课程中讲述。

本例，假定月末甲产品全部完工、乙产品全部未完工。将上述业务登记甲产品、乙产品的生产成本明细账如表 4-5 和表 4-6 所示。

表 4-5 **生产成本明细账**

产品名称：甲产品 产量：2000 件

年		凭证号数	摘要	借方（成本项目）			合计
月	日			直接材料	直接人工	制造费用	
12	1		期初余额	2000	880	200	3080
	2		耗用材料	93 000			93 000
	31		分配工资		28 000		28 000
	31		提取福利费		3920		3920
	31		分配制造费用			12 000	12 000
	31		本月生产费用合计	93 000	31 920	12 000	136 920
	31		结转完工产品成本	95 000	32 800	12 200	140 000

表 4-6 **生产成本明细账**

产品名称：乙产品 产量：1000

年		凭证字号	摘要	借方（成本项目）			合计
月	日			直接材料	直接人工	制造费用	
12	2		耗用材料	29 000			29 000
	31		分配工资		22 000		22 000
	31		提取福利费		3080		3080
	31		分配制造费用			8000	8000
	31		本月生产费用合计	29 000	25 080	8000	62 080
	31		月末在产品成本	29 000	25 080	8000	62 080

表 4-6 中甲产品月末产品全部完工，没有在产品。乙产品生产尚未完工，期末在产品成本为 62 080 元。

根据生产成本明细账，编制产品生产成本计算表见表 4-7。

表 4-7　　**产品生产成本计算表**

20××年 12 月

产品名称：甲产品　　产量：2000 件

成本项目	总成本（元）	单位成本（元）
直接材料	95 000	47.50
直接人工	32 800	16.40
制造费用	12 200	6.10
合计	140 000	70.00

第五节　产品销售业务的核算

产品销售过程是产品价值的实现过程。销售过程核算的主要内容是：售出产品确认实现的销售收入，与购货单位办理价款的结算，支付各项销售费用，结转已售产品的销售成本，计算应向国家缴纳的销售税金及附加费，核算销售成果。

一、产品销售收入的核算

（一）账户设置

1. “主营业务收入”账户

“主营业务收入”账户属于损益类。贷方登记实现的产品销售收入数额；借方登记发生的销售退回或销售折让和期末转入“本年利润”账户的收入数额。结转后该账户无余额。该账户应按销售商品类别或主营业务种类设置明细账，进行明细分类核算。该账户的结构如图 4-20 所示。

借方　　主营业务收入	贷方
期末结转“本年利润”	本期实现的产品销售收入

图 4-20　“主营业务收入”账户的结构

2. “应收账款”账户

“应收账款”账户核算企业因销售商品、产品、提供劳务等，应向购货单位或接受劳务单位收取的款项。该账户属于资产类，借方登记应收的款项；贷方登记已收回的款项。期末余额在借方，表示尚未收回的款项。该账户应按债务人设置明细账户，进行明细分类核算。该账户结构可用图 4-21 表示。

借方　　应收账款	贷方
期初余额 发生的应收账款	收回的应收账款
期末余额：尚未收回的应收账款	

图 4-21　“应收账款”账户的结构

3. “应收票据”账户

“应收票据”账户核算企业因销售商品、产品、提供劳务等而收到的商业汇票，包括银行承兑汇票和商业承兑汇票。该账户属于资产类，企业收到承兑的商业汇票时，表明企业应收票据款增加，应借记“应收票据”账户；汇票到期收回款项时，表明应收票据款减少，应贷记“应收票据”账户，期末，如有余额，应在借方，表示尚未到期的应收票据款。为了解每一应收票据的结算情况，企业应设置“应收票据备查簿”，逐笔登记每一应收票据的详细资料，应收票据到期结清票款后，应在备查簿内逐笔注销。该账户的结构如图 4－22 表示。

借方 应收票据	贷方
期初余额 本期增加的票据应收款	本期收回的票据应收款
期末余额：尚未收回的票据应收款	

图 4－22 “应收票据”账户的结构

4. “预收账款”账户

“预收账款”账户核算企业按照合同规定向购货单位预收的款项。该账户属于负债类，向购货单位预收款项时，应贷记“预收账款”账户；企业用产品或劳务抵偿预收货款时，应借记“预收账款”账户，期末余额在贷方，表示尚未用产品或劳务偿付的预收账款。该账户应按购货单位设置明细账，进行明细分类核算。预收账款情况不多的企业，也可以将预收的款项直接记入“应收账款”科目的贷方，不设本账户。该账户结构如图 4－23 表示。

借方 预收账款	贷方
用产品或劳务偿付预收账款	发生的预收账款
	期末余额：尚未偿付的预收账款

图 4－23 “预收账款”账户的结构

（二）产品销售收入的核算

接前例，假定企业本月发生下列销售业务：

【例 4－33】 6 日，向高丰公司销售甲产品 1000 件，每件售价 100 元，计价款 100 000 元，应收取增值税销项税额 17 000 元，共计 117 000 元，货款已收到，存入银行。

这项业务，反映产品销售收入和银行存款同时增加，应记入“银行存款”账户的借方和“主营业务收入”账户的贷方，收到的增值税销项税，应记入“应交税费——应交增值税（销项税额）”账户的贷方。其会计分录如下：

借：银行存款 117 000
　　贷：主营业务收入 100 000
　　　　应交税费——应交增值税（销项税额） 17 000

【例 4－34】 8 日，收到发达公司预付购买甲产品的货款 50 000 元，已存入银行。

这项业务，使银行存款和预收账款同时增加，应记入“银行存款”账户的借方和“预收账款”账户的贷方。其会计分录如下：

借：银行存款 50 000
　　贷：预收账款——发达公司 50 000

【例 4－35】 10 日，向威龙公司发出甲产品 1600 件，每件售价 100 元，计价款 160 000 元，增值税销项税额 27 200 元，价税合计 187 200 元。另以银行存款代垫运费 300 元，货款及运费已委托银行收取，但尚未收到。

借：应收账款——威龙公司　187 500
　贷：主营业务收入　160 000
　　应交税费——应交增值税（销项税额）　27 200
　　银行存款　300

【例 4-36】 15 日，采用商业汇票方式向利通公司销售乙产品 2500 件，每件 120 元，计价款 300 000 元，增值税销项税款 51 000 元，价税合计 351 000 元，收到利通公司签发并承兑的商业承兑汇票，汇票 3 个月以后到期。

这项销售业务，企业收到承兑的商业汇票，使应收票据款增加，应借记“应收票据”，同时应贷记“主营业务收入”和“应交税金”账户，会计分录如下：

借：应收票据　351 000
　贷：主营业务收入　300 000
　　应交税费——应交增值税（销项税额）　51 000

【例 4-37】 20 日，按合同规定向预付货款的发达公司发出甲产品 800 件，每件售价 100 元，计价款 80 000 元，增值税销项税额为 13 600 元，价税合计 93 600 元。

这项业务，企业以货物抵偿预收账款时即为销售实现，企业应将实现的收入和应交的增值税销项税款额借记“预收账款”，同时按实现的收入贷记“主营业务收入”账户，按增值税额贷记“应交税金”账户。会计分录如下：

借：预收账款——发达公司　93 600
　贷：主营业务收入　80 000
　　应交税费——应交增值税（销项税额）　13 600

【例 4-38】 25 日，收到发达公司补付购甲产品的货款 43 600 元，存入银行。

这项业务，银行存款增加，应借记“银行存款”账户，同时贷记“预收账款”账户。会计分录如下：

借：银行存款　43 600
　贷：预收账款——发达公司　43 600

二、产品销售成本、费用的核算

根据会计核算的配比原则，一个会计期间内的产品销售收入与其相关的成本、费用，应当在同一会计期间内进行确认、计量和记录。这里所讲的与产品销售收入相配比的成本、费用，是指产品的销售成本、产品的销售费用和产品销售税金及附加。

（一）账户设置

1. “主营业务成本”账户

“主营业务成本”账户是用来核算因销售商品、提供劳务等日常活动而发生的实际成本。该账户属于损益类，借方登记从“库存商品”账户结转的本期已销售商品的生产成本；贷方登记期末转入“本年利润”账户的已销售商品的生产成本，结转后该账户应无余额。该账户应按主营业务类别设置明细账户，进行明细分类核算。账户的结构可用图 4-24 表示。

借方　　主营业务成本	贷方
本期已销售商品的生产成本	期末结转“本年利润”账户的本期已销售商品的生产成本

图 4-24　“主营业务成本”账户的结构

2. “销售费用”账户

“销售费用”账户核算企业销售商品过程中发生的费用，包括运输费、装卸费、包装费、保险费、展览费和广告费，以及为销售本企业商品而专设的销售机构的职工工资及福利费、类似工资性质的费用、业务招待费等经营费用。该账户属于损益类，借方登记发生的各种销售费用；贷方登记期末转入“本年利润”账户的各种销售费用，结转后该账户应无余额。该账户应按费用项目设置明细账，进行明细分类核算。账户结构如图 4－25 所示。

借方　　　　销售费用	贷方
本期发生的各项销售费用	期末转入“本年利润”的本期各项营业费用

图 4－25 “销售费用”账户的结构

3. “营业税金及附加”账户

“营业税金及附加”账户核算企业日常经营活动应负担的税金及附加，包括消费税、城市维护建设税、资源税和教育费附加等。该账户属于损益类，借方登记企业按照规定计算出的应由主营业务负担的税金及附加；贷方登记期末转入“本年利润”账户的主营业务税金及附加，结转后该账户应无余额。该账户应按产品类别设置明细账，进行明细分类核算。账户结构如图 4－26 所示。

借方　　　　营业税金及附加	贷方
本期应由主营业务负担的各种税金及附加	期末转入“本年利润”账户的主营业务税金及附加

图 4－26 “营业税金及附加”账户的结构

（二）主营业务成本及费用的核算

【例 4－39】 25 日，企业以银行存款支付本月产品广告宣传费 50 000 元。

这项业务，广告宣传费的发生属于销售费用的增加，应借记“销售费用”账户，同时，银行存款减少，应贷记“银行存款”账户。会计分录如下：

借：销售费用　　　　50 000

　　贷：银行存款　　　　50 000

【例 4－40】 31 日，结转本月已销产品的生产成本。

产品销售成本是指企业已销商品的生产成本。产品销售成本的计算取决于两个因素：一是销售数量；二是单位产成品的生产成本。某产品本月销售成本＝该产品本月销售数量×该产成品的单位生产成本。本月销售的商品不一定就是本月生产的。本例假定本月销售的甲商品上月和本月相同，单位生产成本均为 70 元；本月销售的乙商品，均系上月生产，单位生产成本为 80 元，则本月已销商品的生产成本见表 4－8。

表 4－8　　　　产品销售成本计算表

商品种类	本月销售数量（件）	单位生产成本（元）	销售成本合计（元）
甲	3400	70	238 000
乙	2500	80	200 000
合计	—	—	438 000

结转产品销售成本，使产品销售成本增加，应借记“主营业务成本”账户，同时，库存

商品成本减少，应贷记“库存商品”账户。会计分录如下：

借：主营业务成本　　438 000
　　贷：库存商品——甲商品　　238 000
　　　　　　　　——乙商品　　200 000

【例 4-41】 31 日，按规定计算本月应交城市维护建设税 2380 元，应交教育费附加1020 元。

这项业务，企业本月销售商品应负担的税金及附加增加，应借记“营业税金及附加”账户；同时，城市维护建设税和教育费附加在未交纳前形成企业的负债，应分别记入“应交税费”和“其他应交款”账户的贷方。会计分录如下：

借：营业税金及附加　　3400
　　贷：应交税费——应交城市维护建设税　　2380
　　　　　　　　——应交教育费附加　　1020

第六节　财务成果业务的核算

工业企业的财务成果，即利润或亏损，是指企业在一定会计期间的经营成果，是企业在一定会计期间内实现的收入减去费用后的净额。企业生产经营的最终目的，就是要努力扩大收入，尽可能地降低成本费用，努力提高盈利水平，增强企业的获利能力。获利能力的高低，是衡量企业优劣的一个重要标志。

一、利润的构成

利润有营业利润、利润总额和净利润。

（一）营业利润

营业利润是指企业日常经营活动所产生的利润，是企业利润总额和净利润的主要来源。

营业利润的计算公式如下：

营业利润＝营业收入－营业成本－营业税金及附加－销售费用－管理费用－财务费用－资产减值损失＋公允价值变动收益（－公允价值变动损失）＋投资收益（－投资损失）

其中，　营业收入＝主营业务收入＋其他业务收入

　　　　营业成本＝主营业务成本＋其他业务成本

在上述计算营业利润的公式中，资产减值损失是指企业计提各项资产减值准备所形成的损失。公允价值变动或损失是指企业交易性金融资产、采用公允价值模式计量的投资性房地产等公允价值变动形成的应计入当期损益的利得或损失。为了便于学习基础知识，与资产减值损失、公允价值变动损益相关的内容将在后续课程中介绍，本书不再说明。

（二）利润总额

企业通过日常的经营活动实现的营业利润，再加减营业外收支，即为企业利润总额或亏损总额。利润总额的计算公式如下：

利润总额＝营业利润＋营业外收入－营业外支出

（三）净利润

净利润是企业当期利润总额减去所得税费用后的余额，即企业的税后利润。净利润的计算公式如下：

净利润＝利润总额－所得税费用

二、利润实现的核算

（一）其他业务收入和其他业务成本的核算

其他业务收入是指除主营业务收入以外的其他日常活动所产生的收入，如出租固定资产、无形资产收入、材料销售收入、包装物出租收入等。为了核算企业其他业务收入的取得及结转等情况，应设置“其他业务收入”账户，贷方登记企业取得的各项其他业务收入，借方登记期末结转入“本年利润”账户的其他业务收入，结转后该账户应无余额。该账户结构可用图 4－27 表示。

借方　　　　其他业务收入	贷方
期末转入“本年利润”的其他业务收入	发生的各项其他业务收入

图 4－27 “其他业务收入”账户的结构

其他业务成本是指企业除主营业务成本以外的其他日常活动所发生的支出，如销售材料或出租包装物结转的成本等。为了核算企业其他业务成本的发生及结转等情况，应设置“其他业务成本”账户，借方登记企业结转的有关成本或发生的其他业务成本，贷方登记期末转入“本年利润”账户的其他业务成本。结转后该账户应无余额。该账户结构可用图 4－28 表示。

借方　　　　其他业务成本	贷方
发生的各项其他业务支出	期末转入“本年利润”的其他业务成本

图 4－28 “其他业务成本”账户的结构

【例 4－42】 25 日，企业出售 10 吨废旧 A 材料，售价 1100 元，增值税 187 元价税合计 1287 元，款项存入银行。该批材料的实际成本为 1000 元。

这项业务，应分两步，第一步反映企业销售 A 材料，取得其他业务收入；第二步反映结转该批原材料的成本。应编制会计分录如下：

（1）取得原材料销售收入：

借：银行存款　　　　　　　　　　1287

　　贷：其他业务收入　　　　　　　　1100

　　　　应交税费——应交增值税（销项税额）187

（2）结转已销原材料成本：

借：其他业务成本　　　　　　　　1000

　　贷：原材料——A 材料　　　　　　1000

（二）营业外收入和营业外支出的核算

1. 营业外收入的核算

营业外收入是指企业发生的与其生产经营无直接关系的各项收入，包括处置固定资产净收益、出售无形资产净收益、非货币性资产交换利得、债务重组利得、政府补助、盘盈利得、捐赠利得、罚款净收入等。

为了核算营业外收入的发生及结转情况，企业应设置“营业外收入”账户，其贷方登记发生的各项营业外收入，借方登记期末转入“本年利润”账户的营业外收入，结转后该账户应无余额。该账户应按收入项目设置明细账，进行明细分类核算。该账户结构可用图 4－29 表示。

借方	营业外收入　　贷方
期末转入“本年利润”的营业外收入	发生的各项营业外收入

图 4－29　“营业外收入”账户的结构

【例 4－43】 28 日，企业取得罚款收入 1900 元，存入银行。

这项业务，涉及“银行存款”和“营业外收入”两个账户，应编制会计分录如下：

借：银行存款　　　　　　　　　　　1900

　贷：营业外收入　　　　　　　　　　　1900

2. 营业外支出的核算

营业外支出是指企业发生的与其生产经营无直接关系的各项支出，包括固定资产盘亏、处置固定资产净损失、出售无形资产净损失、非货币性资产交换损失、债务重组损失、盘亏损失、非常损失、罚款支出、捐赠支出等。

为了核算营业外支出的发生和结转情况，企业应设置“营业外支出”账户，其借方登记发生的各项营业外支出，贷方登记期末转入“本年利润”账户的营业外支出，结转后该账户应无余额。该账户应按费用项目设置明细账，进行明细分类核算。该账户结构可用图 4－30 表示。

借方　　　　营业外支出	贷方
发生的各项营业外支出	期末转入“本年利润”的营业外支出

图 4－30　“营业外支出”账户的结构

【例 4－44】 20 日，以银行存款向希望工程捐赠 5000 元。

这项业务，涉及“银行存款”和“营业外支出”两个账户，会计分录如下：

借：营业外支出　　　　　　　　　　5000

　贷：银行存款　　　　　　　　　　　5000

（三）所得税费用的核算

企业所得税是企业依照国家税法的规定，对企业某一经营年度的所得，按照规定的税率计算并交纳的税款。企业所得税通常是按年计算，分期预交的。按年计算的基本公式为

企业所得税＝应纳税所得额×适用税率

（应纳税所得额＝利润总额±所得税前利润中予以调整的项目）

分期预交所得税计算：

当期累计应纳所得税额＝当期累计应纳税所得额×适用税率

当期应纳所得税＝当期累计应纳所得税额－上期累计已纳所得税额

企业所得税是企业在生产经营过程中的一部分耗费，是企业的一项费用支出。因此，按照权责发生制和收入与费用配比的原则，应在净利润前扣除。

为了反映和监督企业按规定从本期损益中扣除的所得税，应设置“所得税费用”账户。其借方登记企业应计入本期损益的所得税额；贷方登记期末转入“本年利润”账户的所得税额，结转后该账户应无余额。该账户结构用图 4－31 表示。

借方　　　　所得税费用	贷方
应计入本期损益的所得税	期末转入“本年利润”的所得税额

图 4－31　“所得税费用”账户的结构

【例 4-45】 31 日，计算本期应交所得税。12 月份利润总额为 100 000 元，1～11 月份累计利润总额为 200 000 元，累计已交纳所得税 50 000 元，无税前扣除项目，所得税税率为 25%。

1～12 月份应交所得税额＝（200 000＋100 000）×25%＝75 000（元）

12 月份应交所得税额＝75 000－50 000＝25 000（元）

根据计算的本月应交所得税额，编制会计分录如下：

借：所得税费用　　　　　　　　　　　　25 000

　　贷：应交税费——应交所得税　　　　　　　　25 000

（四）利润实现的核算

前已述及，企业一定时期内各种收入与各项费用进行对比确定的差额，就是本期实现的利润或发生的亏损。

1. 账户设置

为了反映和监督企业本年利润的形成，应设置“本年利润”账户。该账户属于所有者权益类，其贷方登记从各收入账户转入的本期发生的各种收入；借方登记从各费用账户转入的本期发生的各种费用。将收入与费用相抵后，如收入大于费用，即为贷方余额，表示本期实现的利润，如费用大于收入，即为借方余额，表示本期发生的亏损。在年度中间，该账户的余额保留在本账户，不予转账，表示截至本期本年度累计实现的利润或发生的亏损。年末，应将该账户余额转入“利润分配”账户，结转后该账户应无余额。“本年利润”账户的结构可用图 4-32 表示。

借方　　　　　本年利润	贷方
从有关费用账户转入的 （1）主营业务成本 （2）营业税金及附加 （3）其他业务成本 （4）销售费用 （5）管理费用 （6）财务费用 （7）营业外支出 （8）所得税费用	从各有关收入账户转入的 （1）主营业务收入 （2）其他业务收入 （3）营业外收入 （4）投资收益 （5）补贴收入
期末余额：累计发生的亏损	期末余额：累计实现的利润

图 4-32 “本年利润”账户的结构

2. 利润实现的核算

【例 4-46】 综前所述的本月经营业务的财务成果核算的资料，企业本月全部收入和费用的发生额如下，据以结转到“本年利润”账户。

12 月末有关账户余额见表 4-9。

表 4-9　　　　　　　　账 户 余 额

账户名称	借方余额	贷方余额	账户名称	借方余额	贷方余额
主营业务收入		640 000	销售费用	50 000	
其他业务收入		1100	管理费用	41 600	
营业外收入		1900	财务费用	4000	
主营业务成本	438 000		营业外支出	5000	
营业税金及附加	3400		所得税费用	25 000	
其他业务成本	1000			568 000	643 000

这项业务，要将“主营业务收入”、“其他业务收入”、“营业外收入”三个账户的贷方发生额结转到“本年利润”账户的贷方，应编制会计分录如下：

借：主营业务收入　　640 000
　　其他业务收入　　1100
　　营业外收入　　1900
　　贷：本年利润　　643 000

同时，要将“主营业务成本”、“营业税金及附加”、“其他业务成本”、“销售费用”、“管理费用”、“财务费用”、“营业外支出”、“所得税费用”八个账户的费用结转到“本年利润”账户的借方。会计分录如下：

借：本年利润　　568 000
　　贷：主营业务成本　　438 000
　　　　营业税金及附加　　3400
　　　　其他业务成本　　1000
　　　　销售费用　　50 000
　　　　管理费用　　41 600
　　　　财务费用　　4000
　　　　营业外支出　　5000
　　　　所得税费用　　25 000

通过以上结转，“本年利润”账户贷方发生额减去借方发生额（643 000－568 000）后的差额 75 000 元，即为本月实现的净利润。

将上述会计分录登账结果，如图 4－33 所示。

企业经营年度实现利润为：

1～11 月份实现利润总额	200 000 元
－1～11 月份应交所得税	50 000 元
1～11 月份实现净利润	150 000 元
＋12 月份实现净利润	75 000 元
全年实现净利润	225 000 元

三、利润分配的核算

企业实现的净利润，应当按照国家规定进行分配。企业利润分配按照下列顺序进行分配：

（1）弥补以前年度尚未弥补的亏损。

（2）提取法定盈余公积和法定公益金。法定盈余公积应按税后净利润的 10%提取，法定公益金按税后净利润的 5%～10%提取。法定盈余公积超过公司注册资本总额的 50%时，可不再提取。法定盈余公积主要用于弥补亏损或按国家规定转增资本金，法定公益金则主要用于企业的职工集体福利设施支出。

（3）提取任意盈余公积。公司制企业从税后净利润中提取法定盈余公积和法定公益金后，按公司章程规定或股东大会决议，自行决定提取一定比例的任意盈余公积。

（4）向投资者分配利润（或股利）。企业的税后利润提取了上述公积金后，可向本企业的所有者分配利润（或股利）。企业以前年度未分配的利润，可以并入本年度向所有者分配。

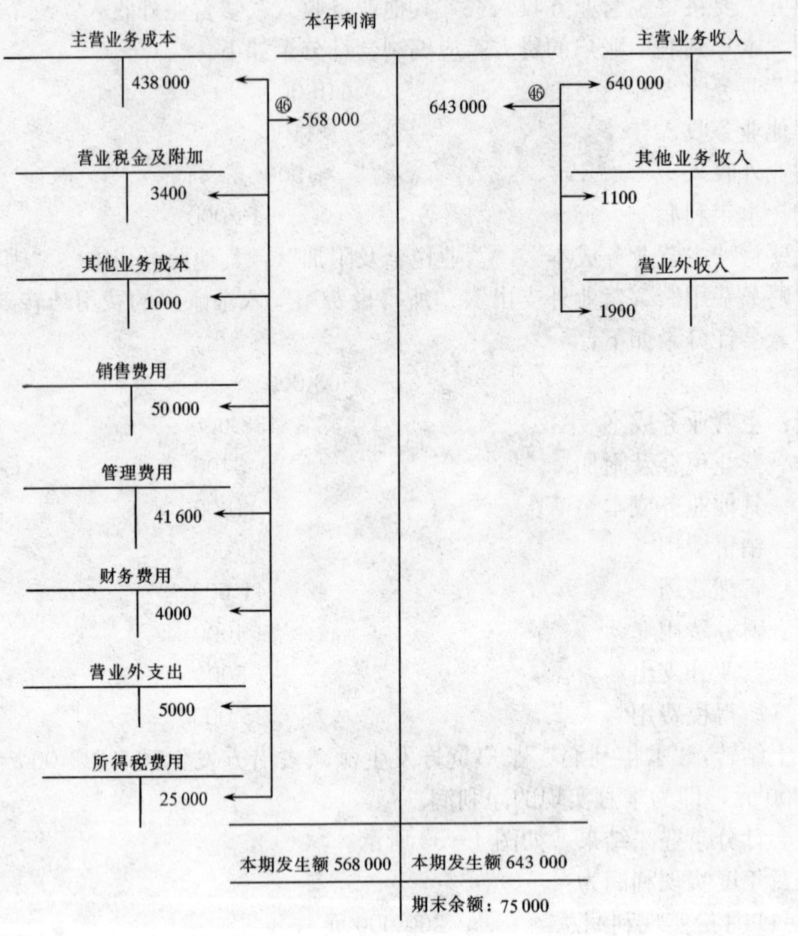

图 4－33 会计分录登账

若本年度无利润，一般不得向所有者分配利润。

（一）账户设置

为了反映和监督企业利润的分配情况，应设置以下账户：

1．“利润分配”账户

“利润分配”账户核算企业利润的分配（或亏损的弥补）情况及结果。该账户属于所有者权益类。其借方登记实际分配的利润数额，贷方平时一般不作登记，因而在年度中间该账户的期末余额为借方余额，表示截至本期企业累计已分配利润数额。平时，将“本年利润”账户的贷方余额，即累计实现的利润与“利润分配”账户的借方余额，即累计已分配的利润相减，可以求得未分配的利润余额。年末，企业将全年实现的净利润，自“本年利润”账户结转记入“利润分配”账户的贷方。结转后，“利润分配”账户如为贷方余额，表示历年结存未分配的利润数额；如为借方余额，表示历年结存未弥补的亏损。为了具体地反映和监督企业利润分配的去向和历年分配后的结余金额，“利润分配”账户一般应设置“提取法定盈余公积”、“提取法定公益金”、“提取任意盈余公积”、“应付利润（或股利）”、“其他转入”、“未分配利润”等明细账户，进行明细分类核算，该账户结构可用图4－34表示。

借方　　　　　　利润分配	贷方
实际分配的利润数： （1）提取法定盈余公积 （2）提取法定公益金 （3）提取任意盈余公积 （4）应付利润（或股利）	年末从“本年利润”账户转入的全年实现的净利润
期末余额：年度中间为累计已分配利润数，年末结账后为历年结存未弥补亏损	期末余额：历年结存未分配利润

图 4-34　“利润分配”账户的结构

2．“盈余公积”账户

“盈余公积”账户是用来反映和监督企业从税后利润中提取的盈余公积金的增减变动和结余情况的账户。该账户属于所有者权益类，其贷方登记从税后利润中提取的盈余公积金；借方登记盈余公积金的使用，如转增资本金、弥补亏损等，期末余额在贷方，表示盈余公积金的结余数。该账户的结构可用图 4-35 表示。

借方　　　　盈余公积	贷方
盈余公积金的使用数	从税后利润中提取的盈余公积金
	期末余额：盈余公积金结余额

图 4-35　“盈余公积”账户的结构

3．“应付股利”账户

“应付股利”账户，是用来反映和监督企业向投资者支付利润或现金股利情况的账户。该账户属于负债类，其贷方登记企业计算出的应支付给投资者的利润或股利；借方登记实际支付给投资者的利润或股利，期末余额如在贷方，表示应付而尚未支付的利润或股利；如在借方，表示多支付的利润或股利。该账户的结构可用图 4-36 表示。

借方　　　　应付股利	贷方
实际支付给投资者的利润或股利	计算出应支付给投资者的利润或股利
余额：多付的利润或股利	余额：应付而尚未支付的利润或股利

图 4-36　“应付股利”账户的结构

（二）利润分配的核算

接前例，该企业本年实现的净利润（税后利润）为 225 000 元。

【例 4-47】　12 月 31 日，结转全年实现的净利润 225 000 元。

这项业务，就是将全年实现的净利润 225 000 元从“本年利润”账户转入“利润分配”账户贷方。会计分录如下：

借：本年利润　　　　　　　　　　225 000

　　贷：利润分配——未分配利润　　　　225 000

【例 4-48】　12 月 31 日，按规定从净利润中提取 10％的法定盈余公积 22 500 元，5％的法定公益金 11 250 元。

这项业务表明，从净利润中提取法定盈余公积和法定公益金，是对已实现的利润进行分配，应记入“利润分配”账户的借方；分配形成的盈余公积，作为所有者权益的增加，应记入“盈余公积”账户的贷方。会计分录如下：

借：利润分配——提取法定盈余公积　　22 500
　　　　　　——提取法定公益金　　11 250
　贷：盈余公积——法定盈余公积　　22 500
　　　　　　　——法定公益金　　11 250

【例 4-49】 12 月 31 日，企业决定分配给投资者利润 100 000 元。

这项业务，对已实现的利润进行分配，应借记“利润分配”，应付投资者的利润尚未支付，债务增加，应贷记“应付股利”账户。会计分录如下：

借：利润分配——应付利润　　100 000
　贷：应付股利　　100 000

【例 4-50】 12 月 31 日，结转全年已分配的利润。

这项业务要求年终将“利润分配——提取法定盈余公积”，“利润分配——提取法定公益金”，“利润分配——应付利润”明细账户的余额从贷方转入“利润分配——未分配利润”账户的借方，结转后，除“利润分配——未分配利润”明细账户外，“利润分配”账户其他各明细账户都没有余额。该业务编制会计分录如下：

借：利润分配——未分配利润　　133 750
　贷：利润分配——提取法定盈余公积　22 500
　　　　　　　——提取法定公益金　　11 250
　　　　　　　——应付利润　　100 000

将全年有关利润实现和利润分配的会计分录登账，结果如图 4-37 所示。

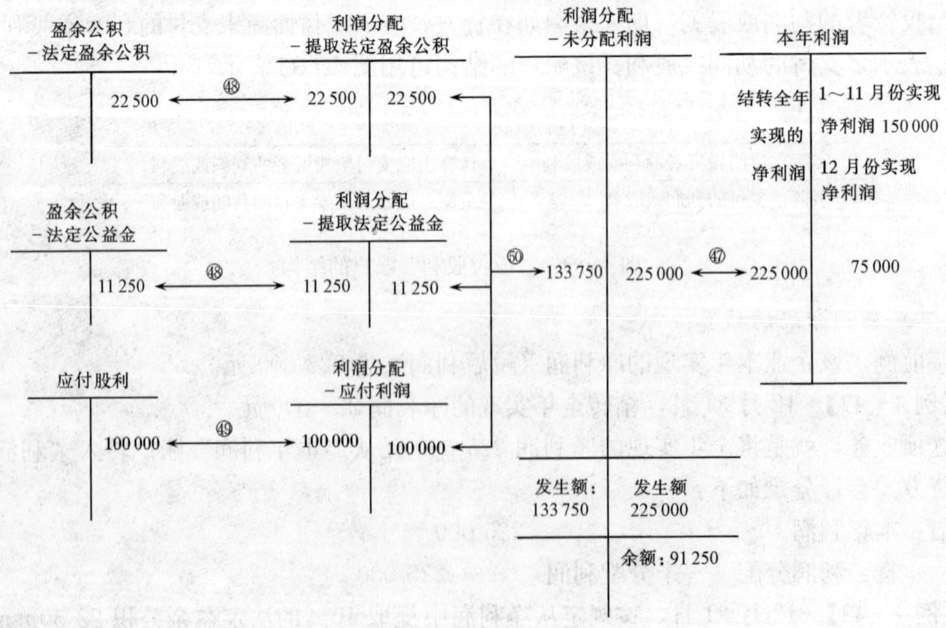

图 4-37　会计分录登账

习 题 四

一、单项选择题

1. 企业实际收到投资者投入的资金属于企业所有者权益中的（　　）。

A. 固定资产　　B. 银行存款　　C. 实收资本　　D. 资本公积

2. 企业为满足正常的生产经营的资金需要，向银行等机构借入的期限在一年以内的款项一般称为（　　）。

A. 长期借款　　B. 短期借款　　C. 长期负债　　D. 流动负债

3. 材料采购成本不包括（　　）。

A. 运输途中的合理损耗　　B. 入库前的挑选整理费

C. 采购人员的差旅费　　D. 材料的运杂费

4. 与“在途物资”账户的借方有对应关系的账户是（　　）。

A. 银行存款　　B. 管理费用

C. 应交税费——应交增值税　　D. 原材料

5. 甲企业购进材料 100 吨，货款计 1 000 000 元，途中发生定额内损耗 1000 元，并以银行存款支付该材料的运杂费 1000 元，保险金 5000 元，增值税进项税为 170 000 元。则该材料的采购成本为（　　）元

A. 1 000 000　　B. 1 005 000　　C. 1 006 000　　D. 1 175 000

6. 下列各项目中，应计入“制造费用”账户的是（　　）。

A. 生产产品耗用的材料　　B. 生产车间机器设备的折旧费

C. 生产工人的工资　　D. 行政管理人员的工资

7. 企业发生的间接费用，先归入（　　）账户，然后分配计入有关产品成本中去。

A. 间接费用　　B. 直接费用　　C. 制造费用　　D. 期间费用

8. 与“制造费用”账户可能发生对应关系的账户是（　　）。

A. 管理费用　　B. 资本公积　　C. 应付职工薪酬　　D. 库存商品

9. 期间费用账户期末应（　　）。

A. 有借方余额　　B. 有贷方余额

C. 有时在借方，有时在贷方出现余额　　D. 无余额

10. 下列费用中，不构成产品成本的是（　　）。

A. 直接材料费　　B. 直接人工费　　C. 期间费用　　D. 制造费用

11. “生产成本”账户的期末借方余额表示（　　）。

A. 完工产品成本　　B. 半成品成本

C. 本月生产成本合计　　D. 期末在产品成本

12. 某企业本月支付厂部管理人员工资 15 000 元，预支付厂部半年（含本月）修理费 1200 元，生产车间保险费 3000 元。该企业本月管理费用发生额为（　　）元。

A. 15 000　　B. 16 200　　C. 15 200　　D. 19 200

13. 销售产品时应交销售税金，应贷记的科目是（　　）。

A. “主营业务收入”　　B. “银行存款”

C. “应交税费” D. “所得税费用”

14. “借：主营业务成本，贷：库存商品”，这笔会计分录反映的经济业务是（ ）。

A. 结转完工入库产品的生产成本 B. 结转已销产品的生产成本

C. 冲销已销产品的生产成本 D. 结转尚未完工产品的生产成本

15. 企业计算应交所得税时，应借记的科目是（ ）。

A. “利润分配” B. “所得税费用” C. “应交税费” D. “本年利润”

16. 某企业“本年利润”账户5月末账面余额为58万，表示（ ）。

A. 5月份实现的利润总额 B. 1～5月份累计实现的营业利润

C. 1～5月份累计实现的利润总额 D. 1～5月份累计实现的净利润

17. 预提短期借款利息支出时，应贷记的账户是（ ）。

A. “短期借款” B. “财务费用” C. “应付利息” D. “银行存款”

18. 下列项目中属于营业外收入的有（ ）。

A. 产品销售的收入 B. 出售废料收入

C. 罚款收入 D. 出租固定资产的收入

19. 下述各项目中，应计入“销售费用”账户的是（ ）。

A. 为销售产品而发生的广告费 B. 销售产品的价款

C. 已销产品的生产成本 D. 销售产品所收取的税款

20. 年末结转后，“利润分配”账户的贷方余额表示（ ）。

A. 实现的利润总额 B. 净利润额

C. 利润分配总额 D. 未分配利润额

二、多项选择题

1. 按照投资者的性质不同，投入资本可分为（ ）。

A. 国家资本 B. 法人资本 C. 个人资本 D. 外商资本

2. 下列应计入材料采购成本的有（ ）。

A. 采购人员的差旅费 B. 材料买价

C. 增值税进项税额 D. 采购材料的运杂费

3. 在材料采购业务核算时，与“在途物资”账户的借方相对应的贷方账户一般有（ ）账户。

A. 应付账款 B. 应付票据 C. 银行存款 D. 预付账款

4. 某工业企业采购A、B两种材料，下列支出属于材料采购的直接费用有（ ）。

A. 两种材料的运费 B. A材料的买价

C. 两种材料的装卸费 D. B材料的包装费

5. “营业税金及附加”账户借方登记的内容有（ ）。

A. 增值税 B. 消费税 C. 城建税 D. 所得税

6. 下列项目中，应在“管理费用”中列支的有（ ）。

A. 工会经费 B. 车间管理人员的工资

C. 业务招待费 D. 业务人员差旅费

7. 下列项目中，可记入“制造费用”账户的有（ ）。

A. 车间一般耗用的材料 B. 车间管理人员的工资

C. 行政管理人员的工资　　D. 车间计提的固定资产折旧

8. 计提固定资产折旧时，与“累计折旧”账户对应的账户为（　　）。

A. 银行存款　B. 制造费用　C. 管理费用　D. 销售费用

9. 期间费用一般包括（　　）。

A. 财务费用　B. 管理费用　C. 销售费用　D. 制造费用

10. 根据权责发生制原则，下列各项属本年度收入的有（　　）。

A. 本年度销售产品一批，货款下年初结算

B. 收到上年度所销产品的货款

C. 上年度已预收货款，本年度发出产品

D. 本年度出租厂房，租金已于上年预收

11. 下列项目中，属于其他业务收入的是（　　）。

A. 销售原材料收入　　B. 提供劳务收入

C. 出租固定资产收入　　D. 出租无形资产收入

12. 年终决算之后一般没有余额的是（　　）。

A. 本年利润　　B. 财务费用

C. 利润分配　　D. 主营业务成本

13. 下列各项应计入营业外收入的是（　　）。

A. 收取的出租包装物的押金　　B. 罚款净收入

C. 租金收入　　D. 处置无形资产净收益

14. 影响企业营业利润的项目有（　　）。

A. 主营业务收入　B. 销售费用　C. 所得税费用　D. 营业外收入

15. 关于“本年利润”账户，下列说法正确的有（　　）。

A. 借方登记期末转入的各项费用额　　B. 贷方余额为实现的利润额

C. 贷方余额为发生的利润总额　　D. 年末经结转后，该账户没有余额

16. 下列项目应计入“利润分配”账户借方的是（　　）。

A. 提取的公积金　　B. 所得税

C. 年末转入的亏损额　　D. 分配给投资者的利润

三、判断题

1. 企业可设置“投入资本”账户来核算其实际收到投资人投入的资本。（　　）

2. 材料的采购成本包括；材料买价、增值税金、采购费用、采购人员差旅费和市内材料运杂费等。（　　）

3. 材料的采购费用是材料采购成本的主要组成部分。（　　）

4. 固定资产在使用过程中的磨损，表明固定资产价值的减少，应计入“固定资产”账户的贷方。（　　）

5. “累计折旧”账户是用来记录固定资产减少额的。（　　）

6. 企业职工工资和福利费应计入产品生产成本。（　　）

7. 行政管理部门零用的原材料应计入“制造费用”账户的借方。（　　）

8. “利润分配——未分配利润”明细账户的借方余额为未弥补亏损。（　　）

9. “生产成本”账户期末如有借方余额，为尚未加工完成的各项在产品成本。（　　）

10. 每月计算出应缴纳的教育费附加时，应借记“营业税金及附加”账户，贷记“应交税费”账户。 （ ）

11. “所得税费用”账户属于负债类账户。 （ ）

12. 营业外支出会影响企业的营业利润。 （ ）

四、实务操作题

（一）【目的】练习资金筹集业务的核算。

【资料】甲公司发生下列经济业务。

（1）3 日，某单位投入的货币资金 200 000 元，存入银行。

（2）4 日，向银行借入 3 个月期借款 100 000 元存入银行。

（3）5 日，向银行借入 3 年期借款 800 000 元存入银行。

（4）10 日，收到某公司投入本企业商标权一项，投资双方确认的价值为 200 000 元。

（5）20 日，收到鸿运公司投入的机器一台，原值为 320 000 元，双方确认的价值为 300 000元。

（6）30 日，以银行存款偿还短期借款 50 000 元，长期借款 100 000 元。

（7）31 日，按规定将资本公积金 30 000 元转作资本金。

（8）31 日，计提短期借款利息 6000 元。

（9）31 日，从银行存款中支付本季度短期借款利息 32 000 元，本季度前两个月已预提短期借款利息 21 000 元。

（10）接受外商捐赠汽车 1 辆，价值 120 000 元。

【要求】：根据上述资料编制会计分录。

（二）【目的】练习供应过程业务的核算。

【资料】某工厂某年 10 月份发生下列经济业务：

（1）2 日，购进 1 台设备，买价 80 000 元，运输费 400 元，包装费 300 元，所有款项均以银行存款支付，设备交付使用。

（2）5 日，向大明工厂购进甲材料 1500 千克，单价 30 元，计 45 000 元，增值税 7650 元；乙材料 2000 千克，单价 15 元，计 30 000 元，增值税 5100 元，全部款项以银行存款支付。

（3）8 日，用银行存款支付上述甲、乙材料的运杂费 7000 元（按材料重量比例分摊）。

（4）用银行存款 1000 元预付订购丁材料款。

（5）16 日，向宏天工厂购进丙材料 3000 千克，单价 25 元，计 75 000 元，增值税 12 750 元，款项尚未支付。

（6）20 日，用现金支付丙材料的运费及装卸费 3000 元。

（7）23 日，甲、乙、丙三种材料发生入库前的挑选整理费 3250 元（按材料重量比例分摊），用现金支付。

（8）30 日，本期购进的甲、乙、丙材料均已验收入库，现结转实际采购成本。

【要求】：根据上述经济业务编制会计分录。

（三）【目的】练习产品生产业务的核算。

【资料】某工厂某年 10 月份发生下列经济业务：

（1）本月生产领用材料情况如表 4-10 所示：

表 4-10　某工厂某年 10 月份生产领用材料情况　（单位：元）

用　途	甲　材　料	乙　材　料	合　计
A 产品	32 000	45 000	77 000
B 产品	68 000	38 000	106 000
车间一般耗用	2000	500	2500
行政管理部门	—	500	500
合　计	102 000	84 000	186 000

（2）结算本月应付工资 68 000 元，其中生产 A 产品生产工人工资 30 000 元，生产 B 产品生产工人工资 20 000 元，车间管理人员工资 10 000 元，厂部管理人员工资 8000 元。

（3）按工资总额 14%计提职工福利费。

（4）从银行存款提取现金 68 000 元。

（5）用现金发放上月职工工资 68 000 元。

（6）用银行存款支付厂部第四季度的报纸杂志费 660 元。

（7）分摊本月厂部应负担的报纸杂志费 220 元。

（8）预提车间机器设备的大修理费 1200 元。

（9）用银行存款支付本月水电费计 5200 元，其中各车间分配 3700 元，厂部分配 1500 元。

（10）企业职工张三出差归来，报销差旅费 800 元，原来预借差旅费 1000 元。

（11）按规定标准计提本月固定资产折旧费 4830 元，其中生产用固定资产折旧费为 3800 元，厂部固定资产折旧费 1030 元。

（12）按生产工人工资的比例分摊并结转本月制造费用。

（13）本月投产 A 产品 100 件，全部完工；B 产品 300 件，全部未完工。A 产品已全部完工入库，结转完工产品成本。

【要求】：（1）根据上述经济业务编制会计分录。

（2）根据有关的会计分录，登记“生产成本”、“生产成本——甲产品”、“生产成本——乙产品”和“制造费用”T 形账户。

（四）【目的】练习销售过程业务的核算。

【资料】某工厂 10 月份发生下列经济业务：

（1）销售 A 产品 10 件，单价 1920 元，货款 19 200 元，销项税 3264 元，款项已存入银行。

（2）销售 B 产品 150 件，单价 680 元，计 102 000 元，销项税 17 340 元，款项尚未收到。

（3）预收 C 产品货款 20 000 元，款项已收到并存入银行。

（4）用银行存款支付销售费用计 1350 元。

（5）发出 C 产品 10 件，单价 2000 元，增值税税率为 17%，尾款收到一张商业承兑汇票。

（6）结转已销产品生产成本，A 产品 12 476 元，B 产品 69 000 元，C B 产品 12 000 元。

（7）预提本月短期借款利息 1200 元。

（8）计算应交城市维护建设税 1100 元，教育费附加 610 元。

【要求】：根据经济业务作会计分录。

（五）【目的】练习利润形成和分配业务的核算。

【资料】红星工厂 2014 年 12 月有关利润形成的业务如下：

（1）12 月 2 日企业将多余的一批甲材料出售，取得收入 5000 元，增值税销项税额为 850 元，款项尚未收到。该批材料的成本为 4600 元。

（2）12 月 15 日，被投资企业宣告分派现金股利，根据持股比例企业应得 5300 元。

（3）12 月 12 日，转让材料收入 30 000 元，增值税销项税额为 5100 元，款项存入银行。该材料账面成本 25 000 元。

（4）本期应交城建税 2500 元，教育费附加 600 元。

（5）企业因迟交税款，按规定交滞纳金 500 元，现金支付。

（6）企业职工刘六因违反公司制度，罚款现金 200 元。

（7）12 月 18 日，企业销售 A、B 产品。其中，销售 A 产品 500 件，单位售价 600 元；销售 B 产品 1000 件，单位售价 500 元。增值税率 17%，款项均未收到。

（8）12 月 20 日，用银行存款支付产品广告费用 15 000 元。

（9）12 月 22 日，将无法支付的应付款 68 000 元转作营业外收入。

（10）12 月 31 日，结转本月已销 A 产品 500 件，B 产品 1000 件的生产成本。A 产品单位生产成本 150 元，B 产品单位生产成本 200 元。

（11）以银行存款支付管理部门电话费 330 元。

（12）12 月 31 日，预提应由本月负担的银行借款利息 4500 元。

（13）12 月 31 日，将相关损益类账户的发生额结转至“本年利润”账户。

（14）12 月 31 日，按利润总额的 25%计算应交纳所得税并予以结转。

（15）结转“本年利润”账户。

（16）12 月 31 日，按税后利润的 10%提取法定盈余公积金，30%向投资者分配利润。

（17）年末结转利润分配各明细账户。

【要求】：根据上述资料，编制会计分录。

第五章 会 计 凭 证

本章阐述会计凭证的填制和审核。学习本章，要求理解会计凭证的作用和种类，原始凭证和记账凭证的填制与审核要求，会计凭证的传递和保管，掌握填制会计凭证的技术方法。

第一节 会计凭证的意义和种类

一、会计凭证的意义

会计凭证是记录经济业务、明确经济责任，作为记账依据的书面证明。

填制和审核会计凭证，是会计核算工作的起点和基础。任何单位，发生的每一项经济业务，如现金的收付，物资的进出，往来款项的结算等，经办业务的有关人员必须按照规定的程序和要求，认真填制会计凭证，记录经济业务发生或完成的日期、经济业务的内容，并在会计凭证上签名盖章，以对凭证的真实性和合法性负完全责任。一切会计凭证都必须经过有关人员的严格审核。只有经过审核无误的会计凭证，才能作为登记账簿的依据。填制和审核会计凭证是一项基础性工作，对会计核算过程、会计信息质量等起至关重要的作用，具有十分重要的意义。归纳起来，有以下三个方面：

（一）填制、取得会计凭证，可以及时正确地反映各项经济业务的完成情况

空白的凭证，一经填入经济业务的事实，并经有关人员签章后，便可以客观地反映各项经济业务的完成情况，便成为具有法律效力的证据，这是凭证的基本作用。

（二）审核会计凭证，可以更有效地发挥会计的监督作用，使经济业务合法、合理

通过填制和审核会计凭证，可以检查经济业务中有无违反财经政策、法律和法规的行为，监督经济活动的合法性、合理性，充分发挥会计的监督作用。

（三）填制和审核会计凭证，便于分清经济责任，可以落实经济管理中的责任制

各单位所发生的经济业务，都是由有关部门协同完成的，通过填制和审核会计凭证，不仅将经办人员联系在一起，相互促进，相互监督，而且有利于划清经办单位和经办人的责任。当经济业务出现问题或发生纠纷时，会计凭证可提供法律依据，区分责任，作出正确的裁决。

二、会计凭证的种类

会计凭证是多种多样的，按其填制程序和用途可以分为原始凭证和记账凭证两种。

（一）原始凭证

原始凭证是经济业务发生时取得或填制的，用以明确经济责任，作为记账依据的具有法律效力的最初书面证明。

原始凭证按其来源不同，可分为自制原始凭证和外来原始凭证。

1. 自制原始凭证

自制原始凭证，是指由本单位内部经办业务的部门或个人，在完成某项经济业务时自行

填制的凭证。

自制原始凭证按其填制手续不同，又可分为一次凭证、累计凭证、汇总原始凭证和记账编制凭证四种。

（1）一次凭证。是指只记录一项经济业务或同时记录若干项同类经济业务，凭证填制手续是一次完成的原始凭证。例如现金收据、收料单、领料单（见表 5－1）、发货票（见表 5－2、表 5－3）等都是一次凭证。

表 5－1 领料单

领料单位：第一车间　　用途：生产××产品　　日期：××年 12 月 5 日　　发料仓库：2 号库

材料编号	材料类别	名称	规格	计量单位	数量		成本	
					请领	实发	单价	金额
106580	钢材	无缝钢管	ϕ30mm	kg	2000	2000	8	16 000

发料人：（签章）　　领料人（签章）　　领料单位负责人：（签章）

表 5－2 ××市商业零售发货票

（税务局监制章）

第　号

购货人　　年　月　日

商品名称	规格	单位	数量	单价	金额
合计人民币（大写）					

企业名称（盖章）　　会计：　　复核：　　制单：

表 5－3 增值税专用发票

开票日期：　年　月　日

购货单位	名称		纳税人登记号			
	地址、电话		开户银行及账号			
商品或劳务名称	计量单位	数量	单价	金额	税率（%）	税额
价税合计（大写）	佰 拾 万 仟 佰 拾 元 角 分 ¥					
销货单位	名称		纳税人登记号			
	地址、电话		开户银行及账号			

第一联：存根联留存备查

收款人：　　开票单位：（未盖章无效）

(2) 累计凭证，是指在一定时期内，连续多次记载若干项不断重复发生的同类经济业务，直到期末计算出累计数作为记账依据的原始凭证。如工业企业的“限额领料单”，格式见表 5-4。

表 5-4 **限 额 领 料 单**

××××年 10 月 编号：708

领料单位：一车间 用途：甲产品 计划产量：2000 件

材料编号：112068 名称规格：ϕ25mm 圆钢 计量单位：kg

单价：6 元 消耗运量：0.4kg/件 领用限额：800

××××年		请 领		实 发				
月	日	数量	领料单位负责人	数量	累计	发料人	领料人	限额结余
10	2	100	李方	100	100	王明	赵英	700
10	8	150	李方	150	250	王明	张华	550
10	15	200	李方	200	450	王明	周新	350
10	22	150	李方	150	600	王明	赵英	200
10	25	100	李方	100	700	王明	周新	100
10	30	50	李方	50	750	王明	张华	50
累计实发金额（大写）：肆仟伍佰元整								¥：4500 元

供应部门负责人：（签章） 生产计划部门负责人：（签章） 仓库负责人：（签章）

(3) 汇总凭证，是指把反映一定期间许多项同类经济业务的原始凭证汇总起来编制的凭证。用以集中反映某项经济业务完成的总括情况。如发料凭证汇总表（格式见表 5-5）、现金收入汇总表等。

表 5-5 **发料凭证汇总表**

××××年 10 月 31 日 （单位：元）

应借科目	应贷科目：原材料					发料合计
	明细科目：				辅助材料	
	1～10 日	11～20 日	21～31 日	小计		
生产成本 制造费用 管理费用						
合 计						

(4) 记账编制凭证。记账编制凭证是根据账簿记录和经济业务的需要编制的一种自制原始凭证。如“制造费用分配表”，格式见表 5-6。

表5-6 **制造费用分配表**

××××年10月

应借科目		生产工时	分配率	分配金额
生产成本	甲产品	600	12	7200
	乙产品	400	12	4800
合　计		1000	12	12 000

2. 外来原始凭证

外来原始凭证是在经济业务发生时，从其他单位和个人手中取得的原始凭证。如供货方开具的发货票，银行转来的收款或支款通知等。外来原始凭证一般都是一次凭证。

（二）记账凭证

记账凭证是会计人员根据审核无误的原始凭证或原始凭证汇总表编制的，用来确定经济业务应借、应贷的会计科目和金额，作为登记账簿依据的会计凭证。在前面的章节曾指出，在登记账簿之前，应按实际发生的经济业务编制会计分录，然后据以登记账簿，在实际工作中，会计分录是通过填制记账凭证来完成的。

根据记账凭证的格式和记载内容可分类如下：

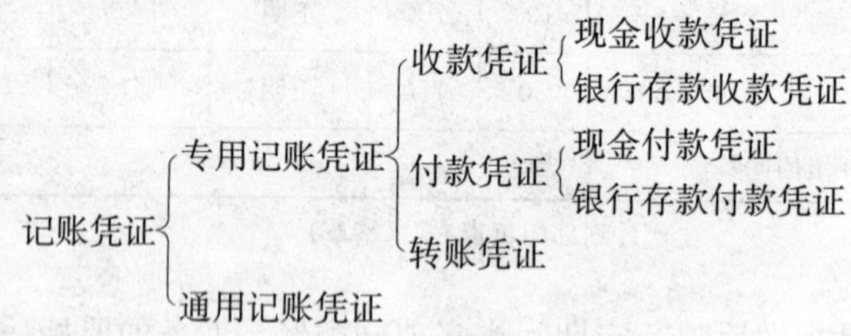

1. 专用记账凭证

专用记账凭证，是用来专门记录某一类经济业务的记账凭证。专用凭证按其所记录的经济业务是否与现金和银行存款的收付有无关系，又分为收款凭证、付款凭证和转账凭证三种。

（1）收款凭证：收款凭证是用来记录涉及现金和银行存款收入业务的记账凭证。又具体分为现金收款凭证和银行存款收款凭证。收款凭证格式见表5-7。

表5-7 **收款凭证** 出纳编号：________

借方科目：现金（银行存款） 年 月 日 现（银）字第________号

摘要	贷方科目		金额									记账符号
	总账科目	明细科目	百	十	万	千	百	十	元	角	分	
合计金额												

附凭证　张

会计主管： 稽核： 记账： 制证： 出纳：

（2）付款凭证：付款凭证是用来记录涉及现金和银行存款减少业务的记账凭证。又分为现金付款凭证和银行存款付款凭证。付款凭证格式如表 5－8 所示。

表 5－8 **付款凭证** 出纳编号：__________

贷方科目：现金（银行存款） 年 月 日 现（银）字第______号

摘要	借方科目		金额									记账符号
	总账科目	明细科目	百	十	万	千	百	十	元	角	分	
合计金额												

附凭证 张

会计主管： 稽核： 记账： 制证： 出纳：

（3）转账凭证：转账凭证是用来记录不涉及现金和银行存款收、付业务的记账凭证。其格式见表 5－9。

表 5－9 **转 账 凭 证**

年 月 日 转字第____号

摘 要	总账科目	明细科目	记账符号	借 方 金 额									记账符号	贷 方 金 额								
				百	十	万	千	百	十	元	角	分		百	十	万	千	百	十	元	角	分
合计金额																						

附凭证 张

主管会计： 稽核： 记账： 制证：

2. 通用记账凭证

通用记账凭证是指格式统一，各类经济业务共同使用的记账凭证。格式如表 5－10 所示。

表 5－10 **记 账 凭 证**

年 月 日 第 号

摘 要	借 方 科 目		过讫	贷 方 科 目		过讫	金 额								
	总账科目	明细科目		总账科目	明细科目		百	十	万	千	百	十	元	角	分
合计金额															

附凭证 张

主管会计： 稽核： 记账： 制证：

第二节 原始凭证的填制和审核

一、原始凭证的内容

由于各项经济业务的内容和经济管理的要求不同，各个原始凭证的名称、格式和内容也是多种多样的，但其基本内容应包括如下内容：

（1）原始凭证的名称。

（2）原始凭证的填制日期和编号。

（3）填制原始凭证单位名称或填制人姓名。

（4）经办人员的签名或者盖章。

（5）接受原始凭证的单位名称。

（6）经济业务内容、数量、单位和金额。

二、原始凭证的填制要求

为了保证原始凭证真实、正确、及时地反映经济业务，有关部门人员在填制原始凭证时，必须将原始凭证要素按规定方法填写齐全，办妥签章手续，明确经济责任。原始凭证的填制必须符合一定的要求，简述如下：

（一）记录真实

原始凭证上的日期、业务内容和数字必须真实可靠，必须与实际情况完全相符，对于实物的数量、单价和金额的计算必须真实、准确。决不允许歪曲事实、弄虚作假，这是最基本的要求。

（二）内容完整

原始凭证的各项内容，必须填写齐全，不得遗漏或省略，而且凭证填写的手续必须完备，有关人员的签章必须齐全。

（三）填制及时

每当一项经济业务发生或完成时，有关部门经办人员必须立即填制原始凭证，做到不拖延时间，不事后补制，并按规定的程序及时送交会计部门，由会计部门加以审核，据以编制记账凭证，并登记账簿。

（四）书写清楚

原始凭证的填制，文字要简明，字迹要工整，保证易于辨认，数字的书写必须符合会计上的技术规范要求。

（1）阿拉伯数字应当一个一个地写，不得连笔写。阿拉伯金额数字最高位前面应当书写货币币种符号或者货币名称简写和币种符号。币种符号与阿拉伯金额数字之间不得留有空白。凡阿拉伯数字前写有币种符号的，数字后面不再写货币单位。

（2）所有以元为单位（其他货币种类为货币基本单位）的阿拉伯数字，除表示单价等情况外，一律填写到角、分；无角、分的，角位和分位可写“00”，或者符号“——”；有角无分的，分位应当写“0”，不得用符号“—”代替。

（3）汉字大写数字金额如零、壹、贰、叁、肆、伍、陆、柒、捌、玖、拾、佰、仟、万、亿等，一律用正楷或者行书体书写，不得用0、一、二、三、四、五、六、七、八、九、十等简化字代替，不得任意自造简化字。大写金额数字到元或角为止的，在“元”或

“角”字之后应当写“整”字；大写金额数字有分的，分字后面不再写“整”字。

(4) 阿拉伯金额数字中间有“0”时，汉字大写金额要写“零”字；阿拉伯数字金额中间连续有几个“0”时，汉字大写金额中可以只写一个“零”字；阿拉伯金额数字元位是“0”，或数字中间连续有几个“0”、元位也是“0”但角位不是“0”时，汉字大写金额可以只写一个“零”字，也可以不写“零”字。

(5) 凡规定有大写和小写金额的原始凭证，必须在填写小写金额的同时填写大写金额，大写与小写金额必须相符。

(6) 大写金额数字前未印有货币名称的，应当加填货币名称，货币名称与金额数字之间不得留有空白。

(7) 一般凭证书写错误，应当由开出单位重开或更正，更正处应加盖开出单位公章，不得涂改，刮擦挖补。对于重要的原始凭证，如支票以及各种结算凭证，一律不得涂改，如果书写错误，应加盖“作废”戳记注销、留存、重新填写。

(8) 一式几联的发票和收据，必须用双面复写纸（发票和收据本身具备复写纸功能的除外）套写，并连续编号。作废时应当加盖“作废”戳记，连同存根一起保存，不得撕毁。

三、原始凭证的审核

为了保证会计信息的质量并充分发挥会计监督的作用，必须加强对原始凭证的审核。

（一）真实性审核

真实性是要求原始凭证确实是本单位经济业务发生、执行或完成时最初的原始证明。真实性审核是指主要审核经济业务的双方当事单位和经办人、经办业务发生的时间、地点和凭证日期、经济业务的内容是否真实，涉及实物收付的原始凭证，其数量、单位、金额是否真实准确。

（二）完整性审核

完整性审核是指逐项审核原始凭证的要素内容是否完整，原始凭证的各个项目是否按规定填写齐全，是否按规定手续办理。要认真审核原始凭证上是否有开票单位及经办人员的签字和盖章，应附的旁证材料是否齐全。

（三）合法性审核

合法性审核是指原始凭证上记录的经济业务，是否符合国家有关法律、财经政策、会计法规的规定，是否符合本单位内部财务管理的要求。

原始凭证审核后，对不真实、不合法的原始凭证，不予受理。对弄虚作假、严重违法的原始凭证，在不予受理的同时，应当予以扣留，并及时向单位负责人报告，请求查明原因，追究当事人的责任。对记载不准确、不完整的原始凭证，予以退回，要求经办人员更正、补充，更正处应加盖出具单位的公章。

第三节 记账凭证的填制和审核

一、记账凭证的基本内容

记账凭证种类很多，格式不一，但其主要作用都是对原始凭证进行分类、整理，按照复式记账的要求，运用会计科目，编制会计分录，据以登记账簿。因此，记账凭证必须具备以下基本内容：

（1）记账凭证的名称。

（2）填制凭证的日期。

（3）记账凭证的编号。

（4）经济业务内容摘要。

（5）会计科目（包括总分类科目和明细分类科目）的名称、记账方向和金额。

（6）所附原始凭证张数。

（7）制证、审核、记账、会计主管等有关人员的签章，收款和付款凭证还应由出纳人员签名或盖章。

二、记账凭证的编制方法

（一）专用记账凭证的编制方法

专用记账凭证包括收款凭证、付款凭证和转账凭证，不同的记账方法下其格式也不同，现按借贷记账法的要求介绍其填制方法。

1. 收款凭证的填制方法

收款凭证是用来记录货币资金收款业务的凭证，它是由出纳人员根据审核无误的原始凭证收款后填制的。在收款凭证左上方“借方科目”应填列“现金”或“银行存款”科目；在凭证内，“摘要”栏填列经济业务的简要说明；“贷方科目”栏应填列与上述“现金”或“银行存款”相对应的科目；“金额”栏填写现金或银行存款的收入金额；记账后在“记账符号”栏打“√”。

【例5-1】 企业2015年6月1日销售产品一批，价款100 000元，增值税销项税17 000元，收到购买单位支票一张，款项存入银行。

出纳人员根据审核无误的原始凭证填制银行存款收款凭证，其内容和格式如表5-11所示。

表5-11 **收 款 凭 证**

借方科目：银行存款 2015年6月1日 银收字第6号

摘 要	贷方科目		金	额								记账符号
	总账科目	明细科目	百	十	万	千	百	十	元	角	分	
销售甲产品1000件	主营业务收入			1	0	0	0	0	0	0	0	
	应交税费	应交增值税			1	7	0	0	0	0	0	
	合计金额			1	1	7	0	0	0	0	0	

附凭证3张

会计主管： 稽核： 记账： 制证：王 力 出纳：王 力

2. 付款凭证的填制方法

付款凭证是用来记录货币资金付款业务的凭证，它是由出纳人员根据审核无误的原始凭证付款后填制的。在付款凭证的左上方所填列的贷方科目，应是“库存现金”或“银行存款”科目。在凭证内所反映的借方科目，应填列与“库存现金”或“银行存款”相对应的科目。金额栏填列经济业务实际发生的数额。其他内容的填制与收款凭证相同。

对于现金和银行存款之间相互划转的业务，如从银行提取现金，或将现金存入银行，一律填制付款凭证，不填制收款凭证。

【例 5-2】 企业 2015 年 6 月 2 日，填写现金支票从银行提取现金 500 元备用。

根据审核无误的原始凭证，编制银行存款付款凭证。其内容和格式见表 5-12。

表 5-12　　付　款　凭　证

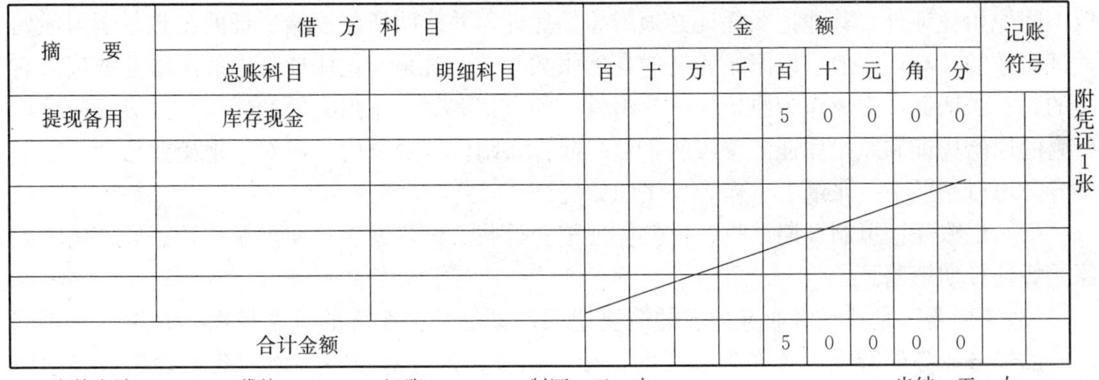

贷方科目：银行存款　　2015 年 6 月 2 日　　银付字第 4 号

摘　要	借方科目		金额									记账符号
	总账科目	明细科目	百	十	万	千	百	十	元	角	分	
提现备用	库存现金						5	0	0	0	0	
合计金额							5	0	0	0	0	

附凭证 1 张

主管会计：　稽核：　记账：　制证：王　力　出纳：王　力

3. 转账凭证的填制方法

转账凭证是用来记录与货币资金收付无关的转账业务的凭证。它是由会计人员根据审核无误的转账业务原始凭证填制的。因转账业务没有固定的账户对应关系，所以转账凭证中应借应贷的会计科目均在凭证里面相应栏列示。在填制时，先填写借方科目，后填写贷方科目，将各会计科目所记应借应贷的金额填列在“借方金额”或“贷方金额”栏内。借、贷方金额合计数应该相等。

【例 5-3】 企业 2015 年 6 月 30 计提当月折旧 7000 元，其中车间计提折旧 4000 元，厂部管理部门计提折旧 3000 元。

会计人员根据折旧提取计算表填制转账凭证，见表 5-13。

表 5-13　　转　账　凭　证

2015 年 6 月 30 日　　转字第 89 号

摘　要	总账科目	明细科目	记账符号	借方金额									记账符号	贷方金额								
				百	十	万	千	百	十	元	角	分		百	十	万	千	百	十	元	角	分
计提本月折旧	制造费用						4	0	0	0	0	0										
	管理费用						3	0	0	0	0	0										
	累计折旧																7	0	0	0	0	0
合计金额							7	0	0	0	0	0					7	0	0	0	0	0

附凭证 1 张

主管会计：　稽核：　记账：　制证：张华

（二）通用记账凭证的填制

通用记账凭证是用以记录各项经济业务的凭证。采用通用记账凭证的单位，不再根据业务的内容分别填制收款凭证、付款凭证和转账凭证。企业所有的经济业务发生后，均根据审核无误的原始凭证填制通用记账凭证。通用记账凭证的内容和格式与专用凭证中的转账凭证相同。因此，其填制方法与转账凭证相同，这里不再赘述。

三、记账凭证的填制要求

各种记账凭证的填制，除了严格做到上述填制原始凭证的要求外，还必须注意以下几点：

（1）以审核无误的原始凭证或原始凭证汇总表为依据，除结账和更正错误等会计事项可以不附原始凭证外，其他记账凭证必须附原始凭证，并注明所附原始凭证的张数。所附原始凭证张数的计算，一般应以原始凭证的自然张数为准。凡是与记账凭证中的经济业务记录有关的每一张证据，都应作为原始凭证的附件。如果记账凭证中附有原始凭证汇总表，应该把所附的原始凭证和原始凭证汇总表的张数一起计入附件张数之内。但对于报销差旅费等零散票券，可以粘贴在一张纸上，作为一张原始凭证。

（2）记账凭证填制日期，收、付款凭证按会计收、付款发生日期填制；转账凭证按收到原始凭证日期填制。

（3）“摘要”是对经济业务内容的简要说明，又是登记账簿的重要依据，必须针对不同性质的经济业务的特点，考虑到登账的需要，认真、正确地填写，做到简明扼要、表达准确，不可漏填或错填。

（4）记账凭证可以根据每一张原始凭证填制，或者根据若干张同类原始凭证汇总填制，也可以根据原始凭证汇总表填制。但不得将不同内容和类别的原始凭证汇总填制到一张记账凭证上。

（5）记账凭证在一个月内应当连续编号，以便查核。编号的方法有多种，在采用通用凭证时，按经济业务发生的顺序编号。采用专用凭证时，可以分别按现金收付、银行存款收付和转账业务三类编号，即“现字第××号”、“银字第××号”，“转字第××号”。也可以按现金收入、现金支出、银行存款收入、银行存款支出和转账五类进行编号。也有再将转账业务按照具体内容分成几类编号。无论采用哪一类编号方法，都应按月顺序编号，即每月从第一号编起，顺序编至月末。一笔经济业务需要填制两张或两张以上记账凭证的，可以采用“分数编号法”编号，如8号会计事项分录需要填制三张记账凭证，即可编成$8\frac{1}{3}$号、$8\frac{2}{3}$号、$8\frac{3}{3}$号。

（6）记账凭证的改错方法。如果在填制记账凭证时发生错误，应当重新填制。如果是已经登记入账的记账凭证在当年内发现错误的，可以用红字更正法进行更正。如果会计科目没有错误，只是金额错误，可以将正确数字与错误数字之间的差额，另编一张调整的记账凭证。如果发现以前年度记账凭证有错误的，应当用蓝字填制更正的记账凭证。

（7）记账凭证填制完经济业务事项后，如有空行，应当自最后一笔金额数字下的空行处至合计数上的空行处划线注销。

（8）机制记账凭证的要求。实行会计电算化的单位，对于机制记账凭证应当符合记账凭证的一般要求，打印出来的机制记账凭证要加盖制单人员、审核人员、记账人员及会计机构负责人、会计主管人员印章或者签字，以加强审核、明确责任。

四、记账凭证的审核

为了正确登记账簿和监督经济业务，除了编制记账凭证的人员应当认真负责、正确填制、加强自审以外，同时还应建立相互复核或专人审核制度。

记账凭证审核的主要内容有：

(1) 记账凭证是否附有原始凭证，所附原始凭证是否经审核无误，是否齐全。

(2) 填写内容是否完整。

(3)“摘要”是否符合填制要求。

(4) 应借、应贷的会计科目是否正确，账户对应关系是否清晰，金额是否准确，借贷金额是否平衡。

(5) 凭证编号是否连续、正确。

(6) 有关人员是否签章。

经审核发现记账凭证上有错误，应查明原因，按规定办法及时更正。只有经过审核无误的记账凭证，才能作为记账依据。

第四节 会计凭证的传递和保管

一、会计凭证的传递

会计凭证的传递，是指会计凭证从填制到归档保管整个过程中，在单位内部各有关部门和人员之间的传递程序和传递时间。

正确、合理地组织会计凭证的传递，对于及时地反映和监督经济业务的发生和完成情况，合理地组织经济活动，有效地落实经济管理责任制，提高经营管理水平，具有重要意义。

由于各单位的经济业务多种多样，经办各项业务的部门和人员以及办理凭证手续所需要的时间也不一样，所以各种经济业务的凭证传递程序和时间也不尽相同。为了做好会计凭证的传递工作，各单位对于一些经常发生的、需要有关部门共同办理的主要经济业务，应制定凭证传递程序，明确凭证传递路线、时间和各环节的处理内容，使凭证传递工作有规律地进行。合理组织会计凭证的传递应注意以下三个问题：

(1) 凭证传递路线，应根据各项经济业务的特点，经办业务的部门和人员的分工情况，以及经营管理的需要来确定。应适当规定凭证流经的环节和填制的份数，既要便于有关部门和人员及时了解经济业务情况，又要避免不必要的凭证手续，以提高工作效率。

(2) 凭证传递时间，要根据有关部门和人员对经济业务办理必要手续（如计量、检验、审核、登记等）的需要，确定凭证在各个环节停留的时间。一切会计凭证的传递和处理，要及时进行，不得积压，不允许跨期，以保证会计核算的及时、正常进行。

(3) 凭证的交接手续要完备、严密、简便易行。企业应规定会计凭证的签收、交接制度，做到责任明确，以确保会计凭证的安全与完整。

二、会计凭证的保管

会计凭证的保管，是指会计凭证登账后的整理、装订和归档存查。

会计凭证是记账的依据，是重要的经济档案和历史资料，所以对会计凭证必须妥善整理和保管，不得丢失或任意销毁。

对会计凭证的保管，既要做到会计凭证的安全和完整无缺，又要便于凭证的事后调阅和查找，会计凭证归档保管的主要方法和要求是：

（1）会计凭证登记完毕后，应当按照分类和编号顺序保管，特别是记账凭证应当连同所附的原始凭证等要按照规定的要求装订、保管，不得散失。

（2）记账凭证应当连同所附的原始凭证或原始凭证汇总表，按照编号顺序，折叠整齐，按期装订成册，并加具封面，注明单位名称、年度、月份和起讫日期、凭证种类、起讫号码，由装订人在装订线封签处签名或者盖章。

对于数量过多的原始凭证，可以单独装订保管，在封面上注明记账凭证日期、编号、种类，同时在记账凭证上注明“附件另订”和原始凭证名称及编号。

各种经济合同、存出保证金收据以及涉外文件等重要原始凭证，应当另编目录，单独登记保管，并在有关的记账凭证和原始凭证上相互注明日期和编号。

（3）原始凭证不得外借，其他单位如因特殊原因需要使用原始凭证时，经本单位会计机构负责人、会计主管人员批准，可以复制。向外单位提供的原始凭证复制件，应当在专设的登记簿上登记，并由提供人员和收取人员共同签名或者盖章。

（4）会计凭证的保管期限和销毁手续，必须严格执行《会计档案管理办法》的规定。如企业的原始凭证、记账凭证和汇总凭证保管期限最低为15年。未到规定保管期的会计凭证，任何人不得随意销毁。对保管期满需要销毁的会计凭证，必须开列清单，经本单位领导审核，报经上级主管部门批准，才能销毁。

习 题 五

一、单项选择题

1. 下列不属于原始凭证基本内容的是（ ）。

A. 填制日期　B. 经济业务内容　C. 应借应贷科目　D. 有关人员签章

2. 产品生产领用材料，应编制的记账凭证是（ ）。

A. 收款凭证　B. 付款凭证　C. 转账凭证　D. 一次凭证

3. 记账凭证的填制是由（ ）完成的。

A. 出纳人员　B. 会计人员　C. 经办人员　D. 主管人员

4. 记账凭证是根据（ ）填制的。

A. 经济业务　B. 原始凭证

C. 账簿记录　D. 审核无误的原始凭证

5. “限额领料单”是一种（ ）。

A. 一次凭证　B. 累计凭证　C. 单式凭证　D. 汇总凭证

6. 将同类经济业务汇总编制的原始凭证是（ ）。

A. 一次凭证　B. 累计凭证　C. 记账编制凭证　D. 汇总原始凭证

7. 填制会计凭证是（ ）的前提和依据。

A. 成本计算　B. 编制会计报表　C. 登记账簿　D. 设置账户

8. 下列项目中，属于自制原始凭证的有（　　）。
A. 领料单　　B. 购料发票　　C. 增值税发票　　D. 银行对账单

9. 从银行提取现金 500 元，应编制（　　）。
A. 银行存款的收款凭证　　B. 银行存款的付款凭证
C. 现金的收款凭证　　D. 现金的付款凭证

10. 以银行存款归还银行借款的业务，应编制（　　）。
A. 转账凭证　　B. 收款凭证　　C. 付款凭证　　D. 计算凭证

11. 会计凭证按（　　）分类，分为原始凭证和记账凭证。
A. 用途和填制程序　　B. 形成来源
C. 反映方式　　D. 填制方式

12. 下列原始凭证中属于外来原始凭证的有（　　）。
A. 购货发票　　B. 工资结算汇总表　　C. 发出材料汇总表　　D. 领料单

13. 对于现金和银行存款之间相互划转的经济业务，通常（　　）。
A. 不需编制记账凭证　　B. 需编制收款凭证
C. 需编制付款凭证　　D. 需编制转账凭证

14. 盘存表是一张反映企业财产物资实有数的（　　）。
A. 外来原始凭证　B. 自制原始凭证　　C. 记账凭证　　D. 转账凭证

15. 自制原始凭证按其填制方法，可以分为（　　）。
A. 原始凭证和记账凭证　　B. 收款凭证和付款凭证
C. 单项凭证和多项凭证　　D. 一次凭证和累计凭证

16. 把一项经济业务所涉及的有关账户，分别按每个账户填制一张记账凭证称为（　　）。
A. 一次凭证　　B. 单项记账凭证　　C. 复式记账凭证　　D. 借项记账凭证

17. 会计人员对于不真实．不合法的原始凭证，应当（　　）。
A. 给予受理，但应向单位领导口头报告
B. 给予受理，但应向单位领导书面报告
C. 不予以受理
D. 视具体情况而定

18. 原始凭证的金额出现错误，正确的更正方法是（　　）。
A. 由出具单位更正，并在更正处盖章
B. 由取得单位更正，并在更正处盖章
C. 由出具单位重开
D. 由出具单位另开证明，作为原始凭证的附件

19. 按照记账凭证的审核要求，下列内容中不属于记账凭证审核内容的是（　　）。
A. 凭证使用是否正确
B. 凭证所列事项是否符合有关的计划和预算
C. 凭证的金额与所附原始凭证的金额是否一致
D. 凭证项目是否填写齐全

20. 记账凭证按其所反映的经济内容不同，可以分为（　　）。

A. 单式凭证和复式凭证　　B. 收款凭证、付款凭证和转账凭证
C. 通用凭证和专用凭证　　D. 一次凭证、累计凭证和汇总凭证

二、多项选择题

1. 复式记账凭证按与货币资金的关系有以下几种（　　）。
A. 借款凭证　B. 收款凭证　C. 付款凭证　D. 转账凭证
2. 下列凭证中属于原始凭证的有（　　）。
A. 提货单　B. 产品成本计算单
C. 购货发票　D. 发出材料汇总表
3. 会计凭证可以（　　）。
A. 记录经济业务　B. 明确经济责任　C. 登记账簿　D. 编制编表
4. 会计凭证按用途和填制程序分为（　　）。
A. 原始凭证　B. 累计凭证　C. 记账凭证　D. 转账凭证
5. 收款凭证可以作为出纳人员（　　）的依据。
A. 收入货币资金　B. 付出货币资金
C. 登记现金日记账　D. 登记银行存款日记账
6. 会计凭证的传递应结合企业（　　）特点。
A. 经济业务　B. 内部机构组织　C. 人员分工　D. 经营管理
7. 下列证明文件中，属于原始凭证的有（　　）。
A. 银行收款通知单　B. 限额领料单
C. 入库单　D. 购货发票
8. "发料凭证汇总表"分别是（　　）。
A. 原始凭证　B. 汇总凭证　C. 一次凭证　D. 自制凭证
9. 下列属于一次凭证的原始凭证有（　　）。
A. 领料单　B. 限额领料单　C. 收料单　D. 销货发票
10. "限额领料单"可分别属于（　　）。
A. 原始凭证　B. 汇总凭证　C. 自制凭证　D. 累计凭证
11. 各种记账凭证必须具备的基本要素包括（　　）。
A. 经济业务的摘要内容　B. 应借、应贷的会计科目名称
C. 有关人员的签章　D. 凭证所附原始凭证的张数
12. 下列文件可以作为记账凭证编制依据的有（　　）。
A. 限额领料单　B. 领料单
C. 发料凭证汇总表　D. 银行付款通知
13. 自制原始凭证按填制的手续的不同，可分为（　　）。
A. 累计凭证　B. 汇总原始凭证　C. 记账编制凭证　D. 一次凭证
14. 收款凭证的贷方科目，可能为下列（　　）科目。
A. 现金　B. 银行存款　C. 主营业务收入　D. 应收账款

三、判断题

1. 所有的会计凭证都是登记账簿的依据。（　　）
2. 自制原始凭证都是一次凭证。（　　）

3. 从银行提取现金时，应编制现金收款凭证。 （ ）

4. 记账凭证是根据账簿记录填制的。 （ ）

5. 单式记账凭证是依据单式记账法填制的。 （ ）

6. 记账凭证的依据只能是原始凭证。 （ ）

7. 在审核原始凭证时，发现有伪造．涂改或不合法的原始凭证，应退回经办人员更改后再受理。 （ ）

四、练习记账凭证的填制

【资料】

1. 企业购进甲材料一批 40 000 元，进项税额 6800 元，材料已验收入库，款项用银行存款支付。

2. 周华出差借支差旅费 1000 元，以现金支付。

3. 销售产品一批，售价 30 000 元，销项税额 5100 元，款项已收存银行。

4. 用现金购进办公用品 150 元，其中车间使用 50 元，厂部行政管理部门用 100 元。

5. 周华出差返回，报销差旅费 870 元，余款交回现金。

6. 发出甲材料 6000 元，其中生产 A 产品领用 2000 元，B 产品领用 3400 元，车间一般耗用 600 元。

7. 收回华源工厂所欠账款 12 000 元，存入银行。

8. 结转已售产品成本 26 000 元。

【要求】根据以上业务判断应编制收款凭证、付款凭证还是转账凭证，并编制相应的会计分录。

【附加案例】

领 料 单

材料编号	材料类别	名 称	规 格	计量单位	数 量		价 格	
					请领	实发	请领	实发
备注			合计					

以上是某企业会计人员设计的一张领料单，请根据原始凭证的基本要素判断上述设计有没有不妥或不完善的地方，说明具体内容。

第六章　会　计　账　簿

账簿的设置和登记是会计工作的一项重要内容。学习本章重点要了解会计账簿的意义和种类，熟悉账簿的格式，掌握账簿登记和使用规则及对账、结账和会计账簿的更换与保管的方法。

第一节　会计账簿的意义和种类

一、会计账簿的意义

会计账簿（简称账簿）是以会计凭证为依据，全面、连续、系统、综合地记录和反映企业各项经济业务的簿籍。它由用来进行记账的具有专门格式而又相互联结在一起的若干账页组成，对所有的经济业务，按照账户进行归类并序时地进行记录。设置和登记账簿是会计工作的一项重要内容。

在会计核算工作中，通过填制和审核会计凭证，可以反映和监督每项经济业务的发生和完成情况，但会计凭证对经济业务的反映是分散的、零星的、间断的，每张会计凭证一般只能反映个别经济业务的内容，而不能把单位在某一时期内发生的全部经济业务全面、连续、分类地反映出来，且不便于日后查阅，不能满足经营管理的需要。因此，为了把分散在会计凭证上的大量核算资料加以集中和归类整理，了解单位在某一时期内的全部经济活动情况，为经营管理提供系统、完整的核算资料，必须设置和登记会计账簿，借以取得经营管理上所需的各种会计核算资料。

设置和登记账簿，是加工整理、积累、储存会计资料的一种重要方法，对于提高经营管理水平，加强经济核算，具有重要意义，具体如下：

（1）账簿是系统地登记和积累会计资料的工具，可以为经营管理提供系统、完整的会计核算资料。通过设置和登记账簿，可以对全部经济业务按照不同的性质进行归类和汇总，使分散的资料进一步系统化。通过对经济业务进行序时的核算，可以防止账务处理上的错误和遗漏，通过对经济业务进行分类核算，可以了解各项资产、负债和所有者权益的增减变动及综合情况，合理使用各项资金，满足经营管理的需要。

（2）账簿资料是编制会计报表的主要依据，会计报表指标是否真实，会计报表编制能否及时，都与账簿设置和登记的质量有密切关系。

（3）设置和登记账簿，是有效发挥会计的监督职能，保证财产物资和资金的安全完整、合理使用的重要手段。正确设置和登记账簿，可以为计算成本、费用、利润等提供详细资料，可以随时了解各项资产和权益的增减变动情况，便于加强对各项经济活动和财务收支进行日常监督，而且通过账实核对，可以检查账实是否相符，从而可以有效地发挥会计的监督作用。

二、会计账簿的种类

由于在实际中各个单位的经济业务和经营管理的要求不同，所设置的账簿的种类和格式也多种多样，对账簿按照不同的标志进行适当的分类，有利于正确设置和运用会计账簿。

（一）账簿按用途分类

账簿按其用途不同，可以分为序时账簿、分类账簿和备查账簿三种。

（1）序时账簿，又叫日记账，它是按照全部经济业务完成时间的先后顺序逐日逐笔登记经济业务的账簿。在实际工作中，序时账簿是按照会计部门收到凭证的先后顺序，即按照凭证的编号顺序进行登记的，可以用来记录全部经济业务的完成情况，也可以用来记录某一类经济业务的完成情况。目前，各企业、行政和事业单位一般设置和使用现金日记账、银行存款日记账两种，以便加强货币资金的日常监督和管理。设置日记账的作用，在于及时、系统、全面地反映资金的增减变动情况，保护财产物资和资金的安全完整，以及便于对账、查账。

（2）分类账簿，又叫分类账，是全面系统地对资金循环和收支活动进行的分类记录。它是编制会计报表的主要依据，是账簿体系的主体。按照分类账的概括程度不同，分类账簿又分为总分类账和明细分类账两种。

总分类账簿，也称总分类账，简称总账，是根据总账科目（即一级科目）开设账户，用来分类登记全部经济业务，提供各种资产、负债、所有者权益、收入、费用和利润等总括核算资料的分类账簿。

明细分类账簿，也称明细分类账，简称明细账，是根据总账科目所属的二级或明细科目开设账户，用来分类登记某一类经济业务，提供较详细核算资料的分类账簿。

在实际工作中，一些小型企业经济业务比较简单，所设置的总账科目不多，为了简化记账工作，可以把序时账簿和分类账簿结合在一本账簿中进行登记，这种账簿称为联合账簿。例如将日记账和总分类账的联合账簿称日记总账。但需指出，采用日记总账的单位，为了加强对现金、银行存款的核算和管理，仍应设置现金和银行存款日记账。

（3）备查账簿，又称辅助账簿，它是对在日记账和分类账等主要账簿中未能记载的某些事项进行补充登记的账簿。它可以对某些经济业务的内容提供必要的详细资料，方便备忘和备查。如租入固定资产登记簿，就属于备查账簿。这种属于备查性质的辅助登记账簿没有固定格式，可根据实际需要加以设计。

备查账簿与前面两种账簿相比较而言，其不同之处在于：①它不是根据会计凭证登记的账簿；②它没有固定格式；③它仅是一种次要的辅助账簿，并非每个单位都应设置，只能根据实际需要来设置和登记。

（二）账簿按外表形式分类

会计账簿按外表形式，可以分为订本式账簿、活页式账簿、卡片式账簿三种。

（1）订本式账簿，又称订本账，是在启用之前把许多账页装订成册并有固定编号和专门格式的账簿。使用订本账簿，可以避免账页散失和防止抽换账页。因此，现金日记账、银行存款日记账和总分类账要求采用订本账簿。采用订本式账簿的缺点在于：同一账簿在同一时间，只能由一人登记，这样不便于记账人员分工记载；账页固定，不能增减，必须为每一账户预留空白账页，如果账页有多余会造成浪费，留页过少，又会影响账户记录和连续登记，不便查阅。

（2）活页账簿，简称活页账，是由若干具有专门格式的零散账页组成的账簿。它的特点是，在使用过程中把账页平时存放在活页夹中，随时可以取放，待年终才装订成册。明细分类账一般采用活页式账簿。其优点是，便于序时和分类连续登记，有利于记账人员分工和提高工作效率。其缺点是，容易造成账页的散失和抽换。为了防止账页散失和抽换，空白账页在使用时必须连续编号，并由有关人员在账页上盖章。活页账使用完毕，不再继续登记时，应装订成册，妥善保管。

(3) 卡片式账簿，简称卡片账，是由若干零散的具有专门格式的硬纸片排列在卡片箱中组成的账簿。使用时应在卡片上连续编号，加盖有关人员的印章，并置放在卡片箱中，以保证安全，可以随时取出和放入。其优缺点与活页账相同。“固定资产”和“低值易耗品”等明细分类账一般采用卡片式账簿。

需要指出的是，实行会计电算化的单位，用计算机打印的会计账簿必须连续编号，经审核无误后装订成册，并由记账人员、会计机构负责人、会计主管人员签字或盖章。

第二节 会计账簿的格式和登记

一、会计账簿的设置原则

账簿设置，包括确定账簿种类、内容、格式及登记方法。账簿设置必须做到组织严密、层次分明，账簿之间保持内在联系和起到相互制约的作用。

账簿的设置，首先要考虑国家统一的会计制度中的有关规定；其次要根据企业规模的大小，经济业务的繁简、会计人员的多少，从加强管理的实际需要和具体条件出发，既不能任意简并账簿，又要注意防止账簿设置过于烦琐，具体来讲应遵循以下原则：

(1) 必须根据国家统一的会计制度的规定，结合各单位的经营规模和业务特点，保证全面、系统地核算和监督经济活动的发生、完成情况，为经营管理提供系统分类的核算资料等方面的要求设置账簿。

(2) 必须有利于财会部门内部的分工，便于会计人员记账、算账和报账，节省记账时间。一般来讲，业务活动复杂、经营规模大、会计人员多、分工较细的单位，账簿设置可以细致一点；业务简单，经营规模小，会计人员少的单位，账簿设置在满足管理和编制会计报表所需资料的前提下，可适当简化。

(3) 设置账簿在满足本单位和上级经济管理实际需要的前提下，考虑人力、物力的节约，力求避免重复记账，做到总括和明细相结合，程序科学，相互衔接、配合严密。

二、会计账簿的基本内容

虽然各种账簿记录的经济业务不同，账簿的种类和格式又多种多样，但各种主要账簿都应具备封面、扉页和账页三部分内容。

封面写明账簿名称和记账单位的名称。

扉页填列账簿的启用日期和截止日期、页数、册次、经管人员一览表和签章、会计主管人员签章、账户目录等内容。

账页是账簿中用来具体表现记录经济业务的部分。其格式因反映经济业务的不同而有所不同，账页格式一般有三栏式、数量金额式和多栏式三种。

(1) 三栏式账页设借方、贷方、金额三个基本栏次，用来登记只需反映金额的经济业务，如各种应收账款、应付账款及所有者权益类账户中的总分类核算和明细分类核算。三栏式账页的格式见表 6-1。

表 6-1 账 户 名 称

年		记账凭证		摘要	借方	贷方	借/贷	余额
月	日	种类	号数					

(2) 数量金额式账页设收入、支出、结存三栏，适用于既要反映金额，又要反映数量的经济业务。如材料、库存商品，自制半成品等账户的记录，其格式如表 6-2 所示。

表 6-2 账 户 名 称

类别： 名称： 规格 编号

计量单位 存取地点： 计划单价

年		记账凭证		摘要	收入			支出			结存		
月	日	种类	号数		数量	单价	金额	数量	单价	金额	数量	单价	金额

(3) 多栏式账页是根据经济业务的特点和经营管理的要求，在同一账页内对属于同一个总账账户或二级账户的明细项目设置若干栏目，用以集中反映各有关明细项目的详细资料。这种账户适用于反映有关费用、成本和收入、成果等账户，如生产成本、制造费用、管理费用、销售费用、财务费用及利润分配等。

在实际工作中，管理费用、财务费用等账户的多栏式明细账可以只按借方发生额设置栏目，贷方发生额由于每月发生很少，可以在借方栏内用红字登记，表示应从借方发生额中冲减。这种格式如表 6-3 所示，对于利润分配明细账，则应按借方和贷方发生额分别设置栏目此种格式如表 6-4 所示。

表 6-3 账 户 名 称

年		记账凭证		摘要	借 方						贷方	余额
月	日	种类	号数							合计		

表 6-4 账 户 名 称

年		记账凭证		摘要	借 方				贷 方				借或贷	余额
月	日	种类	号数					合计				合计		

三、会计账簿的格式和登记方法

为了加强对货币资金的管理，各单位都必须设置现金日记账和银行存款日记账，用以逐日核算和监督现金与银行存款的收入、支出和结存情况，而不得用银行对账单或者其他方法代替日记账。

1. 现金日记账的格式及登记方法

现金日记账是用来逐日反映库存现金的收入、支出和结存情况，以利于对现金的保管、使用及现金管理制度的执行情况进行严格的日常监督的账簿。它由出纳人员根据审核后的现金收、付款凭证及银行存款付款凭证，按照经济业务发生先后顺序逐日逐笔进行登记。利用现金日记账的记录，可以检查现金收款凭证、付款凭证有无丢失情况，保证账证相符、账实相符。

现金日记账的格式一种是三栏式，另一种是多栏式。

三栏式现金日记账，现金的收入、支出同在一张账页上，各个对方科目不分别设专栏反映，其格式及登记方法如表 6-5 所示。

表 6-5 **现 金 日 记 账**

年		记账凭证		摘 要	对方科目	收入	付出	余 额
月	日	种类	编号					
1	1			上年结余				300
	2	银付	001	提取现金备用	银行存款	200		500
	2	现付	001	李方预借差旅费	其他应收款		200	300
	2	现付	002	支付厂部办公用品费	管理费用		20	280
	2	现收	001	李方交回多余差旅费	其他应收款	20		300
	2			本日合计		220	220	300
	3			本月合计		15 600	14 200	1400

多栏式现金日记账是在三栏式日记账的基础上发展建立起来的，现金支出数应按应借科目分设专栏，收入数应按应贷科目分设专栏，各有关专栏的合计数可以用来登记有关的总账。一般将这种日记账分为现金收入日记账和现金支出日记账，其格式如表 6-6 和表 6-7 所示。

表 6-6 **现 金 收 入 日 记 账** 第 页

年		凭证号数	摘 要	应 贷 科 目			支出合计	结余
月	日					收入合计		
			合计					

表 6-7 **现 金 支 出 日 记 账**

年		凭证号数	摘 要	应 借 科 目			
月	日						支出合计
			合计				

三栏式现金日记账的登记方法，一般是根据现金收款凭证、现金付款凭证直接逐日逐笔登记，填明业务日期、凭证号数、摘要、对方科目、收入或支出金额。每日账要每日清，不得数日合并登记。

多栏式现金日记账的登记方法，其基本原理与三栏式一样。区别在于：现金收入和支出分别反映在两本账上。根据现金付款凭证登记现金支出日记账，并按日结出每天的现金支出总数填记在支出合计栏内，同时将现金支出日记账上的支出合计数转记到现金收入日记账上。根据现金收入凭证登记现金收入日记账，并按日结出每天现金收入总数，登记在收入合计栏内，同时按“上期结存＋本期收入－本期支出＝本期结存”的公式，结出当天的现金结有余额，与现金实存数核对相符。

2. 银行存款日记账的格式及登记方法

银行存款日记账是用来逐日反映银行存款的增减变化和结余情况的账簿。由出纳人员根据审核后的银行存款收付款凭证、现金付款凭证按照经济业务发生的先后顺序逐日逐笔进行登记。每日终了，应分别计算出当日银行存款收入、支出合计数及账面余额。本日余额的计算方法与现金相同。每日结出存款的账面余额，谨防开出空头支票和影响经营活动的正常用款，同时还可以检查、监督各项收支情况，并便于定期同银行送来的对账单逐笔核对。

银行存款日记账的格式，也有三栏式和多栏式两种，其基本结构与现金日记账类同，由于银行存款的收付，都是根据特定的结算凭证进行的，为了反映结算凭证的种类、号数，特设有“结算凭证——种类、号数”栏。三栏式银行存款日记账的格式及其登记方法，如表6-8所示。

表 6-8 **银行存款日记账**

年		记账凭证		摘 要	结算凭证		对方科目	收入	付出	结余
月	日	种类	编号		种类	号数				
1	1			上年结余						110 000
	2	银付	001	提取现金备发工资			现金		10 000	100 000
				合计						100 000

3. 总分类账的格式和登记方法

总分类账亦称总账。它是按照一级会计科目开设的，分类、连续地记录和反映各种资产、负债和所有者权益以及费用、成本和收入、成果的总括情况的账簿。它能全面系统、总括地反映各企业、行政和事业单位的资金循环和收支情况，为编制会计报表提供必要的资料。总分类账必须采用订本式账簿。

总分类账的格式，由于采用的记账方法和账务处理程序的不同而有所不同，在采用借贷记账法时，一般采用借、贷、余三栏式的总分类账，它的一般格式如表 6-9 所示。

表 6-9 **总 账**

会计科目：短期借款 第 页

年		记账凭证		摘 要	借 方	贷 方	借或贷	余 额
月	日	种类	号数					
1	1			上年结转			贷	140 000
	3	银收	002	向银行借入款项		90 000	贷	230 000
	31			本月发生额及余额		90 000	贷	230 000

根据实际需要，在上述总分类账中的借、贷两栏内也可以增设“对方科目”栏。它的一般格式如表 6-10 所示。

表 6-10 **总 账**

会计科目：短期借款 第 页

年		记账凭证		摘 要	借 方		贷 方		借或贷	余额
月	日	种类	号数		金额	对方科目	金额	对方科目		
1	1			上年结转					贷	140 000
	3	银收	002	银行借款			90 000	银行存款	贷	230 000
	31			本月发生额及期末余额			90 000		贷	230 000

总分类账登记的依据和方法，主要取决于所采用的账务处理程序，它可以直接根据记账凭证逐笔登记，也可以通过一定的汇总方式，先把各种记账凭证汇总编制成科目汇总表或汇总记账凭证，再据以登记。月终，在全部经济业务登记入账后，结出各账户的本期发生额和期末余额。

4. 明细分类账的格式和登记方法

明细分类账是按照二级科目或明细科目开设的，用来登记某一类经济业务提供明细核算资料的分类账簿。它所提供的有关经济活动的详细核算资料，是对总分类账所提供的总括核算资料的必要补充，同时也是编制会计报表的依据之一。

各单位可根据实际需要和有关规定，按照总账科目设置若干必要的明细分类账。明细分类账一般采用活页式账簿，也有的采用卡片式账簿（如固定资产明细账）。

明细分类账的通用格式有三种，即三栏式明细分类账、数量金额式明细分类账和多栏式明细分类账。

三栏式明细分类账主要适用于“应收账款”、“应付账款”等科目的明细核算，其格式如表 6－11 所示。

表 6－11 明细分类账

二级科目或明细科目：　　　　第　页

年		记账凭证		摘要	借方	贷方	借或贷	金额
月	日	种类	编号					

数量金额式明细分类账，一般用于“原材料”、“库存商品”等科目的明细核算。由于这些财产物资的核算与管理，不仅需要掌握明细的价值指标，而且要掌握明细的数量指标，所以在“收入”、“发出”、“结存”三栏中，除登记金额外，还需登记数量。此外，为了方便管理，在账页的上端，还应设计一些必要的项目，以便取得必要的资料。其格式如表 6－12 所示。

表 6－12 明细分类账

编号：

类别：　　品名和规格：　　最高储备量：

计量单位：　　存放地点：　　最低储备量：

计划单价：　　储备定额：　　第　页

年		记账凭证		摘要	收入		发出		结存	
月	日	种类	编号		数量	金额	数量	金额	数量	金额

多栏式明细分类账，一般用于“生产成本”、“管理费用”、“销售费用”等有关科目的明细核算。多栏式明细分类账一般按成本计算对象或费用类别设置账户，按成本（费用）项目设置专栏。其格式如表 6－13 所示。

表 6-13 基本生产明细分类账

产品名称：甲产品　　产成品数量：　　期末在产品数量：　　完工程度：

年		记账凭证		摘 要	成本项目							
月	日	种类	编号		原材料	燃料和动力	工资	提取的福利费	…	…	废品损失	合计

各种明细账，要根据原始凭证、原始凭证汇总表和记账凭证每天进行登记，也可以定期（3天或者5天）登记。但债权债务明细账和财产物资明细账应当每天登记，以便随时与对方单位结算，核对库存余额。

四、总账与明细账的关系及平行登记

如前所述，所谓总账，是指按总账科目开设的账户，对总账科目的经济内容进行总括的核算，提供总括性指标；所谓明细账，是指按照明细科目开设的账户，对总分类账的经济内容进行明细分类核算，提供具体而详细的核算资料。总分类账和明细分类账是既有内在联系，又有区别的两类账户。

（一）总分类账户与明细分类账户的内在联系

总分类账户与明细分类账户的内在联系主要表现在以下两个方面：

（1）二者所反映的经济业务内容相同，如“原材料”总账账户与其所属的“甲材料”、“乙材料”等明细账户都是用以反映原材料的收发及结存业务的；

（2）登记账簿的原始依据相同，登记总分类账户与登记其所属明细账户的记账凭证和原始凭证是相同的。

（二）总分类账户与明细分类账户的区别

总分类账户与明细分类账户的区别主要表现在以下两个方面：

（1）反映经济内容的详细程度不一样。总账反映资金增减变化的总括情况，提供总括资料；明细账反映资金运动的详细情况，提供某一方面的资料。有些明细账还可以提供实物数量指标和劳动量指标。

（2）作用不同。总账提供的经济指标，是明细账资料的综合，对所属明细账起着统驭作用；明细账是对有关总账的补充，起着详细说明的作用。由此可见，二者关系密切。在设置明细分类账时，一定要考虑二者这种既有联系又有区别的特征。

（三）总分类账与明细分类账的平行登记

为了使总分类账与其所属的明细分类账之间能起到统驭与补充的作用，便于账户核对，并确保核算资料的正确、完整，必须采用平行登记的方法，在总分类账及其所属的明细分类账中进行记录。平行登记是指经济业务发生后，根据会计凭证，一方面要登记有关的总分类账户，另一方面要登记该总分类账所属的各有关明细分类账户。

采用平行登记规则，应注意以下要点：

（1）对于需要提供其详细指标的每一项经济业务，应根据审核无误后的记账凭证，一方面记入有关的总分类账户，另一方面要记入同期总分类账所属的有关各明细分类账户。

这里所指的同期是指在同一会计期间，而并非同一时点，因为明细账一般根据记账凭证及其所附的原始凭证于平时登记，而总分类账因会计核算组织程序不同，可能在平时登记，也可能定期登记，但登记总分类和明细分类账必须在同一会计期间内完成。

(2) 登记总分类账及其所属的明细分类账的方向应当相同。这里所指的方向，是指所体现的变动方向，而并非是指账户的借贷方向。一般情况下，总分类账及其所属的明细分类账都按借方、贷方和余额设专栏登记，这时，在总分类账与其所属明细分类账中的记账方向是相同的，如存货账户和债权、债务结算账户即属于这种情况。但有些明细分类账户按组成项目设多栏记录，采用多栏式明细账格式。这种情况下，对于某项需要冲减有关组成项目金额的事项，只能用红字记入其相反的记账方向，而与总分类账中的记账方向不同。如“财务费用”账户按其组成项目设置借方多栏式明细账，发生需冲减利息费用的存款利息收入时，总分类账中记入贷方，而其明细账中则以红字记入“财务费用”账户利息费用项目的借方，以其净发生额来反映利息净支出。这时，在总分类账及其所属的明细分类账中，就不可能按相同的记账方向（指借贷方向）进行登记，而只能以相同的变动方向进行登记。

(3) 记入总分类账户的金额与记入其所属的各明细分类账户的金额相等。总分类账户提供总括指标，明细分类账户提供总分类账户所记内容的具体指标，所以，记入总分类账的金额与记入其所属各明细分类账户的金额相等。但这种金额相等只表明其数量关系，而不一定都是借方发生额相等和贷方发生额相等的关系。如上举“财务费用”账户的明细账，采用多栏式时，本月既有存款利息收入，也有存款利息支出的情况下，“财务费用”总分类账户的贷方发生额与明细账的贷方发生额就不一致，但作为抵减利息支出的利息收入数额是相等的。

综上所述，总分类账户及其所属的明细分类账户，按平行登记规则进行登记，一般可以概括为：依据相同，方向一致，金额相等。但要注意对“方向一致、金额相等”的正确理解。

在会计核算工作中，可以利用上述关系检查账簿记录的正确性。检查时，根据总分类账与明细分类账之间的数量关系，编制明细分类账的本期发生额和余额明细表，同其相应的总分类账户本期发生额和余额相互核对，以检查总分类账与其所属明细分类账记录的正确性。明细分类账户本期发生额和余额明细表根据不同的业务内容，可以分别采用不同的格式。

现以原材料核算为例，对总分类账和明细分类账的平行登记加以说明。

(1) 某单位×年 5 月份“原材料”账及其明细分类账：甲、乙材料账的月初余额如表 6－14～表 6－16 所示。

表 6－14 总 分 类 账

会计科目：原材料 第 页

××年		凭证		摘要	借方	贷方	借或贷	余额
月	日	字	号					
5	1			月初余额			借	8545
	3	转账	1	购进	8000			16 545
	5	转账	2	生产领用		5480		11 065
	31			本月发生额及余额	8000	5480		11 065

表 6-15 材料明细分类账

材料名称：甲材料 （单位：kg）

××年		凭证号	摘要	收入			发出			结存		
月	日			数量	单价	金额	数量	单价	金额	数量	单价	金额
5	1		月初余额							25	97	2425
	3	转1	购进	50	100	5000				75	99	7425
	5	转2	生产领用				40	99	3960	35	99	3465
5	31		本月发生额及余额	50	100	5000	40	99	3960	35	99	3465

表 6-16 材料明细分类账

材料名称：乙材料 （单位：kg）

××年		凭证号	摘要	收入			发出			结存		
月	日			数量	单价	金额	数量	单价	金额	数量	单价	金额
5	1		月初余额							40	153	6120
	3	转1	购进	20	150	3000				60	152	9120
	5	转2	生产领用				10	152	1520	50	152	7600
5	31		本月发生额及余额	20	150	3000	10	152	1520	50	157	7600

（2）本月购入的甲材料 50kg，单价 100 元/kg，购入乙材料 20kg，单价 150 元/kg，其验收入库的会计分录如下：

借：原材料——甲 5000

——乙 3000

贷：材料采购 8000

（3）本月生产产品领用：甲材料 40kg，单价 99 元/kg；乙材料 10kg，单价 152 元。发出材料的会计分录如下：

借：生产成本 5480

贷：原材料——甲 3960

——乙 1520

根据上述资料及会计分录对“原材料”总账及甲、乙材料明细账进行平行登记如表 6-14～表 6-16 所示。

从表 6-14～表 6-16 中可看出，明细账期初余额之和、本期发生额之和以及期末结存额之和与总账相应的指标是相等的，即

期初余额：2425＋6120＝8545（元）

本期购进：5000＋3000＝8000（元）

本期发出：3960＋1520＝5480（元）

期末结存：3465＋7600＝11 065（元）

由于总分类账和明细分类账是按平行登记的方法进行登记的，因此对总分类账和明细分类账登记的结果，应当进行相互核对，核对通常是通过编制“总分类账户与明细分类账户发生额及余额对照表”进行的。

对照表的格式和内容见表 6-17。

表 6-17 总分类账户与明细分类账户发生额及余额对照表

账户名称	月初余额		发生额		月末余额	
	借 方	贷 方	借 方	贷 方	借 方	贷 方
甲材料明细账	2425		5000	3960	3465	
乙材料明细账	6120		3000	1520	7600	
原材料总分类账户	8545		8000	5480	11 065	

以上总账和明细账这种有机联系，是检查账簿记录是否正确的理论依据。一般在期末都要进行相互核对，以便发现错账并加以及时地更正，保证账簿记录准确无误。

第三节 账簿登记和使用规则

一、账簿登记的一般规则

记账是会计工作的一项重要内容，为了做好记账工作，提高核算质量，就必须遵循记账的一般规则。

（一）会计账簿启用规则

会计账簿的登记应做到责任明确，有专人负责，才能保证其合法性，在启用账簿时，应当在账簿封面上写明单位名称和账簿名称，在账簿扉页上应当附启用表，内容包括：启用日期、账簿页数，记账人员和会计机构负责人、会计主管人员姓名，并加盖名章和单位公章。记账人员或会计机构负责人，会计主管人员调动工作时，应当注明交接日期、接办人员或监交人员姓名，并由交接双方人员签名或盖章。

启用订本账簿，应当从第一页到最后一页顺序编定页数，不得跳页缺号。使用活页式账页，应当按账户顺序编号，并定期装订成册，装订后再按实际使用的账页顺序编定页码，另加目录，说明每个账户的名称和页数、页次。

在年度开始启用新账簿时，为了保证年度之间账簿记录的相互衔接，应把上年度的年末余额，记入新账的第一行，并在摘要栏中注明“上年结转”或“年初余额”字样，账簿启用交接表的一般格式如表 6-18 所示。

表 6-18 账簿启用交接表

<table>
<tr><td colspan="2">账簿名称</td><td colspan="2"></td><td>单位名称</td><td colspan="2"></td></tr>
<tr><td colspan="2">账簿编号</td><td colspan="2"></td><td rowspan="5">公章</td><td rowspan="5" colspan="2"></td></tr>
<tr><td colspan="2">账簿页数</td><td colspan="2"></td></tr>
<tr><td colspan="2">启用日期</td><td colspan="2"></td></tr>
<tr><td colspan="2">记账人员</td><td colspan="2">（盖章）</td></tr>
<tr><td colspan="2">会计主管</td><td colspan="2">（盖章）</td></tr>
<tr><td colspan="4">交接日期</td><td rowspan="2">移交人</td><td rowspan="2">接管人</td><td rowspan="2">会计主管</td></tr>
<tr><td>年</td><td colspan="2">月</td><td>日</td></tr>
<tr><td></td><td colspan="2"></td><td></td><td></td><td></td><td></td></tr>
</table>

（二）账簿登记规则

为了保证账簿记录的正确性，会计人员应当根据审核无误的会计凭证登记会计账簿。登账时，一般应遵循下列要求：

(1) 登记会计账簿时，应当将会计凭证的日期、编号、业务内容摘要、金额和其他有关资料逐项记入账内，做到数字准确、摘要清楚、登记及时、字迹工整。

(2) 登记完毕后，要在记账凭证上签名或者盖章，并注明已经登账的符号（如划上"√"），表示已经记账，以防记重和漏记。

(3) 账簿中书写的文字和数字上面要留有适当空格，不要写满格，一般应占格距的下二分之一位置，方便改错时书写。

(4) 登记账簿要用蓝黑墨水或碳素墨水书写，不得使用圆珠笔（银行的复写账簿除外）或者铅笔书写。但在下列情况下，可以用红色墨水记账：①用红字冲销错误记录；②在不设借贷等栏的多栏式账页中，登记减少数；③在三栏式账户的余额栏前，如未印明余额方向的，在余额栏内登记负数余额；④根据国家统一会计制度的规定可以用红字登记的其他会计记录。

(5) 各种账簿按页次顺序连续登记，不得跳行、隔页。出现跳行、隔页，应当将空行和空页划线注销，或者注明"此行空白"、"此页空白"字样，并由记账人员签名或者盖章。

(6) 凡需要结出余额的账户，结出余额后，应当在"借或贷"等栏内写明"借"或者"贷"等字样。没有余额的账户，应当在"借或贷"等栏内写"平"字，并在结余栏内的元位上用"θ"表示。现金日记账和银行存款日记账必须逐日结出余额。

(7) 每页登记完毕结转下页时，应当结出本页合计数及余额，写在本页最后一行和下页第一行有关栏内，并在摘要栏内分别注明"过次页"和"承前页"字样；也可以将本页合计数及金额只写在下页第一行有关栏内，并在摘要栏内注明"承前页"字样。

(8) 对需要结计本月发生额的账户，结计"过次页"的本页合计数应当为自本月初起到本页末止的发生额合计数；对需要结计本年累计发生额的账户，结计"过次页"的本页合计数应当为自年初起至本页末止的累计数；对既不需要结计本月发生额又不需要结计本年累计发生额的账户，可以只将每页末的余额结转次页。

(9) 在记账时，如果账簿记录发生错误，禁止刮擦、挖补、涂改或用退色药水更改字迹，必须根据错误具体情况，采用正确的方法予以更正。

二、账簿记录错误的更正方法

会计记录遇到的差错种类很多，其主要表现在：记账凭证汇总表不平，试算平衡表不平，各明细分类账户的余额之和不等于总分类账有关账户的余额，银行存款账户调整后的余额与银行对账单不符。

在实际工作中常见的会计记录错误有以下几种：

(1) 会计原理、原则运用错误。这种错误的出现是指在会计凭证的填制、会计科目的设置、会计核算形式的选用、会计处理程序的设计等会计核算的各个环节出现不符合会计原理、原则等规定的错误。如符合会计制度规定的会计科目不设，不符合规定的乱设等。

(2) 记账错误，主要表现为漏记、重记、错记三种。错记又表现为错记了会计科目，错记了记账方向，错用了记账墨水，错记了金额等。常见会计错误种类如表 6-19 所示。

表 6-19　　常见会计错误种类

原则原理运用错误				记账错误			计算错误		
会计科目设置错误	会计科目运用错误	会计原则运用错误	会计制度执行错误	漏记	重记	错记	确定计量单位错误	选择计算方式错误	运用计算公式错误

账簿记录的错误，一经发现后，应立即更正。由于发现发生错误的具体情况不同，发现的错误的时间有先有后，因此更正错误的方法也不相同。一般有下列几种更正方法：

（一）划线更正法

在结账前，如果发现账簿记录有错误，而记账凭证并无错误，只是过账时不慎，纯属账簿记录中的文字或数字的笔误，应采用划线更正法予以更正。划线更正法，又叫红线更正法。更正的方法是：在错误的文字或数字上画一条红色横线，表示注销；然后将正确的文字或数字用蓝字写在被注销的文字或数字的上方，并由记账人员和会计机构负责人（会计主管人员）在更正处盖章，以明确责任。更正时，对于错误的数字应当全部划线进行更正，不能只划线更正其中的个别数字，更不许涂抹，应当使错误的文字或数字仍能清晰辨认，以备日后查考。

（二）红字更正法

记账凭证应借、应贷科目或金额发生错误，并已登记入账，可先用红字填制内容相同的记账凭证，冲销原有错误记录，然后用蓝字填制正确的记账凭证，重新登记入账，这种方法叫做红字更正法，也称红字订正法。其具体更正方法是：先用红字填制一张与原错误记账凭证内容完全相同的记账凭证，在摘要栏注明“冲销某月某日第几号记账凭证的错误”，并据以用红字登记入账，以冲销原有的错误记录，然后用蓝字填制一张正确的记账凭证，在摘要栏中写明“补记某月某日账”，并据以登记入账。

例如，某企业以现金购买材料的实际成本为 3800 元，填制记账凭证时，应借记“物资采购”科目贷记“库存现金”科目但编制记账凭证时，误编为如下会计分录，并已据以登记入账：

借：材料采购　　　　3800

　　贷：银行存款　　　　3800

更正时，先用红字金额填制一张会计分录与原错误记账凭证相同的记账凭证，并据以用红字登记入账，以冲销原有错误的账簿记录：

借：材料采购　　　　[3800]

　　贷：银行存款　　　　[3800]

然后，再用蓝字填制一张正确的记账凭证，并据以登记入账：

借：材料采购　　　　3800

　　贷：现金　　　　3800

将上述更正错误的记录记入有关账户后，则有关账户中的错误记录即得到更正，具体情况如下所示：

借 物资采购	贷
3800	
[3800]	
3800	

借 银行存款	贷
	3800
	[3800]

借 库存现金	贷
	3800

如果记账后发现记账凭证和账簿中所记金额大于应记金额，而应借、贷的会计科目并无错误，那么亦应采用红字更正法予以更正。更正的具体方法是：将正确数字与错误数字之间的差额即多记的金额，用红字（金额用红字）填制一张记账凭证，在摘要栏写明“冲销某月

某日第几号记账凭证多记金额”，并据以登记入账，以冲销多记的金额。

例：以现金 3800 元购买材料，这项经济业务在填制记账凭证时，误将金额填为 4200 元，并已据以登记入账：

借：材料采购　　　　　　　　4200

　　贷：库存现金　　　　　　　　4200

更正时，应将多记的 400 元（4200－3800）用红字填制一张记账凭证，并据以登记入账，以冲销多记的金额：

借：材料采购　　　　　　　　[400]

　　贷：库存现金　　　　　　　　[400]

（三）补充登记法

记账后，如果发现记账凭证中应借、应贷科目无错误，只是所记金额小于应记金额时，应按照正确数字与错误数字之间差额用蓝字填一张记账凭证，并据以登记入账，这种更正错账的方法叫作补充登记法。

例：某厂基本生产车间为制造产品领用材料 3800 元。这项经济业务在填制记账凭证时，误将金额填为 380 元，并已登记入账：

借：生产成本　　　　　　　　380

　　贷：原材料　　　　　　　　380

更正时，应将少记金额 3420 元（3800－380），用蓝字填制一张记账凭证，并登记入账。

借：生产成本　　　　　　　　3420

　　贷：原材料　　　　　　　　3420

第四节　结 账 和 对 账

一、结账

结账是在会计期末（月末、季末、年末）对本期内所发生的各项经济业务全部登记入账以后，计算出本期发生额和期末余额。由于各企业的经济活动和会计记录是连续不断进行的，为了总结某一会计时期，如月份、年度的经济活动情况，考核经营成果，在每一会计期间终了时，必须定期进行结账，为编制会计报表做好准备，保证会计报表的及时报送，提高会计报表的质量。

结账的主要内容有以下三项：

（1）详细查明本期内日常发生的经济业务是否已全部记入有关账簿，不得为了赶编会计报表而提前结账，也不得先编会计报表后结账。

（2）结账时，应当结出每个账户的期末余额。需要结出当月发生额的，应当在摘要栏内注明“本月合计”字样，并在下面通栏划单红线；需要结出本季累计发生额的，应当在摘要栏内注明“本季累计”字样，并在下面通栏划单红线；十二月末的“本年累计”就是全年累计发生额。全年累计发生额下面应当通栏划双红线。年度终了结账时，所有总账账户都应当结出全年发生额和年末余额。

（3）年度终了，要把各账户的余额结转到下一会计年度新账内。结转的方法是：将有余额的账户的余额直接记下，填在下一会计年度新建有关会计账簿的第一行余额栏内，并在摘要栏注明“上年结转”字样。结转过程中，不需要编制记账凭证，也不必将余额再记入本年账户的借方或者贷方，使本年有余额的账户的余额变为零。因为，年末有余额的账户，其余额应当如实地在账户中加以反映，否则，容易混淆有余额的账户和没有余额账户的区别。

现以“现金”账户为例加以说明，结果如表 6-20 所示。

表 6-20 **总 分 类 账**

账户：库存现金 第 页

2014 年		凭证号数	摘 要	借方	贷方	借或贷	余额
月	日						
1	1		上年结转			借	150
1	5				60	借	90
1	10			50		借	140
1	21				40	借	100
1	31		一月份合计	50	100	借	100
2	6			100		借	200
2	11				80	借	120
2	25				40	借	80
2	28		二月份合计	100	120	借	80
3	7			20		借	100
3	15			150		借	250
3	24				50	借	200
3	31		三月份合计	170	50	借	200
3	31		第一季度合计	320	270	借	200
			2014 年度发生额总计	11200	11100	借	250

上述结账方法对于一些记录重要财产和业务量较大的账户是完全必要的，特别是要考核月、季、年度计划和预算的账户，如销售收入、成本、费用、利润等，都应按期结算累计发生额，以保证报表指标和账簿记录正确一致。要防止由于片面追求简化而废除按期结账的环节，以免发生账账不符和账表不符的现象。

二、对账

所谓对账就是指核对账目，对账簿记录的正确与否进行核对工作。它是会计核算的一项重要工作，它主要是通过账项的逐笔核对以及按期编制总分类账户发生额和余额对照表、明细分类账户发生额和余额明细表进行的。

建立定期的对账制度、认真做好对账工作，是保证账证、账账、账实相符的重要条件。对账工作主要包括以下三方面内容：

（一）账证核对

账证核对是指将各种账簿（总分类账、明细分类账及现金和银行存款日记账等）的记录与会计凭证（记账凭证及所附的原始凭证）核对。会计凭证是记账的根据，在账簿登记过程中，要加强复核，期末还要全面进行核对。如果发现账证不符，就回过头来对账簿记录和会计凭证进行核对，及时纠正，保证账证相符。做到账证相符，这是保证账账、账实相符的基础。

（二）账账核对

账账核对是指将各种账簿之间的有关数字互相核对，要求做到账账相符。具体内容有：

（1）总分类账中各账户期末的借方发生额、余额总计数与贷方发生额、余额总计数应该平衡。

（2）现金日记账和银行存款日记账期末余额应与总分类账的有关账户期末余额核对相符。

（3）总分类账的借、贷方本期发生额和期末余额与所属明细分类账的借、贷方本期发生额和期末余额之和应该相等。

（4）会计部门的财产物资明细账与财产物资保管和使用部门的有关明细账期末余额应核对相符。

（三）账实核对

账实核对包括现金和其他财产物资的账存和实存的核对，要求二者相符。核对的主要内容包括：

（1）现金日记账账面余额与现金实际库存数应核对相符。

（2）银行存款日记账账面余额，应与开户银行对账单相核对，一般至少一个月核对一次。

（3）原材料、库存商品、固定资产等物资明细分类账的账面余额与其实存数额应核对相符。

（4）各项应收款、应付款明细账账面余额与有关债务，债权单位或个人应定期核对相符。

三、错账的查找方法

在对账中，有可能发现错账，需及时查明错账的原因并及时更正。在查找时，要根据错账的不同类型，采取不同的方法。

（一）影响借贷不平衡的错误

期末进行会计资料综合试算时，编制总分类账户发生额余额对照表就可以发现借贷记录是否平衡。但是，对照表只能发现错误，不能查找错误的原因，当发现错误时，一般可以用下列两种方法查找：

1. 除 2 法

除 2 法是先将差错数用 2 来除，如果能除尽，有可能是一方重复记录的错误。

比如已查明贷方合计数大于借方合计数 98 元，除以 2 得 49 元。这种情况下，就可以查找有无一笔 49 元的借方记录，被当作贷方记录，因而使差错数变成错账数字的两倍。

2. 除 9 法

除 9 法，就是先将差错数用 9 来除，如果能除尽，一种可能是属于两位数的数码倒置，比如 32 误记为 23，这种情况下，这个差错数除以 9 后所得商数中的有效数字正好与相邻颠倒两数的差额相等；另一种可能是数字串位，如 69 误记为 690（小变大），或 690 误记为 69（大变小），在大变小时，差错数除以 9 后所得商与账上错误的数额正好相等，小变大时，所得商数再乘以 10，得到的绝对数与账上错误恰好相等。

在如表 6-21 所示的例子中，应收账款的总账科目余额合计数应为 345.47，而明细表合计数为 318.47，两表不等。

表 6-21　　应收账款明细表

序号	户名	金额（万元）	序号	户名	金额（万元）
1	甲	65.48	4	丁	105.31
2	乙	78.43			
3	丙	69.25	合计		318.47

查找步骤：

(1) 求正误差值：345.47－318.47＝27。

(2) 判断差值可否用 9 整除：差值 27，正好可以被 9 整除。(27/9＝3)

(3) 求差值系数：27/9＝3。

(4) 在错误表中查找有无相邻两数相差为 3 的数字。差值系数为负值时，查前大后小；反之，查前小后大。经查，该表中第三行 69.25，前小后大，且 9－6＝3。可以判断为属于数字倒置的错误，即可能是 96.25 而误写为 69.25。

(5) 将第三行按 96.25 更正，重新加点，其合计数则为 345.47 与总账一致。

(二) 不影响借贷平衡的错误

这种错误，是总分类账户发生余额对照表本身不能发现的。这种错误又有两种情况：

1. 记重或漏记了一项会计记录

这种错误不会影响总分类账户发生额余额对照表的平衡，只是本期发生额不正确。查找方法，可以将总分类账户发生额余额对照表的本期发生额，同本期全部记账凭证的合计数核对，如果记账凭证的合计数比对照表的本期发生额小，可能是记重；如果记账凭证的合计数比对照表的本期发生额大，可能是漏记。

例如，总分类账户发生额余额对照表本期发生额为 79 560 元，本期全部记账凭证的合计数为 79 590 元，两者相差 30 元，可能有一笔金额为 30 元的记账凭证漏记所致。如果对照表本期发生额为 79 600 元，两者相差 10 元，可能有一笔金额为 10 元的记账凭证记重所致。

2. 会计分录中错用了会计科目

这样的错误，比较难找。要避免这种错误，必须在记账时认真负责，细致小心，并加以复核，以防止此类错误出现。对这类错误一般只有重新审核每张记账凭证的账户对应关系。

第五节　会计账簿的更换与保管

一、账簿的更换

总分类账、日记账和大部分明细分类账都要每年更换一次。只有变动较少的一小部分明细分类账，如固定资产明细分类账，可以连续使用，不必每年更换一次新账。

各种账簿在年度终了结账时，各个账户的年终余额都要直接记录到新年度启用的有关新账中去，同时在新账中有关账户第一行"摘要"栏内注明"上年结转"或"年初余额"字样，并在余额栏内直接登记该账户上年余额，不需要编制记账凭证。

二、账簿保管

各种账簿同会计报表、会计凭证一样，都是重要的经济档案和历史资料。账簿的保管问题是贯穿于账簿自启用到经核准销毁的整个过程。企业应加强对账簿的日常管理，明确岗位责任制，以保证账簿的安全和资料的完整，防止交接手续不清或可能发生的舞弊行为。启用和登记账簿一定要遵守规定，并在各账户的第一张账页上粘贴索引，以便翻阅使用。为了保证账簿的正确性，应建立对账制度，由记账人员定期自查或换人复查、专人查账，切实做到账证、账账、账表、账实相符。

账簿使用结束，应按《会计档案管理办法》规定进行管理，具体内容参照，第十章“会计档案”一节。

习题六

一、单项选择题

1. 总分类账簿应采用（　　）外表形式。

A. 活页式　　B. 卡片式　　C. 订本式　　D. 备查式

2. 租入固定资产备查登记簿按用途分类属于（　　）。

A. 分类账簿　　B. 通用日记账　　C. 备查账簿　　D. 专用日记账

3. 会计人员在结转前发现，在根据记账凭证登记入账时，误将600元记成6000元，而记账凭证无误，应采用（　　）。

A. 补充登记法　　B. 划线更正法　　C. 红字更正法　　D. 蓝字登记法

4. 活页账簿与卡片账簿可适用于（　　）。

A. 现金日记账　　B. 联合账簿　　C. 通用日记账　　D. 明细分类账

5. 材料明细账的外表形式可采用（　　）。

A. 订本式　　B. 活页式　　C. 三栏式　　D. 多栏式

6. 固定资产明细账是外表形式一般采用（　　）。

A. 三栏式　　B. 数量金额式　　C. 多栏式　　D. 卡片式

7. 下列会计科目中，采用三栏式明细账格式的是（　　）。

A. 生产成本　　B. 营业费用　　C. 材料　　D. 管理费用

8. 新的会计年度开始，启用新账时，可以继续使用，不必更换新账的是（　　）。

A. 总分类账　　B. 银行存款日记账

C. 固定资产卡片　　D. 管理费用明细账

二、多项选择题

1. 任何会计主体都必须设置的账簿有（　　）。

A. 日记账　　B. 辅助账簿　　C. 总分类账簿　　D. 明细分类账

2. 现金、银行存款日记账的账页格式有（　　）。

A. 三栏式　　B. 多栏式　　C. 订本式　　D. 数量金额式

3. 明细分类账可以根据（　　）登记。

A. 原始凭证　　B. 汇总原始凭证　　C. 累计凭证　　D. 经济合同

4. 多栏式明细分类账的账页格式适用于（　　）。

A. 应收账款明细账　　B. 管理费用明细账
C. 主营业务收入　　D. 材料采购

5. 对账的具体内容包括（　）。
A. 账证核对　B. 账账核对　C. 账表核对　D. 账实核对

6. 账簿组成的基本内容是（　）。
A. 单位名称　B. 账簿封面　C. 账簿扉页　D. 账页

7. 必须每年更换的账簿有（　）。
A. 普通日记账　B. 总分类账簿　C. 明细分类账　D. 固定资产卡片

8. 年度结束后，对于账簿的保管应做到（　）。
A. 装订成册　B. 加上封面　C. 统一编号　D. 归档保管

三、判断题

1. 登记账簿的目的在于为企业提供各种总括的核算资料。（　）
2. 现金日记账和银行存款日记账，必须采用订本式。（　）
3. 为了实行钱账分管原则，通常由出纳人员填制收款凭证和付款凭证，由会计人员登记现金日记账和银行存款日记账。（　）
4. 多栏式总分类账是指把所有的总账科目并在一张账页上。（　）
5. 对于“材料”账户的明细分类账，应采用多栏式账簿。（　）
6. 结账就是结算．登记每个账户期末余额的工作。（　）
7. 总分类账及其明细分类账必须在同一会计期间内登记。（　）
8. 账簿是重要的经济档案和历史资料必须长期保存，不得销毁。（　）

四、业务题

1. 练习总分类账与明细分类账的平行登记

【资料】本月发生下列经济业务：

(1) 用银行存款支付行政管理部门的办公费 300 元；
(2) 经批准，将盘盈材料 450 元，冲减管理费用；
(3) 用现金支付离退休人员的工资 900 元；
(4) 计提本月行政管理部门使用的固定资产折旧 320 元；
(5) 月末，结转本月发生的管理费用。

【要求】根据上述业务编制记账凭证，并登记管理费用总账和明细账。

2. 练习错账的更正方法

【资料】某企业将账簿与记账凭证进行核对，发现下列经济业务的凭证内容或账簿记录有错误：

(1) 开出转账支票一张 200 元，支付管理部门零星开支。原凭证为：

借：管理费用　　200
　　贷：库存现金　　200

(2) 签发转账支票 4000 元，预付后三季度的报刊订阅费。原记账凭证为：

借：预付账款　　400
　　贷：银行存款　　400

(3) 签发转账支票 6000 元，预付后三季度房租。原记账凭证为：

借：预付账款 9000

贷：银行存款 9000

(4) 用现金支付管理部门零星购置费 78 元。原记账凭证为：

借：管理费用 78

贷：库存现金 78

记账时现金付出栏记录为 87 元

【要求】判断上列各经济业务的账务处理是否有误，如有错误采用适当方法加以更正。

3. 练习现金日记账的登记

【资料】某工厂 2015 年 7 月 1 日现金日记账的期初余额为 960 元，该厂 7 月份发生下列有关经济业务：

(1) 1 日，车间技术员李英借支差旅费 300 元，以现金支付。

(2) 1 日，厂长江海预借差旅费 600 元，以现金支付。

(3) 2 日，开出现金支票，从银行提取现金 650 元备用。

(4) 2 日，以现金购买财务科 办公用品 100 元。

(5) 3 日，以现金支付工厂行政管理部门设备修理费 170 元。

(6) 10 日，以现金支付法律咨询费 160 元。

(7) 11 日，开出现金支票，从银行提取现金 29 000 元，备发工资。

(8) 12 日，以现金 29 000 元发放工资。

(9) 18 日，以现金 60 元购买车间办公用品。

(10) 19 日，职工江英缴来工具赔偿费 120 元。

(11) 23 日，用现金支付采购材料运杂费 80 元。

(12) 27 日，外单位职工以现金支付借打长途电话费 6 元。

(13) 30 日，车间技术员李英报销差旅费 260 元，其余 40 元以现金退付。

(14) 30 日，厂长江海报销差旅费 660 元，多余部分以现金补付。

【要求】(1) 设置三栏式现金日记账，将 7 月 1 日期初余额记入现金日记账。

(2) 根据以上业务登记现金日记账，并结出余额。

第七章 财 产 清 查

学习本章，要求理解财产清查的必要性和种类，熟悉各种财产物资、货币资金和往来款项的清查方法，并掌握财产清查结果的账务处理。

第一节 财产清查的意义和种类

一、财产清查的意义

财产清查是通过对各项财产物资、货币资金和往来款项的盘点与核对，来确定其实存数，并查明实存数与其账存数是否相符的一种会计核算的专门方法。

准确反映财产物资和债权债务的真实情况是会计核算的基本原则，也是经济管理对会计核算的客观要求。在会计核算工作中，根据审核无误的会计凭证登记账簿，可以确保记录经济业务的客观性和真实性；通过对账，又可以确保账簿记录的正确性。但是账簿记录的客观、真实性及账簿的记录、计算的正确性，并不能保证账簿记录的结果与各项财产物资、货币资金、债权债务的实有数完全一致，往往会出现账实不符的现象。造成账实不符的原因是多方面的，有工作上的差错，也有外界的影响；有些是可以避免的，有些则是不能完全避免的。一般说来，造成账实不符的原因主要有以下几个方面：

(1) 在收、发财产时，由于计量、检验不准确而造成品种、数量或质量上的差错；

(2) 在凭证和账簿中，出现漏记、错记或计算上的错误；

(3) 各项财产物资在保管过程中，由于受自然因素或其他条件的影响，发生了数量上或质量上的变化；

(4) 由于管理不善或工作人员失职而造成了财产的损坏、变质或短缺；

(5) 由于不法分子的贪污、盗窃、营私舞弊而发生的财产损失；

(6) 发生自然灾害或意外损失；

(7) 结账过程中账单未到达或拒付等原因造成企业与其他企业的结算往来款项上的不符。

为了掌握各项财产物资的真实情况，保证账实相符，在会计核算中，还必须在账簿记录的基础上进行财产清查，对各项财产物资进行定期或不定期的盘点和核对。

通过财产清查，可以起到以下作用：

1. 保证会计核算资料的真实可靠

通过财产清查可以确定各项财产物资的实存数，查明实存数与账存数之间的差异以及产生差异的原因和责任，以便及时调整账面记录，使账存数与实存数一致，从而保证会计核算资料的真实可靠。

2. 挖掘财产物资的潜力，加速资金周转

通过财产清查，可以查明各项财产物资的储备和利用情况，既要防止因储备不足而耽误生产经营，又要避免财产物资积压、呆滞而造成的浪费，从而可以充分挖掘财产物资的潜力，避免损失浪费，加速资金周转。

3. 健全管理制度，确保财产的安全完整

通过财产清查，可以查明账实不符的原因，发现财产物资管理中存在的问题，促使企业不断改进财产物资管理，健全财产物资管理制度。同时，财产清查还对财产物资的经管人员起到一定的监督作用，运用内部控制机制，确保财产物资的安全与完整。

4. 保证财经纪律和结算制度的贯彻执行

通过财产清查，可以检查单位财经纪律的执行情况。查明各项债权、债务的结算情况，对于各项应收款项应及时催收，对确认的坏账应及时处理，对于各项应付款项应及时清偿，避免长期拖欠，自觉遵守财经和结算制度。

5. 促进经营管理水平的提高

通过财产清查，可以查明有关财产物资验收、保管、收发、调拨、报废及现金管理及往来款项制度的执行情况，及时发现问题，从而促使单位采取措施，建立健全有关规章制度，提高经营管理水平。

二、财产清查的种类

财产清查主要有两种分类的标志：

（一）按照清查的对象范围，可分为全面清查和局部清查

1. 全面清查

全面清查，就是对本单位的全部财产进行全面盘点和核对。

全面清查的内容多，范围广，需要投入的人力、物力多，花费时间长，一般在以下几种情况下，需要进行全面清查：

（1）年终决算之前，需要进行一次全面清查。

（2）单位撤销、合并、改变隶属关系或主要负责人更换，需要进行一次全面清查，以明确经济责任。

（3）开展全面资产评估，清产核资等活动时，为了摸清家底需要全面清查。

全面清查的对象一般包括固定资产、材料、在产品、产成品、现金、银行存款、有价证券、往来款项、在建工程、代管物资和外购商品等。

2. 局部清查

局部清查，是根据管理的需要或依据有关规定，只对部分财产物资进行盘点和核对。由于全面清查工作量大，不能经常进行，因此平时可根据管理的需要进行局部清查。对流动性较大的物资，如材料、在产品、产成品等，除了年度清查外，年内还要进行轮流盘点或重点清查；对于各种贵重物品，每月应清查盘点一次；对于现金，每日终了，应由出纳员清点核对；银行存款至少每月同银行核对一次；各种往来款项至少每年应同有关单位核对一至二次。

（二）按照清查的时间，可分为定期清查和不定期清查

1. 定期清查

定期清查，就是按预先计划安排的时间对财产物资进行的清查。一般在年度、季度、月度结账时进行清查。定期清查，可以是全面清查，也可以是局部清查。

2. 不定期清查

不定期清查，就是事先并无计划安排，而是根据实际需要所进行的临时性清查。不定期清查，可以是全面清查，也可以是局部清查。它一般在以下几种情况下进行：

(1) 更换财产和现金保管人员时，为了明确经济责任，需要对有关人员所保管的财产物资和现金进行清查。

(2) 发生自然灾害和意外损失时，为了查明损失情况，要对受灾损失的有关财产进行清查。

(3) 上级主管、财政、税务、银行等有关部门，对本单位进行会计检查时，应按检查的要求和范围进行财产清查，以验证会计资料的正确性。

(4) 会计主体发生改变或隶属关系发生变动时，为了摸清家底，要对本单位的各项财产物资、货币资金、债权、债务进行清查。

第二节 财产清查的方法

一、清查的方法

(一) 清查前的准备工作

财产清查是一项复杂而又细致的工作，它涉及面广，工作量大，因此在进行财产清查前必须有计划、有组织、有领导的进行各项准备工作，包括组织准备和业务准备等。

1. 组织准备

为了使财产清查工作能顺利进行，首先要有组织上的保证，包括领导体系和工作人员两个方面。

(1) 领导体系。财产清查工作的领导体系，一般是在企业、事业、机关团体的总部成立财产清查领导小组，具体负责财产清查的领导工作。领导小组的组长由本单位负责人担任，组员由会计、业务、仓库部门的负责人担任。

(2) 工作人员。财产清查的工作人员，一般由会计人员、技术人员、业务人员和仓库保管人员组成，并保证不脱岗。

2. 业务准备

为了做好财产清查工作，各有关部门，特别是物资管理部门和会计部门应根据清查小组下达的计划，布置好清查前的业务准备工作。

(1) 会计部门和会计人员应在财产清查前，将有关账簿登记齐全，结出余额，核对清楚，做到账簿记录正确、完整、及时，为账实核对提供正确的账簿资料，对于银行存款和结算款项，应及时取得核对凭据。

(2) 物资管理部门和保管人员，应将截至清查日止的所有经济业务，办理好凭证手续，全部登记入账，并结出余额。对所保管的各种财产物资，应整理、排放整齐，挂上标签，标明编号、品种、规格和结存数量，以便盘点核对。

(3) 清查人员根据清查需要，准备好各种必要的计量器具和有关清查用的登记表册。

(二) 实物的清查方法

由于财产清查对象不同，清查的方法也不一样，各种实物都必须从数量上和质量上进行清查。对于各种财产物资的数量清查，因其实物形态、体积、重量、堆放方式不同，一般采用实地盘点法或技术推算法，现分别予以介绍：

1. 实地盘点法

实地盘点法，是通过对实物进行逐一清点或用计量器具来确定各项财产物资实存数量的一种方法。这种方法适用范围广，适用于各种财产物资的清查。

2. 技术推算法

技术推算法，是通过技术推算确定实存数量的一种方法。这种方法适用于数量大、笨重的不便于逐一点数或用计量器具计量的材料物资，如露天堆放的沙石，煤炭等。

清查对象的数量确定以后，还要进一步确定清查对象的质量。对于实物质量的检验方法，可根据不同的实物采用不同的方法，如有的物资采用物理检验方法，有的物资采用化学检验方法。

为了明确经济责任，在进行盘点时，实物保管人员必须在场并参加盘点工作，但保管人员不宜单独承担财产清查工作。盘点的结果，应如实地登记在“盘点单”上，并由盘点人员和实物保管人员签章。“盘点单”是记录实物盘点结果的书面证明，也是反映财产物资实有数的原始凭证。

其一般格式如表 7－1 所示。

表 7－1 **盘 点 单**

单位名称： 盘点时间： 编号：

财产类别： 存放地点：

编号	名称	计量单位	数量	单价	金额	备注

盘点人签章 保管人签章

在盘点出各种实物的实存数以后，为了进一步查明实存数与账存数是否相符，确定盘盈或盘亏的情况，应根据盘点单和账簿记录编制“实存账存对比表”，以确定实存数与账存数的差异。该表是分析发生差异原因和明确经济责任的依据，又是调整账簿记录的原始凭证。在实际工作中，为了简化工作，“实存账存对比表”通常只填列账实不符的财产物资，对于账实完全相符的财产物资不予填列。

该表一般格式如表 7－2 所示。

表 7－2 **实存账存对比表**

单位名称： 年 月 日

<table>
<tr><th rowspan="3">编号</th><th rowspan="3">名称及类别</th><th rowspan="3">计量单位</th><th rowspan="3">单价</th><th colspan="2" rowspan="2">实存</th><th colspan="2" rowspan="2">账存</th><th colspan="4">对比结果</th><th rowspan="3">备注</th></tr>
<tr><th colspan="2">盘盈</th><th colspan="2">盘亏</th></tr>
<tr><th>数量</th><th>金额</th><th>数量</th><th>金额</th><th>数量</th><th>金额</th><th>数量</th><th>金额</th></tr>
<tr><td></td><td></td><td></td><td></td><td></td><td></td><td></td><td></td><td></td><td></td><td></td><td></td><td></td></tr>
</table>

盘点人签章 保管人签章

对于委托外单位加工、保管的材料、商品物资以及在途的材料、物资等，可以用询证方法与有关单位进行核对，以求账实相符。

（三）现金的清查方法

现金的清查是通过实地盘点进行的。首先盘点库存现金的实有数，然后与现金日记账的余额进行核对，检查账实是否一致。

为了明确经济责任，在盘点现金时，出纳人员必须在场，同时还要注意有无违反现金管理规定如：以白条抵账、收据抵现金及库存现金超过规定限额等现象。盘点结束后，应将现金盘点的结果填列到“现金盘点报告表”内，并由盘点人员和出纳人员盖章。“现金盘点报告表”是反映现金实存数的原始凭证，也是查明账实发生差异原因和调整账簿记录的依据。

其一般格式如表7-3所示。

表7-3 **现金盘点报告表**

单位名称： 年 月 日

实存金额	账存金额	对比结果		备注
		盘盈	盘亏	

盘点人员签章 出纳员签章

（四）银行存款的清查方法

银行存款的清查与实物、现金的清查方法不同，它是采用与开户银行核对对账单的方法进行的。核对前，应把至清查日止的所有银行存款的收入、支出业务登记入账，检查本单位银行存款日记账的正确性和完整性，然后与“银行对账单”逐笔核对，如发现错账、漏账，应及时查清更正。单位存款日记账与“银行对账单”余额不一致，除一方或双方记账有错误外，另一个原因就是双方之间往往出现未达账项。所谓未达账项，是指开户银行和单位之间，对于同一款项的收付业务，由于凭证传递时间和记账时间的不同，发生一方已经入账而另一方尚未入账的款项。企业与开户银行之间的未达账项，有以下四种情况：

(1) 企业已收款入账，而银行尚未收款入账。

(2) 企业已付款入账，而银行尚未付款入账。

(3) 银行已收款入账，而企业尚未收款入账。

(4) 银行已付款入账，而企业尚未付款入账。

上述任何一种情况发现，都会使企业和银行之间产生未达账项，从而导致账面金额不一致。

在(1)、(4)两种情况下，会使企业账面的存款余额大于银行账面的存款余额；而在(2)、(3)两种情况下，又会使企业账面的存款余额小于银行账面的存款余额。

在对账过程中，如果发现存在未达账项，则应通过编制“银行存款余额调节表”来进行调节，以便检查账簿记录的正确性。

下面举例说明“银行存款余额调节表”的编制方法。

例如：某企业20××年7月31日银行存款日记账账面余额为48 200元，银行对账单上的余额为47 500元，经逐笔核对，发现有下列未达账项：

(1) 7月30日，企业销售产品收到转账支票一张计2300元，企业已登记入账，而银行尚未入账。

(2) 7月29日，企业支付货款开出转账支票一张计1700元，企业已登记入账，银行尚未入账。

（3）7 月 31 日，银行代企业支付水电费 1000 元，银行已登记入账，企业尚未入账。

（4）7 月 30 日，银行收到企业委托收款 900 元，银行已登记入账，企业尚未入账。

根据上述未达账项，编制银行存款余额调节表，如表 7－4 所示。

表 7－4 **银行存款余额调节表**

20××年 7 月 31 日 （单位：元）

项　目	金　额	项　目	金　额
银行存款日记账余额	48 200	银行对账单余额	47 500
加：银行已入账，企业未入账的收入款项	900	加：企业已入账，银行未入账的收入款项	2300
减：银行已入账，企业未入账的支出款项	1000	减：企业已入账，银行未入账的支出款项	1700
调整后的存款余额	48100	调整后的存款余额	48 100

如果调整后的存款余额一致，说明双方记账无差错；如果调整后的余额仍不相等，说明银行或企业记账有错误，应查明原因予以更正。

需要指出的是，编制“银行存款余额调节表”的目的，只是为了检查账簿记录的正确性，并非要更改账簿记录，对于银行已经入账而本单位尚未入账的业务以及本单位已经入账而银行尚未入账的业务，均不应作账务处理，待以后会计凭证到达后，再作账务处理。

（五）往来款项清查方法

往来款项的清查主要是指对各种应收款、应付款、暂收款、暂付款的清查。各种往来款项的清查，采用同对方核对账目的方法。清查单位应在各种往来款项记录正确、完整的基础上，编制对账单，寄发或派人送交对方单位进行核对。对账单按往来款项明细账户，逐笔抄列，一式两联。其中一联作为回单，对方单位核对无误后，应在回单上盖章后退还本单位；如果发现数字不符，应在回单上注明不符情况，或另抄写账单退回，作为进一步核对的依据。如有未达账项，双方都应采用调节账面余额的方法，核对是否相符，并将清查结果编制“往来款项清查表”。

其一般格式如表 7－5 所示。

表 7－5 **往来款项清查表**

会计科目： 年 月 日

明细科目		清查结果		核对不符单位及原因的分析					备注
名称	金额	核对相符金额	核对不符金额	核对不符单位名称	争执中款项	未达账项款项	无法收回或偿还的款项	其他	

清查人员签章 主管人员签章

通过往来款项的清查，可以查明有无双方发生争议的款项以及无法收回的款项，以便及时采取措施，避免或减小坏账损失。

二、财产物资的盘存制度

财产物资盘存制度，又称财产物资盘存法，按照确定财产物资账面结存数的依据不同，分为“实地盘存制”和“永续盘存制”两种。在不同的财产物资盘存制度下，各项财产物资在账簿中的记录方法和清查的目的是不同的。

（一）实地盘存制

实地盘存制又称实地盘存法，是指平时在账簿中登记财产物资增加数，不登记减少数，到月末结账时，根据实地盘点的实存数来倒挤出本月的减少数，并据以登记有关账簿。

$$本期减少数=\begin{matrix}账面期\\初余额\end{matrix}+\begin{matrix}本期\\增加数\end{matrix}-\begin{matrix}期末实际\\结存数\end{matrix}$$

采用实地盘存制，核算工作比较简单，但手续不太严密。由于平时在账面上无法随时反映财产物资的减少和结存情况，将可能存在的损耗、差错、短缺等，全部挤入成本中，不利于财产物资的管理，所以采用这种方法既难控制浪费，也难防止损失。

在采用实地盘存制的单位，对各项财产物资进行实地盘点的结果，只是作为登记财产物资账面减少数的依据，而不能用于核对账实是否相符。

（二）永续盘存制

永续盘存制又称永续盘存法或账面盘存法，是指平时对各项财产物资的增加数和减少数，都要根据会计凭证连续记入有关账簿，并随时结出账面结存数额。

$$\begin{matrix}账面期\\末余额\end{matrix}=\begin{matrix}账面期\\初余额\end{matrix}+\begin{matrix}本期\\增加额\end{matrix}-\begin{matrix}本期\\减少额\end{matrix}$$

采用永续盘存制，可随时反映财产物资的收入、发出和结余情况，从数量和金额上进行双重控制，加强了对财产物资的管理，在实际工作中广泛采用。永续盘存制的缺点是财产物资的明细分类核算工作量较大，特别是财产物资的品种复杂、繁多的企业，需要投入大量的人力和物力。

采用永续盘存制的单位，尽管能在账簿中随时反映各项财产物资的结存数额，但也可能发生账实不符的情况。因此，也需要对各项财产物资进行清查盘点，其目的在于查明账实是否相符，以及账实不符的原因，以便加强对各项财产物资的管理，保护财产的安全。

综上所述，不论采用哪种盘存制度，对财产物资都须定期或不定期进行清查盘点。

第三节　财产清查结果的处理

通过财产清查工作，会发现财产物资管理和会计工作及企业经营管理方面存在的问题，应切实总结经验教训，巩固成绩，革除弊端。

一、财产清查结果的处理工作

对于财产清查中发现的问题，如财产物资的盘盈、盘亏、毁坏或其他各种损失，应核实情况，调查分析产生的原因，按照国家的有关政策、法令、制度和规定，进行相应的处理。

（一）认真分析差异的性质和形成的原因，按规定程序报批

对于财产清查中所发现的实存数与账存数之间的差异以及质量上的问题，如财产物资的盘盈、盘亏、毁损等，应核准数字，调查分析发生差异的原因，明确经济责任，提出处理意见。因个人原因造成的损失，应由个人赔偿；因企业经营管理不善造成的损失，应计入管理费用；因自然灾害发生的意外损失，应列入营业外支出。处理方案应按规定的程序，报请有关领导审批。

（二）积极处理积压多余的物资和长期不清的债权债务

对于企业财产清查中发现的不需用或多余的物资，除在本单位内部设法利用、改制代用

外，在报请有关领导批准后，要积极组织外调、外销或出租，以充分发挥财产物资的应有效能。

对于材料、商品储备不足或不能配套等问题，应提请有关领导和部门注意，设法补缺配套或调剂余缺。

对于长期不清的债权、债务，要指定专人负责，查明原因，主动与对方单位协商解决。

（三）认真总结经验教训，提出改进工作的措施，建立和健全财产管理制度

针对财产清查中发现的问题应及时查明原因，认真总结经验教训，建立和健全各项必要的规章制度，明确财产管理责任，提高企业的经营管理水平。

二、财产清查结果的账务处理

对于财产清查中所发现的财产盘盈、盘亏和毁损，应及时调整账面记录，以保证账实相符，需设置“待处理财产损溢”账户。通过“待处理财产损溢”账户，以有关财产盘盈、盘亏和损失的数字来调整有关科目，使账实相符，然后根据有关领导和上级部门的处理意见，再从“待处理财产损溢”账户转入有关账户，以反映财产溢缺经济责任的处理情况。因此，“待处理财产损溢”是一个双重性的账户，借方用来登记发生的盘亏、毁损的金额，待盘亏、毁损的原因查明后，并经领导及上级部门批准作出处理，再从“待处理财产损溢”账户的贷方转入有关账户的借方。“待处理财产损溢”账户的贷方先用来登记发生的盘盈的金额，待原因查明并作出处理时，再从“待处理财产损溢”账户的借方转入有关账户的贷方。“待处理财产损溢”账户的结构如表 7-6 所示。

企业清查出的各种财产的损益，应于期末前查明原因，并根据企业的管理权限，经股东大会或董事会或经理（厂长）会议或类似机构批准后，在期末结账前处理完毕。如清查的各种财产的损益，在期末结账前尚未经批准的，在对外提供财务会计报告时，先按上述规定进行处理并在会计报表附注中作出说明；如果其后批准处理的金额与已处理的金额不一致的，应调整会计报告相关项目的年初数。

本科目处理前的借方余额，反映企业尚未处理的各种财产的净损失；处理前的贷方余额，反映企业尚未处理的各种财产的净溢余。年末，处理后本科目一般应无余额。

表 7-6　　待处理财产损溢

借方	贷方
发生额：（1）发生的待处理财产盘亏和毁损数 （2）结转已批准处理的财产盘盈数	发生额：（1）发生的待处理财产盘盈数 （2）已批准处理财产盘亏和毁损数
期末余额：尚未处理的财产净损失	期末余额：尚未处理的财产净溢余

由于财产清查的对象不同，其账务处理方法也不同。现分别介绍现金、存货、固定资产、往来款项的财产清查结果的账务处理方法。

（一）现金清查结果的账务处理

现金是指企业库存的准备随时支付的货币性资产，包括人民币、外币钞票及硬币。

1. 现金盘盈的账务处理

发生现金盘盈后，应查明盈余的原因，及时办理现金入账手续，调整现金账簿记录。借记“库存现金”账户，贷记“待处理财产损溢”账户。经有关部门批准后，借记“待处理财产损溢”账户，贷记有关账户。

【例 7-1】 某企业在现金清查中，发现现金长款 50 元，经查，其中 45 元是在与甲单位结算零星销货款时，在发票以外多收的现金，另外 5 元原因不明。在清点后（报批前），先做到账实相符，应根据“实存账存对比表”所确认长款数额，作如下调整分录：

借：库存现金 50

　　贷：待处理财产损溢——待处理流动资产损溢 50

经批准以后，编制如下会计分录：

借：待处理财产损溢——待处理流动资产损溢 50

　　贷：营业外收入 5

　　　　应付账款——甲单位 45

2. 现金盘亏和毁损的账务处理

现金发生盘亏和毁损后，在盘点后即转入“待处理财产损溢”账户，待批准后根据不同情况进行处理：能确定具体交款单位的大笔错点、少收款，应先计入其他应收款；不能确定具体交款单位的错点、少收款或者虽能确定具体交款单位，但数额较小或对方不认账时，应由过失人赔偿，超过过失人赔偿部分，计入管理费用；由于自然灾害所造成的现金毁损，计入营业外支出。

【例 7-2】 某企业在现金清点中发现现金短款 100 元，出纳人员无法说明原因，经领导研究决定由出纳员赔偿。

在盘点后（报批前）先做到账实相符，根据“实存账存对比表”编制如下调整分录：

借：待处理财产损溢——待处理流动资产损溢 100

　　贷：库存现金 100

经批准后，编制如下会计分录：

借：其他应收款——出纳人员 100

　　贷：待处理财产损溢 100

（二）存货清查结果的账务处理

存货是指企业在生产经营过程中为销售或者耗用而储备的各种资产，包括库存商品、半成品、各种材料、包装物、低值易耗品等。

1. 存货盘盈的账务处理

发生盘盈的存货，经查明是收发计量或核算上的误差原因造成的，应及时办理存货入账手续，调整存货账簿的实存数，借记有关存货账户，贷记“待处理财产损溢”账户，经有关部门批准后，再冲减管理费用，借记“待处理财产损溢”账户，贷记“管理费用”账户。

【例 7-3】 某企业经清查，发现盘盈甲材料 2000 元，经查明是由于收发计量上的错误所致。

在批准前，根据“实存账存对比表”所确定的甲材料盘盈数额，编制如下会计分录：

借：原材料——甲材料 2000

　　贷：待处理财产损溢——待处理流动资产损溢 2000

批准以后，冲减管理费用，编制如下会计分录：

借：待处理财产损溢——待处理流动资产损溢 2000

　　贷：管理费用 2000

2. 存货盘亏和毁损的账务处理

发生盘亏和毁损的存货，批准以前应先结转到“待处理财产损溢”账户；批准以后再根据造成亏损的原因，分别按不同情况进行账务处理，其进项税额应转入有关账户。

(1) 属于正常损失，经批准后转作管理费用，借记"管理费用"账户，贷记"待处理财产损溢"账户。

(2) 属于非正常损失（包括加计的应转出的增值税进项税额），能确定过失人的由过失人负责赔偿；属于自然灾害造成的存货损失，扣除保险公司赔款和残值后，计入"营业外支出"账户的借方和"待处理财产损溢"账户的贷方。

【例 7-4】 某企业进行盘点，发现甲产品短缺 50 千克，单位成本 20 元，经查属于定额内正常损耗。

审批前，根据"实存账存对比表"所确定的甲产品盘亏数额编制如下分录：

借：待处理财产损溢——待处理流动资产损溢　　1000
　　贷：库存商品——甲产品　　1000

审批后，列入管理费用处理，编制如下分录：

借：管理费用　　1000
　　贷：待处理财产损溢——待处理流动资产损溢　　1000

【例 7-5】 某企业发生非正常损失（如火灾等自然灾害）乙材料 1000 吨，每吨买价 200 元，根据购货发票列示增值税进项税额 34 000 元，经检查确定是非正常损失，批准对损失部分列作营业外支出。

批准之前，根据"账存实存对比表"编制如下会计分录：

借：待处理财产损溢——待处理流动资产损溢　　234 000
　　贷：原材料——乙材料　　200 000
　　　　应交税费——应交增值税（进项税额转出）　　34 000

批准后列作营业外支出，应编制会计分录：

借：营业外支出——非常损失　　234 000
　　贷：待处理财产损溢——待处理流动资产损溢　　234 000

（三）固定资产清查结果的账务处理

固定资产是指使用年限在一年以上、单位价值在规定的标准以上，并在使用过程中保持原有物质形态的资产，包括房屋及建筑物、机器设备、运输设备、工具器具等。

1. 固定资产盘盈的账务处理

对于盘盈的固定资产，经查明确属企业所有，应根据盘存凭证填制固定资产交接凭证，经有关人员签字后送交企业会计部门，填写固定资产卡片，并按重置价值减去估计价值损耗后的余额作为前期差错记入"以前年度损益调整"账户。

【例 7-6】 某企业在财产清查中，发现账外设备一台，其重置价值为 20 000 元，估计价值损耗额 12 000 元，编制如下会计分录：

借：固定资产　　20 000
　　贷：累计折旧　　12 000
　　　　以前年度损益调整　　8000

2. 固定资产盘亏的账务处理

对于盘亏的固定资产，企业应及时办理固定资产注销手续，按盘亏固定资产净值，借记"待处理财产损溢"账户，按已提折旧额借记"累计折旧"账户，按其原值，贷记"固定资产”账户。按规定程序批准后，应按盘亏固定资产的原值扣除累计折旧和过失人及保险公司赔偿后的差额，借记“营业外支出”账户，同时按过失人及保险公司应赔偿额，借记“其他应收款”账户，按盘亏固定资产的净值，贷记“待处理财产损溢”账户。

【例 7-7】 某企业在财产清查中，发现盘亏设备一台，其原值为 50 000 元，已提折旧额 30 000 元，编制如下会计分录：

借：待处理财产损溢——待处理固定资产损溢　　20 000
　　累计折旧　　30 000
　　贷：固定资产　　50 000

上述盘亏设备按规定程序批准后转销，编制如下会计分录：

借：营业外支出——盘亏固定资产净损失　　20 000
　　贷：待处理财产损溢——待处理固定资产损溢　　20 000

仍如上例，如果经查明是由于过失人造成的毁损，应由过失人赔偿 10 000 元，其账务处理如下：

借：其他应收款——×××　　10 000
　　营业外支出——盘亏固定资产净损失　　10 000
　　贷：待处理财产损溢——待处理固定资产损溢　　20 000

（四）往来结算款项清查的账务处理

在财产清查中发现的长期不清的往来款项，应当及时清查，对于经查明确实无法支付的应付款项和无法收回的应收款项，可按规定程序报经批准后，分别转作当期损益和列作坏账损失。

【例 7-8】 某企业在财产清查中，查明应付某单位的货款 500 元确实无法支付，经批准转作营业外收入。编制如下会计分录：

借：应付账款——某单位　　500
　　贷：营业外收入　　500

【例 7-9】 某工厂在财产清查中，查明应收某单位的货款 4000 元，过期已久，经再三催要只收回 3000 元，转存开户银行，其余 1000 元作为坏账损失。

收回的 3000 元，存入银行，编制如下会计分录：

借：银行存款　　3000
　　贷：应收账款——××单位　　3000

不能收回的 1000 元，作为坏账损失处理，其会计分录如下：

借：坏账准备　　1000
　　贷：应收账款——××单位　　1000

习题七

一、单项选择题

1. 企业年终决算前，需要（　）。

A. 对所有财产进行实物盘点　　B. 对重要财产进行局部清查
C. 对所有财产进行全面清查　　D. 对流动性较大的财产进行重点清查

2. 大堆、笨重物资的实物数量的清查方法，常用的是（　）。

A. 永续盘存制　B. 实地盘存制　C. 实物盘点法　D. 技术推算法

3. 对现金的清查方法应采用（　）。

A. 技术推算法　B. 实物盘点法　C. 实地盘存制　D. 查询核对法

4. 银行存款的清查是将银行存款日记账记录与（　）核对。

A. 银行存款收款、付款凭证　B. 总分类账银行存款科目

C. 银行对账单　D. 开户银行的会计记录

5. 对于长期挂账的应付账款，在批准转销时应记入（　）科目。

A. 营业外支出　B. 营业外收入

C. 资本公积　D. 待处理财产损溢

6. 采用实地盘存制时，财产物资的期末结存数就是（　）。

A. 账面结存数　B. 实地盘存数　C. 收支抵减数　D. 滚存结余数

二、多项选择题

1. 采用实物盘点法的清查对象有（　）。

A. 固定资产　B. 材料　C. 银行存款　D. 现金

2. 通过财产清查要求做到（　）。

A. 账物相符　B. 账款相符　C. 账账相符　D. 账证相符

3. 企业银行存款日记账账面余额大于银行对账单余额的原因有（　）。

A. 企业账簿记录有差错　B. 银行账簿记录有差错

C. 企业已作收入入账，银行未达　D. 银行已作支出入账，企业未达

4. 财产清查中遇到有账实不符时，用以调整账簿记录的原始凭证有（　）。

A. 实存账存对比表　B. 现金盘点报告表

C. 银行对账单　D. 银行存款余额调节表

5. 查询核对法一般适用于（　）的清查。

A. 债权债务　B. 银行存款　C. 现金　D. 往来款项

三、判断题

1. 全面清查可以定期进行，也可以不定期进行。（　）

2. 通过银行存款余额调节表可以检查账簿记录上存在的差错。（　）

3. 对于银行存款的未达账项应编制银行存款进行调节，同时将未达账项编成记账凭证登记入账。（　）

4. 在债权债务往来款项中，也存在未达账项。（　）

5. 存货的盘亏、毁损和报废，在报经批准后均应记入“管理费用”科目。（　）

6. 各种财产物资发生盘盈、盘亏和毁损，在报经批准以前都必须先记入“待处理财产损溢”科目。（　）

7. 局部清查一般适用于流动性较大的财产物资和货币资金的清查。（　）

8. 进行财产清查，如发现账面数小于实存数，即为盘亏。（　）

四、计算分析题

【资料】华夏公司 2015 年 6 月 30 日银行存款日记账余额为 80 000 元，银行对账单上的余额为 82 425 元，经过逐笔核对发现有下列未达账项：

（1）企业于6月30日存入从其他单位收到的转账支票一张计8000元，银行尚未入账；

（2）企业于6月30日开出的转账支票6000元，现金支票500元，持票人尚未到银行办理转账和取款手续，银行尚未入账；

（3）委托银行代收的外埠货款4000元，银行已经收到入账，但收款通知尚未到达企业；

（4）银行受运输机构委托代收运费，已经从企业存款中付出150元，但企业尚未接到转账付款通知；

（5）银行计算企业的存款利息75元，已经记入企业存款户，但企业尚未入账。

【要求】编制“银行存款余额调节表”。

五、会计分录题

【资料】某工厂年终进行财产清查，在清查中发现下列事项：

（1）盘亏水泵一台，原价5200元，账面已提折旧2400元。

（2）发现账外机器一台，估计重置价值为10 000元，净值为6000元。

（3）甲材料账面余额455kg，价值19 110元，盘存实际存量445kg，经查明其中7kg为定额损耗，3kg为日常收发计量差错。

（4）乙材料账面余额为156kg，价值3800元，盘存实际存量为151kg，缺少数为保管人员失职造成的损失。

（5）丙材料盘盈30kg，每千克30元，经查明其中25kg为代其他工厂加工剩余材料，该厂未及时提回，其余属于日常收发计量差错。

（6）经检查其他应收款，尚有某运输公司欠款250元，属于委托该公司运输材料，由于装卸工疏忽造成的损失，已确定由该公司赔偿，但该公司已撤销，无法收回。

【要求】根据上述资料，编制相关会计分录。

第八章 会 计 报 表

学习本章，要求在理解会计报表的作用、种类和编制要求的基础上，重点掌握资产负债表、利润表、利润分配表的结构、原理和编制方法；了解现金流量表的概念、结构和作用；了解会计报表的报送、审批和汇总。

第一节 会计报表概述

一、会计报表的概念和作用

财务会计报告，是指企业对外提供的反映企业某一特定日期财务状况和某一会计期间经营成果、现金流量的书面文件。根据《企业财务会计报告条例》的规定，企业应当定期编制和对外提供真实、完整的财务会计报告。财务报告包括会计报表、报表附注和财务情况说明书三个主要部分。在财务会计报告体系中，会计报表是核心部分，是向信息使用者传递会计信息的主要手段。

会计报表是综合反映企业某一特定日期的资产、负债和所有者权益状况，以及某一特定时期的经营成果和现金流量情况的书面文件。它是企业根据日常的会计核算资料归集、加工和汇总后形成的，是企业会计核算的最终成果。

企业日常发生的各项经济业务，经过填制和审核会计凭证，运用复式记账法按规定的会计科目进行分类核算，连续、系统地记入有关账簿中，通过日常会计记录反映企业一定时期的经济活动情况及其结果，为经济管理提供了必要的信息。在账簿中记录的会计信息，虽然比会计凭证反映的信息更加条理化、系统化，但就某一会计期间的经济活动的整体情况而言，其所能提供的仍然是分散的、部分的会计信息，因而不能集中地揭示和反映该会计期间经济活动和财务收支的全貌。为了便于进一步发挥会计的职能作用，企业必须对日常核算资料进行整理、分类、计算和汇总，编制成相应的会计报表，为有关方面提供总括性的信息资料。

会计报表的作用一般可以概括为以下五个方面：

（一）为投资者充分了解企业财务状况进行投资决策提供必要的信息资料

企业的投资者，关心投资报酬和投资风险，在投资前需了解单位的资金状况和经济活动情况，以做出正确的投资决策；投资后，需了解企业的经营成果、资金使用状况以及支付资金报酬的情况等资料。会计报表可以全面、系统地向投资者提供其所需要的信息资料，满足其投资决策的需要。

（二）为企业的债权人提供该企业的资金运转情况、偿债能力和支付能力的信息资料

贷款人是市场经济条件下企业的重要债权人，包括银行、非银行金融机构、债券购买者等，他们需要了解企业支付利息和偿还债务能力的资料。商业债权人是市场经济条件下企业又一重要的债权人，他们通过供应材料、设备及劳务等交易成为企业的债权人，需要企业有关偿债能力的资料。会计报表可以提供以上资料，以供债权人做出信贷或赊销的决策。

(三)为企业内部的经营管理者和职工群众进行日常经营管理,提供必要的信息资料

企业的经营管理者,需要经常不断地考核、分析企业财务状况和经营成果,评价企业的管理工作;总结经验,查明问题存在的原因,改进工作、提高管理水平;预测经济前景、进行经营决策。会计报表可以为其提供经营活动过程及结果的全面、完整、系统的数据资料,以便单位的经营管理者做出正确的决策,使企业的生产经营活动良性发展。

企业的职工、职工代表大会及工会组织,也可以通过会计报表提供的数据资料,更好地参与企业的经营管理,为企业的生存和发展做出更大的贡献。

(四)为财政、工商、税务等行政管理部门提供对企业实施管理和监督的信息资料

财政、工商、税务等行政管理部门,履行国家管理企业的职能,检查企业的资金使用情况、利润的形成和分配情况、税金的计算和缴纳情况以及企业财经纪律的遵守情况等。会计报表为上述各部门提供必要的数据资料,以便其对企业实施管理和监督。

(五)为审计机关检查、监督各企业的生产经营活动,提供必要的信息资料

审计机关的审计工作是从会计报表审计开始的,会计报表为审计工作提供详尽、全面的数据资料,并为凭证和账簿的进一步审计指明方向。

二、会计报表的种类

会计报表是一个完整的报表体系,它是由各种不同类型的会计资料组成的。不同性质的会计主体,由于核算的具体内容和管理的要求不同,其会计报表的种类也不尽相同。为了全面了解会计报表的内容和结构,掌握其编制方法,必须对会计报表进行科学的分类。一般来说,会计报表可按以下不同的标志进行分类:

(一)按会计报表反映的经济内容不同可分为资产负债表、利润表、现金流量表、所有者权益变动表

资产负债表是反映企业在某一特定日期的财务状况的会计报表;利润表是反映企业在一定会计期间的经营成果的会计报表;现金流量表是反映企业在一定会计期间的现金和现金等价物流入和流出情况的会计报表;所有者权益变动表是反映企业构成所有者权益的组成部分当前的增减变动情况的会计报表。

(二)按会计报表所反映的资本周转方式不同可分为静态报表和动态报表两类

静态报表是指反映企业一定时点上资产、负债和所有者权益状况的会计报表,如资产负债表;动态报表是指反映企业一定时期内经营成果和经营活动情况的会计报表,如利润表、现金流量表。

(三)按编报时间不同可以分为月报、季报、半年报和年报

月报要求简明扼要,及时反映;年报要求揭示完整,反映全面;而季报和半年报在会计信息的详细程度方面,则介于月报和年报之间。月报、季报、半年报以及短于一年期的报告又称中期报告。

(四)按编制单位不同可以分为单位报表和合并报表

单位报表是指由企业在自身会计核算基础上对账簿记录进行加工而编制的会计报表,它主要用以反映企业自身的财务状况、经营成果和现金流量情况。当企业对其他单位的投资占该单位的注册资本总额50%(不含50%)以上,或虽然占该单位注册资本总额不足50%但具有实质控制权,形成母子公司关系时,应以母公司和子公司组成的企业集团为会计主体,根据母公司和子公司的会计报表,由母公司编制综合反映企业集团财务状况、经营成果及现

金流量的合并会计报表。

（五）按服务对象不同分为内部报表和外部报表

内部报表是指为满足企业内部经营管理需要而编制的会计报表，它一般不需由《企业会计制度》规定统一的格式，也没有统一的编制要求，一般也无需对外公开，如期间费用报表。外部报表则是指企业向外提供的会计报表，主要供投资者、债权人、政府部门和社会公众等有关方面使用，《企业会计制度》对其规定了统一的格式和编制要求，如资产负债表、利润表、现金流量表等。本章所述的会计报表是外部报表中的几个主要报表。

三、会计报表的编制要求

为了充分发挥会计报表的作用，财政部统一制定了会计报表的种类、格式、内容和编制方法，企业应严格地按照统一规定填制和上报，保证会计报表口径一致，以便于各有关方面利用会计报表，了解、考核和管理企业的经济活动。

为了保证会计报表的质量，企业编制会计报表必须符合以下要求：

（一）数据真实

会计报表各项目的数据必须建立在真实可靠的基础之上，使企业会计报表能够如实地反映企业的财务状况、经营成果和现金流量。因此，会计报表必须根据核实无误的账簿及相关资料编制，不得以任何方式弄虚作假。如果会计报表所提供的资料不真实或可靠性很差，则不仅不能发挥会计报表的应有作用，还会由于错误的信息，导致会计报表使用者对企业的财务状况、经营成果和现金流量作出错误的评价与判断，致使报表使用者作出错误的决策。

（二）内容完整

会计报表必须按照统一规定的种类和内容填报，不得漏填漏报。每份报表应填列的指标，无论是表内项目，还是附注资料都要填列齐全，完整地反映企业财务活动的过程和结果，以满足各有关方面对会计信息资料的需要。

（三）编报及时

企业会计报表所提供的信息资料，应当具有很强的时效性。只有及时编制和报送会计报表，才能为使用者提供决策所需的信息资料。否则，即使会计报表的编制非常真实可靠、全面完整，但由于编报不及时，也可能失去其应有的价值。随着市场经济和信息技术的迅速发展，会计报表的及时性要求将变得日益重要。

（四）便于理解

可理解性是指会计报表提供的信息可以为使用者所理解。企业对外提供的会计报表是为广大会计报表使用者提供企业过去、现在和未来的有关资料，为企业目前或潜在的投资者和债权人提供决策所需的会计信息，因此，编制的会计报表应清晰明了。如果提供的会计报表不可理解，使用者就不能据以作出准确的判断，所提供的会计报表的作用也会大大降低。

第二节 资 产 负 债 表

一、资产负债表的概念和作用

资产负债表是反映企业某一特定日期（如月末、季末、年末等）财务状况的会计报表。它是根据“资产＝负债＋所有者权益”这一会计等式，依照一定的分类标准和顺序，将企业在一定日期的全部资产、负债和所有者权益项目进行适当分类、汇总、排列后编制而成的，又称静态报表或存量报表。

资产负债表的具体作用如下：

（1）资产负债表提供了企业所掌握的经济资源及其分布的情况，经营者据此可以分析企业资产分布是否合理。

（2）资产负债表总括反映了企业资金的来源渠道和构成情况，投资者和债权人据此可以分析企业资本结构的合理性及其所面临的财务风险。

（3）通过对资产负债表的分析，可以了解企业的财务实力、短期偿债能力和支付能力，投资者和债权人据此可以作出相应的决策。

（4）通过对前、后期资产负债表的对比分析，可以了解企业资金结构的变化情况，经营者、投资者和债权人据此可以掌握企业财务状况的变化情况和变化趋势。

二、资产负债表的格式和内容

（一）资产负债表的格式

目前，国际上流行的资产负债表格式主要有账户式和报告式两种。

账户式资产负债表，是将报表分为左右两方，左方列示资产项目，右方列示负债和所有者权益项目，从而使资产负债表左右两方平衡。其格式如表 8-1 所示。

表 8-1　　资产负债表（账户式）

编制单位：　　年　月　日　　（单位：元）

资产	行次	年初数	期末数	负债及所有者权益	行次	年初数	期末数
流动资产				流动负债			
长期投资				长期负债			
固定资产				递延所得税负债			
无形资产及其他资产				负债合计			
递延所得税资产				实收资本（或股本）			
				资本公积			
				盈余公积			
				未分配利润			
				所有者权益合计			
资产总计				负债及所有者权益合计			

报告式资产负债表，是将资产负债表的项目自上而下排列，首先列示资产的数额，然后列示负债的数额，最后列示所有者权益的数额。其格式如表 8-2 所示。

表 8-2　　资产负债表（报告式）

编制单位：　　年　月　日　　（单位：元）

项　　目	行次	年初数	期末数
资产：			
流动资产			
长期投资			
固定资产			
无形资产及其他资产			

续表

项　　目	行次	年初数	期末数
递延所得税资产			
资产合计			
负债：			
流动负债			
长期负债			
递延所得税负债			
负债合计			
所有者权益：			
实收资本（或股本）			
资本公积			
盈余公积			
未分配利润			
所有者权益合计			

根据我国《企业会计制度》的规定，我国企业的资产负债表统一采用账户式格式。

（二）资产负债表的内容

资产负债表的内容主要反映资产、负债和所有者权益三个方面，并且每一方面的项目内容都需要按其特征进行分类，按规定的顺序加以排列。其分类排列情况如下：

（1）资产项目分为流动资产和非流动资产两大部分。按流动性大小顺序排列，流动资产排在前，主要包括货币资金、交易性金融资产、应收票据、应收账款、其他应收款、预付账款、存货和一年内到期的长期债权投资等，在应收票据、应收账款、其他应收款、预付账款、存货项目计提了坏账准备或跌价准备的情况下，资产负债表中关于该类资产的列示应为抵减了坏账准备或各项减值后的净额。非流动资产排在后，主要包括长期股权投资、在建工程、固定资产、无形资产及其他资产等，在长期股权投资、在建工程、固定资产、无形资产因发生减值而计提了减值准备的情况下，资产负债表中关于该类资产的列示应为抵减了各项减值准备后的净额。

（2）负债项目分为流动负债和长期负债两大部分。按偿还时间先后顺序排列，流动负债在前，主要包括短期借款、应付票据、应付账款、预收账款、应付职工薪酬、应交税费、应付股利、其他应付款、一年内到期的长期负债和其他流动负债等；长期负债排在后，主要包括长期借款、应付债券、长期应付款、专项应付款、预计负债和其他长期负债等。

（3）所有者权益项目一般按永久性递减顺序排列，主要包括实收资本（或股本）、资本公积、库存股、盈余公积、未分配利润五部分。

三、资产负债表的编制方法

资产负债表各项目均应分别填列“年初数”和“期末数”两栏。其中：

“年初数”栏内各项目数字，应根据上年末资产负债表的“期末数”栏内所列数字填列。如果本年度资产负债表规定的各项目的名称和内容与上年不一致，则应对上年末资产负债表各项目的名称和数字按照本年度的规定进行调整，填入本表“年初数”栏内。

“期末数”则可为月末、季末或年末的数字。由于报表项目与会计科目并不完全一致，因而该表的期末数有下列几种填列方式。

(1) 根据总账科目余额填列。如“交易性金融资产”、“短期借款”、“应付票据”、“应付职工薪酬”等项目，应根据“交易性金融资产”、“短期借款”、“应付票据”、“应付职工薪酬”各总账科目的余额直接填列；有些项目则需要根据几个总账科目的期末余额计算填列，如“货币资金”项目，需根据“库存现金”、“银行存款”、“其他货币资金”3个总账科目的期末余额的合计数填列。

(2) 根据明细科目余额计算填列。如“应付账款”项目，需要根据“应付账款”和“预付账款”两个科目所属的相关明细科目的期末贷方余额计算填列；“预收账款”项目，需要根据“预收账款”和“应收账款”两个科目所属的相关明细科目的期末贷方余额计算填列。“预付账款”项目，需要根据“预付账款”科目所属的相关明细科目的期末借方余额减去其计提的坏账准备后的余额和“应付账款”科目所属的各明细科目的借方余额计算填列。“应收账款”项目，需要根据“应收账款”科目所属的相关明细科目的期末借方余额减去其计提的坏账准备后的余额和“预收账款”科目所属的相关明细科目的期末借方余额计算填列。

(3) 根据总账科目和明细科目余额分析计算填列。如“长期借款”项目，需要根据“长期借款”总账科目余额扣除“长期借款”科目所属的明细科目中将在1年内到期且企业不能自主地将清偿义务展期的长期借款后的金额计算填列。

(4) 根据有关科目余额减去其备抵科目余额后的净额填列。如资产负债表中的“应收票据”、“长期股权投资”、“在建工程”等项目，应根据“应收票据”、“长期股权投资”、“在建工程”等项目的期末余额减去“坏账准备”、“长期股权投资减值准备”、“在建工程减值准备”等科目的余额后的净额填列。“固定资产”项目，应当根据“固定资产”科目的期末余额减去“累计折旧”、“固定资产减值准备”备抵科目余额后的净额填列；“无形资产”项目，应当根据“无形资产”科目的期末余额减去“累计摊销”、“无形资产减值准备”备抵科目余额后的净额填列。

(5) 综合运用上述填列方法分析填列。如资产负债表中的“存货”项目，需要根据“原材料”、“委托加工物资”、“周转材料”、“材料采购”、“在途物资”、“发出商品”、“材料成本差异”等总账科目的期末余额的分析汇总数，再减去“存货跌价准备”科目后的余额后的净额填列。

此外，资产负债表附注与附列资料的数据应根据有关账簿记录分析填列，必要时加以文字说明和解释。

下面举例说明资产负债表的编制方法。

【例8-1】 某股份有限公司2014年12月31日有关账户余额如表8-3所示，根据表8-3所给资料，编制该股份有限公司2014年12月31日资产负债表，如表8-4所示。

表8-3 **总分类账户余额表** (单位：元)

会计科目	借方余额	会计科目	贷方余额
现金	4500	短期借款	230 000
银行存款	755 000	应付票据	100 000
其他货币资金	350 000	应付账款	400 000
应收票据	80 000	其他应付款	3000

续表

会计科目	借方余额	会计科目	贷方余额
应收账款	700 000	应付职工薪酬	18 000
坏账准备	－3500		
预付账款	90 000	应交税费	128 500
其他应收款	10 000		
原材料	970 000	长期借款	2 000 000
周转材料	25 000	应付债券	500 000
		实收资本	5 000 000
库存商品	280 000	盈余公积	500 000
长期股权投资	260 000	利润分配—未分配利润	
固定资产	5 800 000		286 500
累计折旧	－1 160 000		
在建工程	440 000		
无形资产	280 000		
长期待摊费用	60 000		
合计	9 166 000	合计	9 166 000

表 8－4 **资 产 负 债 表** 会企 05 表

编制单位：某股份有限公司 2014 年 12 月 31 日 (单位：元)

资产	行次	年初数	期末数	负债和所有者权益	行次	年初数	期末数
流动资产：		(略)		流动负债：		(略)	
货币资金	1		1 109 500	短期借款	68		230 000
交易性金融资产	2		0	应付票据	69		100 000
应收票据	3		80 000	应付账款	70		400 000
应收股利	4		0	预收账款	71		0
应收利息	5		0	应付职工薪酬	72		18 000
应收账款	6		696 500				
其他应收款	7		10 000	应付股利	74		0
预付账款	8		90 000	应交税费	75		128 500
应收补贴款	9		0				
存货	10		1 500 000	其他应付款	81		3000
	11		0				
一年内到期的长期债权投资	21		0	预计负债	83		0
其他流动资产	24		0	一年内到期的长期负债	86		0
流动资产合计	31		3 486 000	其他流动负债	90		0
长期投资：				流动负债合计	100		879 500
长期股权投资	32		260 000	长期负债：			
长期债权投资	34		0	长期借款	101		2 000 000
长期投资合计	38		260 000	应付债券	102		500 000
固定资产：				长期应付款	103		0

续表

资产	行次	年初数	期末数	负债和所有者权益	行次	年初数	期末数
固定资产原价	39		5 800 000	专项应付款	106		0
减：累计折旧	40		1 160 000	其他长期负债	108		0
固定资产净值	41		4 640 000	长期负债合计	110		2 500 000
减：固定资产减值准备	42		0	递延所得税负债	111		0
固定资产净额	43		4 640 000				
工程物资	44		0	负债合计	114		3 379 500
在建工程	45		440 000	所有者权益：			
固定资产清理	46		0	实收资本（或股本）	115		5 000 000
固定资产合计	50		5 080 000	减：库存股	116		0
无形资产及其他资产：				实收资本(或股本)净额	117		5 000 000
无形资产	51		280 000	资本公积	118		0
长期待摊费用	52		60 000	盈余公积	119		500 000
其他长期资产	53		0	其中：法定公益金	120		0
无形资产及其他资产	60		340 000	未分配利润	121		286 500
递延所得税资产			0	所有者权益合计	122		5 786 500
非流动资产合计	61		5 680 000				
资产总计	67		9 166 000	负债和所有者权益合计	135		9 166 000

第三节 利 润 表

一、利润表的概念和作用

利润表是反映企业在一定会计期间（如月度、季度、年度等）经营成果的会计报表。它是根据“利润＝收入－费用＋利得－损失”这一会计等式编制的。又称损益表或动态报表。

通过利润表可以从总体上了解企业收入、成本和费用、净利润（或亏损）的实现及构成情况；同时，通过利润表提供的不同时期的比较数字（本月数、本年累计数、上年数），可以分析企业的获利能力及利润的未来变动趋势，了解投资者投入资本的保值增值情况。

由于利润既是企业经营业绩的综合体现，又是企业进行利润分配的主要依据，因此，利润表是会计报表中的一张重要报表。

二、利润表的格式和内容

利润表的格式主要有多步式利润表和单步式利润表两种。

多步式利润表是将各种收入及相关费用与支出在表中分别对应列示，进行配比，分类计算出各步的利润，来反映企业净利润的形成过程。其格式见表 8－5。

表 8－5 **利润表（多步式）**

编制单位： 年 月 （单位：元）

项 目	行次	本期金额	上期金额
一、营业收入			
减：营业成本			

续表

项 目	行次	本期金额	上期金额
营业税金及附加			
销售费用			
管理费用			
财务费用			
资产减值损失			
加：公允价值变动损益（损失以“－”号填列）			
投资收益（损失以“－”号填列）			
其中：对联营企业和合营企业的投资收益			
二、营业利润（亏损以“－”号填列）			
加：营业外收入			
减：营业外支出			
其中：非流动资产处置损失			
三、利润总额（亏损以“－”号填列）			
减：所得税费用			
四、净利润（亏损以“－”号填列）			
五、每股收益			
（一）基本每股收益			
（二）稀释每股收益			

单步式利润表是将企业当期所有的收入加在一起，然后将所有的费用加在一起，通过一次计算求出当期净利润。其格式见表 8-6。

表 8-6　　　　利润表（单步式）

编制单位：　　　　年　月　　　　（单位：元）

项 目	金 额
收入与收益：	
主营业务收入	
其他业务收入	
投资收益	
补贴收入	
营业外收入	
收入与收益合计	
费用与支出：	
主营业务成本	
营业税金及附加	
其他业务支出	
销售费用	
管理费用	
财务费用	
营业外支出	
所得税费用	
费用与支出合计	
净利润：	

单步式利润表简单明了，对一切收入和费用不分彼此先后，所表示的都是未经加工的原

始资料，便于报表阅读者理解；但不能反映利润的形成过程。多步式利润表有利于投资者对企业生产经营情况进行分析，并且可以与其他企业进行比较，还有利于预测企业今后的盈利趋势。

按照我国《企业会计制度》的规定，企业的利润表采用多步式格式。

多步式利润表的主要编制步骤如下：

第一步，计算营业利润。

营业利润＝营业收入－营业成本－营业税金及附加
－销售费用－管理费用－财务费用－资产减值损失
＋公允价值变动损益＋投资收益

其中，营业收入＝主营业务收入＋其他业务收入；营业成本＝主营业务成本＋其他业务成本

第二步，计算利润总额。

利润总额＝营业利润＋营业外收入－营业外支出

第三步，计算净利润。

净利润＝利润总额－所得税费用

第四步，计算每股收益。

普通股已经公开交易的企业，以及正处于公开发行普通股过程中的企业，还应当在利润表中列示每股收益信息。非上市公司没有此项目。

三、利润表的编制方法

（一）利润表各项目的填列方法

（1）“营业收入”项目，反映企业因经营主要业务和其他业务所确认的收入总额。本项目应根据“主营业务收入”和“其他业务收入”科目的发生额分析填列。当年发生销售退回的，应以冲减销售退回主营业务收入后的金额填列。

（2）“营业成本”项目，反映企业因经营主要业务和其他业务所发生的成本总额。本项目应根据“主营业务成本”和“其他业务成本”科目的发生额分析填列。当年发生销售退回的，应按减去销售退回商品成本后的金额填列。

（3）“营业税金及附加”项目，反映企业经营业务应负担的消费税、营业税、城市建设维护税、资源税、土地增值税和教育费附加等。本项目应根据“营业税金及附加”科目的发生额分析填列。

（4）“销售费用”项目，反映企业在销售商品过程中发生的包装费、广告费等费用和为销售本企业商品而专设的销售机构的职工薪酬、业务费等销售费用。本项目应根据“销售费用”科目的发生额分析填列。

（5）“管理费用”项目，反映企业为组织和管理生产经营而发生的管理费用。本项目应根据“管理费用”的发生额分析填列。

（6）“财务费用”项目，反映企业为筹集生产经营所需资金等而发生的筹资费用。本项目应根据“财务费用”科目的发生额分析填列。

（7）“资产减值损失”项目，反映企业各项资产发生的减值损失。本项目应根据“资产减值损失”科目的发生额分析填列。

（8）“公允价值变动损益”项目，反映企业应当计入当期损益的公允价值变动收益。本

项目应根据“公允价值变动损益”科目的发生额分析填列。如为净损失，本项目则以“－”号填列。

(9)“投资收益”项目，反映企业以各种方式对外投资所取得的收益。本项目应根据“投资收益”科目的发生额分析填列。如为投资损失，本项目则以“－”号填列。

(10)“营业利润”项目，反映企业实现的营业利润。如为亏损，本项目则以“－”号填列。

(11)“营业外收入”项目，反映企业发生的与经营业务无直接关系的各项收入。本项目根据“营业外收入”科目的发生额分析填列。

(12)“营业外支出”项目，反映企业发生的与经营业务无直接关系的各项支出。本项目应根据“营业外支出”科目的发生额分析填列。

(13)“利润总额”项目，反映企业实现的利润。如为亏损，本项目则以“－”号填列。

(14)“所得税费用”项目，反映企业应从当期利润总额中扣除的所得税费用。本项目应根据“所得税费用”科目的发生额分析填列。

(15)“净利润”项目，反映企业实现的净利润。如为亏损，本项目则以“－”号填列。

(16)“基本每股收益”、“稀释每股收益”项目应根据每股收益的相关规定计算填列。非上市公司没有此项目。

(二) 上期金额栏的列报方法

利润表“上期金额”栏内的各项数字，应根据上年该期利润表“本期金额”栏内所列的数字填列。如果上年该期利润表规定的各个项目的名称和内容同本期不相一致，应对上年该期利润表各项目的名称和数字按本期的规定进行调整，填入利润表的“上期金额”栏内。

(三) 本期金额栏的列报方法

利润表“本期金额”栏内的各项数字一般应根据损益类科目的发生额分析填列。

由于年终结账时，全年的收入和支出已全部转入“本年利润”科目，并且通过收支对比结出了本年净利润的数额。因此，应将年报中的“净利润”数字与“本年利润”科目结转到“利润分配—未分配利润”科目的数字相核对，检查报表编制和账簿记录的正确性。

下面举例说明利润表的编制方法。

【例 8－2】 某股份制企业 2014 年 12 月份有关损益类账户本月发生额及本年累计发生额资料如表 8－7 所示，根据上述所给资料，编制该企业 2014 年 12 月份利润表，如表 8－8 所示。

表 8－7　损益类账户发生额

2014 年 12 月　(单位：元)

会计科目	借方发生额		贷方发生额	
	本月数	本年累计数	本月数	本年累计数
主营业务成本	753 960	10 773 687		
营业税金及附加	16 920	314 374		
其他业务成本	48 800	759 900		
销售费用	43 300	678 800		
管理费用	31 000	510 000		

续表

会计科目	借方发生额		贷方发生额	
	本月数	本年累计数	本月数	本年累计数
财务费用	2500	42 500		
营业外支出	1560	38 624		
所得税费用	44 550	738 806		
主营业务收入			957 000	14 140 851
其他业务收入			62 800	992 000
投资收益			12 000	204 000
营业外收入			1240	19 840

表 8－8 利 润 表

编制单位：某股份制企业 2014 年 12 月 （单位：元）

项 目	行次	本期金额	上期金额
一、营业收入	1	1 019 800	（略）
减：营业成本	2	802 760	
营业税金及附加	3	16 920	
销售费用	4	43 300	
管理费用	5	31 000	
财务费用	6	2500	
资产减值损失	7	0	
加：公允价值变动损益（损失以“－”号填列）	8	0	
投资收益（损失以“－”号填列）	9	12 000	
其中：对联营企业和合营企业的投资收益	10	0	
二、营业利润（亏损以“－”号填列）	11	135 320	
加：营业外收入	12	1240	
减：营业外支出	13	1560	
其中：非流动资产处置损失	14	0	
三、利润总额（亏损以“－”号填列）	15	135 000	
减：所得税费用	16	33 750	
四、净利润（亏损以“－”号填列）	17	101 250	
五、每股收益	18	—	
（一）基本每股收益	19	—	
（二）稀释每股收益	20	—	

第四节 现 金 流 量 表

一、现金流量表的概念和作用

现金流量表是反映企业一定会计期间现金和现金等价物（以下简称现金）流入和流出情况的会计报表。它通过揭示一个企业在报告期内经营活动、投资活动和筹资活动所产生的现金流入、现金流出和现金变动净额，全面地反映了资产负债表中现金项目从期初到期末的具体变化过程。

现金流量表是联系资产负债表和利润表的桥梁。其编制目的主要是分类提供企业一定时期现金流入和现金流出信息，使会计报表使用者通过阅读现金流量表，对企业未来的现金流量作出评估，对企业的变现能力、支付股利能力、对外筹资能力和偿债能力作出评价。

一般来说，现金流量表应当有助于会计报表使用者对下列问题作出判断：

（1）企业主体将来产生有效现金流量的能力。

（2）企业主体履行支付义务和支付股利的能力。

（3）企业主体向外界筹集资金的能力。

（4）经营过程中的净收益和净现金流量之间的差异及原因。

（5）非现金投资和财务活动的影响。

二、现金流量表的编制基础与现金流量的分类

现金流量表是以现金为基础编制的。这里的“现金”，不仅包括企业的库存现金，而且还包括可随时支付的银行存款、其他货币资金，以及易于转化成现金的现金等价物。不能随时用于支付的存款，如不能随时支取的定期存款、受限制的境外存款等，不能作为现金。现金等价物是指企业持有的期限短、流动性强、易于转换为已知金额现金，价值变动风险很小的投资。其中，期限短是指从购买日起 3 个月内到期的投资。现金等价物虽然不是现金，但当企业需要时可以随时变现为已知金额现金，具有很强的支付能力，因而视同为现金。

现金流量表通常将企业一定期间内产生的现金流量划分为经营活动中产生的现金流量、投资活动产生的现金流量和筹资活动产生的现金流量三类。

1. 经营活动产生的现金流量

经营活动是指企业投资活动和筹资活动以外的所有交易和事项。经营活动的现金流入主要是指销售商品或提供劳务、税费返还等所收到的现金；经营活动的现金流出主要是指购买货物、接受劳务、制造产品、广告宣传、推销商品、交纳税款等所支出的现金。通过经营活动产生的现金流量的计算，可以反映企业经营活动对现金流入和流出净额的影响程度。

2. 投资活动产生的现金流量

投资活动是指企业固定资产、无形资产和其他长期资产的购建和处置，以及不包括在现金等价物范围内的投资及其处置活动。投资活动的现金流入主要包括收回投资收到现金，分得股利、利润或取得债券利息收入收到的现金，以及处置固定资产、无形资产和其他长期资产收到的现金等；投资活动的现金流出则是指购建固定资产、无形资产和其他长期资产所支付的现金，以及进行权益性或债权性投资等所支付的现金。因为现金等价物已视同现金，所以投资活动产生的现金流量中不包括将现金转换成现金等价物这类投资产生的现金流量。通过投资活动产牛的现金流量的计算，可以分析企业投资活动获取现金流量的能力，以及对企业现金流量净额的影响程度。

3. 筹资活动产生的现金流量

筹资活动是指导致企业资本及债务规模和构成发生变化的活动。筹资活动的现金流入主要包括吸收权益性投资以及发行债券或借款所收到的现金；筹资活动的现金流出主要包括偿还债务或减少资本所支付的现金，发生筹资费用所支付的现金，分配股利、利润或偿付利息所支付的现金等。通过筹资活动产生的现金流量的计算，可以分析企业筹资的能力，以及筹资产生的现金流量对企业现金流量净额的影响程度。

三、现金流量表的内容、结构和编制方法

现金流量表的内容和结构如表 8-9 所示。

表 8-9 **现 金 流 量 表** 会企 05 表

编制单位： 年度 （单位：元）

项 目	行 次	金 额
一、经营活动产生的现金流量：		
销售商品、提供劳务收到的现金	1	
收到的税费返还	3	
收到的其他与经营活动有关的现金	8	
现金流入小计	9	
购买商品、接受劳务支付的现金	10	
支付给职工以及为职工支付的现金	12	
支付的各项税费	13	
支付的其他与经营活动有关的现金	18	
现金流出小计	20	
经营活动产生的现金流量净额	21	
二、投资活动产生的现金流量：		
收回投资所收到的现金	22	
取得投资收益所收到的现金	23	
处置固定资产、无形资产和其他长期资产所收到的现金净额	25	
收到的其他与投资活动有关的现金	28	
现金流入小计	29	
购建固定资产、无形资产和其他长期资产所支付的现金	30	
投资所支付的现金	31	
支付的其他与投资活动有关的现金	35	
现金流出小计	36	
投资活动产生的现金流量净额	37	
三、筹资活动产生的现金流量：		
吸收投资所收到的现金	38	
借款所收到的现金	40	
收到的其他与筹资活动有关的现金	43	
现金流入小计	44	
偿还债务所支付的现金	45	
分配股利、利润或偿付利息所支付的现金	46	
支付的其他与筹资活动有关的现金	52	
现金流出小计	53	
筹资活动产生的现金流量净额	54	
四、汇率变动对现金的影响	55	
五、现金及现金等价物净增加额	56	
补充资料		
1. 将净利润调节为经营活动现金流量：		
净利润	57	
加：计提的资产减值准备	58	
固定资产折旧	59	
无形资产摊销	60	

续表

项 目	行 次	金 额
长期待摊费用摊销	61	
处置固定资产、无形资产和其他长期资产的损失（减：收益）	66	
固定资产报废损失	67	
财务费用	68	
投资损失（减：收益）	69	
递延税款贷项（减：借项）	70	
存货的减少（减：增加）	71	
经营性应收项目的减少（减：增加）	72	
经营性应付项目的增加（减：减少）	73	
其他	74	
经营活动产生的现金流量净额	75	
2. 不涉及现金收支的投资和筹资活动：		
债务转为资本	76	
一年内到期的可转换公司债券	77	
融资租入固定资产	78	
3. 现金及现金等价物净增加情况：		
现金的期末余额	79	
减：现金的期初余额	80	
加：现金等价物的期末余额	81	
减：现金等价物的期初余额	82	
现金及现金等价物净增加额	83	

由于现金流量表编制工作比较复杂，故本书不作详细说明。现金流量表各项目的具体编制方法将在《财务会计》中阐述。

第五节 会计报表的报送、审批和汇总

一、会计报表的报送

各单位的会计报表在编制完成以后，必须由单位负责人、总会计师、会计机构负责人、会计主管人员分别审核、签名并盖章，以保证上报会计报表的质量。单位负责人对会计报表的合法性、真实性负法律责任。经过审核无误的会计报表，应当依次编定页数，加具封面，装订成册，加盖单位公章。封面上应当注明：单位名称、地址、会计报表所属年度或者月份、报出日期等。

会计报表时效性很强。为了充分发挥会计报表的作用，必须规定统一的报送期限。报表报送期限的规定，应当考虑需要会计报表的各部门和单位能够及时地收到报表，以便于他们对企业的经营活动和财务工作进行领导和监督，并便于上级报表汇总单位及时汇总报表。同时也应考虑到各级编报单位的会计机构的组织形式，编制工作量的大小，以及其他一些客观条件的可能性，如编制单位所在地交通、通信条件等情况，使需要与可能相结合，使会计报

表所反映的财务信息和资料及早地传递到信息的使用者手中。

报出的会计报表如发现错误，应当及时办理更正手续。除更正本单位留存的会计报表外，并应同时通知接受会计报表的单位更正。错误较多的，应当重新编制。根据法律和国家有关规定应当对会计报表进行审计的，会计报表编制单位应当先行委托注册会计师进行审计，并将注册会计师出具的审计报告随会计报表按规定的期限报送有关部门。

会计报表应报送哪些单位，这取决于企业管理体制和国家经济管理及会计监督工作的需要。一般来说，基层单位会计报表主要报送上级管理部门，同时应报送财政、税务、审计、统计等部门。股票发行上市的股份有限公司的会计报表还应报送证券交易机构和证券监督机构，以便这些部门和机构能及时地利用各单位会计报表的信息资料，发挥这些部门的职能作用。

二、会计报表的审批

上级主管部门收到所属单位报来的会计报表后，应当认真进行审核。会计报表的审核应当包括两个内容：一是审核报表是否存在技术性差错，如报表数字是否正确、项目是否填列齐全、指标数据是否相互衔接、补充资料是否完整无缺等；二是审核报表的内容是否符合各项政策和规定的要求，如资金使用是否符合有关规定、财务成果的形成和分配有无违反财经纪律和弄虚作假的现象等。在报表审核过程中如果发现违反财经纪律和有关法规等情况，应及时查明原因、及时纠正，严肃处理。上级部门对所属单位上报的报表审核之后，要进行批复。企业对上级主管部门的批复意见，应认真研究执行，需要调整账务的须及时进行调整。经过批复的会计报表是重要的经济档案，应按规定妥善保存。

财政、税务、审计、银行等部门也应对企业报送的会计报表进行必要的审核。审核企业的会计报表，是为了加强财政监督、税务监督、审计监督和信贷监督等，以便促进企业遵守各项财经法规和政策。

三、会计报表的汇总

在社会主义市场经济体制下，各单位会计报表中反映的财务状况和经营状况是整个国民经济宏观管理和调控的组成部分。为了满足国民经济宏观管理和调控的需要，及时掌握和控制整个社会经济的运转情况和计划完成情况，以加强经济管理，各单位编制的会计报表必须按照隶属关系逐级上报。各级主管部门对所属单位报送的会计报表，要逐级汇总。通过汇总的会计报表，反映了该部门、该系统的总体经营管理情况及其财务成果，是加强部门经济管理和综合平衡的重要数据资料。

汇总会计报表的填制要求是单位齐全、期限统一、指标完整、口径一致。单位齐全是指汇总的各个独立编制报表的单位必须齐全，不能缺报一个单位或一种报表。期限统一是指各个会计期间的报表应按相同期间汇总。指标完整是指表内项目和补充资料必须逐项填列，需要重新计算的项目必须重新计算填列，应抵消的重复数字必须按规定的方法和内容进行抵消。口径一致是指汇总的各个会计报表的指标内涵一致。

汇总会计报表是一项复杂的工作，为了保证汇总报表的质量，减少差错，及时满足有关方面的需要，在汇总会计报表时，应采用先审核后汇总的程序。首先审核所属企业上报的会计报表是否齐全，然后审核所属单位上报的会计报表是否正确。只有在单位会计报表审核无误的情况下，才能编制汇总会计报表，并将汇总会计报表及时报送有关部门。

习题八

一、单项选择题

1. 下列项目中不应列入资产负债表中“存货”项目的是（　　）。

A. 委托代销商品　　B. 分期收款发出商品
C. 工程物资　　D. 受托代销商品

2. 某企业“应收账款”明细账借方余额合计为 280 000 元，贷方余额合计为 73 000 元，坏账准备贷方余额为 680 元，则资产负债表的“应收账款净额”项目为（　　）元。

A. 207 000　　B. 279 320　　C. 606 320　　D. 280 000

3. 资产负债表中资产的排列顺序是（　　）。

A. 项目收益性　　B. 项目重要性　　C. 项目流动性　　D. 项目时间性

4. 下列资产负债表项目中，不可以直接根据总分类账户期末余额填列的项目是（　　）。

A. 资本公积　　B. 短期借款　　C. 长期借款　　D. 应付股利

5. 下列资产负债表项目中，应根据相应总账账户期初期末余额直接填列的项目是（　　）。

A. 短期借款　　B. 应收票据　　C. 长期债权投资　　D. 预付账款

6. 最关心企业盈利能力和利润分配政策的会计报表使用者是（　　）。

A. 股东　　B. 供货商　　C. 潜在投资者　　D. 企业职工

7. 我国利润表采用（　　）格式。

A. 账户式　　B. 报告式　　C. 单步式　　D. 多步式

8. 利润分配表是（　　）的附表。

A. 资产负债表　　B. 利润表　　C. 现金流量表　　D. 合并报表

9. 现金流量表是以（　　）为基础编制的会计报表。

A. 权责发生制　　B. 收付实现制　　C. 应收应付制　　D. 费用配比制

10. 下列属于“投资活动现金流量”的是（　　）。

A. 取得短期借款 3000 元存入银行　　B. 向股东分配现金股利 2000 元
C. 销售商品 10 000 元，款项存入银行　　D. 用存款购买机器一台 5000 元

二、多项选择题

1. 下列各项中不能用总账余额直接填列的项目有（　　）。

A. 应付票据　　B. 固定资产　　C. 应收票据　　D. 应收账款

2. 编制资产负债表时，需根据有关资产科目与其备抵科目抵消后的净额填列的项目有（　　）。

A. 无形资产　　B. 长期借款
C. 应收账款　　D. 交易性金融资产

3. 会计报表按编制单位不同分类可以为（　　）。

A. 静态报表　　B. 动态报表　　C. 单位报表　　D. 合并报表

4. 资产负债表中的“存货”项目反映的内容包括（　　）。

A. 分期收款发出商品　　B. 委托代销商品　　C. 委托加工物资

D. 生产成本　　　　　　E. 库存商品

5. 资产负债表中的“货币资金”项目，应根据（　）科目期末余额的合计数填列。

A. 备用金　　　　　　B. 现金

C. 银行存款　　　　　　D. 其他货币资金

6. 能计入利润表中“营业利润”的项目有（　）。

A. 主营业务收入　B. 管理费用　　C. 投资收益　　D. 所得税

7. 利润总额包括的内容有（　）。

A. 主营业务利润　　　　　　B. 其他业务利润

C. 期间费用　　　　　　D. 营业外收支净额

8. 会计信息的使用者包括（　）。

A. 企业投资者　　　　　　B. 企业债权人

C. 政府及其相关机构　　　　　　D. 潜在投资者和债权人

9. 下列关于利润分配表说法正确的是（　）。

A. 它是会计报表的主表

B. 其数据主要从“利润分配”科目有关明细科目得出

C. 它可以反映企业一定期间的利润分配情况和亏损弥补情况

D. 它是利润表的附表

10. 编制会计报表的要求是（　）。

A. 内容完整　　B. 编报及时　　C. 数字真实　　D. 便于理解

三、判断题

1. 会计报表应当根据经过审核的会计账簿记录和有关资料编制。（　）

2. 资产负债表中的“应收账款”项目，应根据“应收账款”和“预付账款”科目所属明细科目的借方余额合计数填列。（　）

3. 编制会计报表的主要目的就是为会计报表使用者决策提供信息。（　）

4. 我国利润表的格式采用多步式。（　）

5. 资产负债表反映的是单位在一定时期财务状况具体分布的报表。（　）

6. 资产负债表中的“短期借款”项目，应按该科目的总账余额直接填列。（　）

7. 利润表是根据损益账户本期发生额填列的。（　）

8. “利润分配”总账的年末余额一定与资产负债表中未分配利润项目的数额一致。（　）

9. 现金流量表中的“现金”即为货币资金。（　）

10. 资产负债表的编制依据为“资产＝负债＋所有者权益”。（　）

四、计算分析题

1. 甲企业 2014 年 12 月 31 日有关账户的余额如下：

应收账款——A　24 000 元　（贷方）

　　　　——B　21 000 元　（借方）

　　　　——C　35 000 元　（贷方）

　　　　——D　17 000 元　（借方）

预收账款——E　16 000 元　（借方）

——F　25 000元　（贷方）

预付账款——G　42 000元　（贷方）

——H　31 000元　（借方）

【要求】计算填列资产负债表中以下项目：

（1）“应收账款”项目；

（2）“应付账款”项目；

（3）“预收账款”项目；

（4）“预付账款”项目。

2. 某企业2014年1月1日至12月31日损益类科目累计发生额如下：

主营业务收入3750万元（贷方）　主营业务成本1375万元（借方）

营业税金及附加425万元（借方）　销售费用500万元（借方）

管理费用250万元（借方）　财务费用250万元（借方）

投资收益500万元（贷方）　营业外收入250万元（贷方）

营业外支出200万元（借方）　其他业务收入750万元（贷方）

其他业务支出450万元（借方）　所得税费用600万元（借方）

【要求】计算该企业2014年的营业利润、利润总额和净利润。

3. M公司为一般纳税人，该公司2014年12月31日的资产负债表有关资料见表8-10。

表8-10　　**资产负债表**

会企01表

编制单位：M公司　　2014年12月31日　　（单位：万元）

资　　产	期末余额	年初余额	负债及所有者权益（或股东权益）	期末余额	年初余额
流动资产：			流动负债：		
货币资金	250		短期借款	130	
交易性金融资产	40		交易性金融负债		
应收票据	15		应付票据	80	
应收账款	15		应付账款	50	
预付账款	1		预收账款	2	
应收利息			应付职工薪酬	2	
应收股利			应交税费	105	
其他应收款	2		应付利息		
存货	120		应付股利		
一年内到期的非流动资产			其他应付款	1	
其他流动资产			一年内到期的非流动负债		
流动资产合计	443		其他流动负债		
非流动资产：			流动负债合计	370	
可供出售金融资产			非流动负债：		

续表

资　产	期末余额	年初余额	负债及所有者权益（或股东权益）	期末余额	年初余额
持有至到期投资			长期借款	230	
长期应收款			应付债券	100	
长期股权投资	112		长期应付款		
投资性房地产			专项应付款		
固定资产	1200		预计负债		
在建工程	85		递延所得税负债		
工程物资			其他非流动负债		
固定资产清理			非流动负债合计	330	
生产性生物资产			负债合计	700	
油气资产			所有者权益（或股东权益）:		
无形资产	10		实收资本（或股本）	1000	
开发支出			资本公积		
商誉			减：库存股		
长期待摊费用			盈余公积	80	
递延所得税资产			未分配利润	70	
其他非流动资产			所有者权益（或股东权益）合计	1150	
非流动资产合计	1407				
资产总计	1850		负债和所有者权益（或股东权益）总计	1850	

M公司2014年年末有关账户余额表如表8－11所示：

表8－11 账户余额表

单位名称　M公司　　2014年12月31日　　（单位：万元）

账户名称	借方余额	账户名称	贷方余额
库存现金	0.31	短期借款	5
银行存款	23	应付票据	10
其他货币资金	1	应付账款	30
应收票据	7	其他应付款	0.5
应收账款	80	应付职工薪酬	7.1
坏账准备	－1.98	应交税费	25.95
预付账款	9	长期借款	176
其他应收款	1	实收资本	510
材料采购	40	盈余公积	64.55
原材料	40	利润分配（未分配利润）	47.6
生产成本	30		

续表

账户名称	借方余额	账户名称	贷方余额
低值易耗品	10		
库存商品	9.09		
固定资产	689.48		
累计折旧	−108		
在建工程	11.8		
无形资产	35		
合计	876.7	合计	876.7

【要求】根据上述资料编制 M 公司 2014 年末的资产负债表。

4. 假定上例中 M 公司 2014 年各损益类账户的累计余额如下：

主营业务收入	12 000 万元
主营业务成本	10 000 万元
营业税金及附加	200 万元
销售费用	1000 万元
管理费用	400 万元
财务费用	200 万元
投资收益	50 万元
营业外收入	150 万元
营业外支出	50 万元
所得税费用	115.5 万元

【要求】根据上述资料编制 M 公司 2014 年的利润表。

第九章 账务处理程序

学习本章内容，要求理解账务处理程序的意义和设计的基本要求，重点掌握记账凭证、科目汇总表和汇总记账凭证三种账务处理程序的基本内容、一般程序、优缺点及其适用范围。

第一节 账务处理程序概述

一、账务处理程序的意义

账务处理程序，也称会计核算组织程序或会计核算形式，是指会计凭证、会计账簿、会计报表相结合的方式。包括会计凭证和会计账簿的种类、格式，会计凭证与账簿之间的联系方法，由原始凭证到编制记账凭证、登记明细分类账和总分类账、编制会计报表的工作程序和方法等。

会计凭证、会计账簿、会计报表之间的结合方式不同，就形成了不同的账务处理程序，不同的账务处理程序又有不同的方法、特点和适用范围。科学、合理地选择适用于本单位的账务处理程序，对于有效地组织会计核算具有重要意义：

(1) 有利于会计工作程序的规范化，确定合理的凭证、账簿与报表之间的联系方式，保证会计信息加工过程的严密性，提高会计信息的质量。

(2) 有利于保证会计记录的完整性、正确性，通过凭证、账簿及报表之间的牵制作用，增强会计信息的可靠性。

(3) 有利于减少不必要的会计核算环节，通过井然有序的账务处理程序，提高会计工作效率，保证会计信息的及时性。

二、设计账务处理程序的基本要求

合理的、适用的账务处理程序，一般应符合以下三个基本要求：

(1) 要适应本单位经济活动的特点、规模的大小和业务的繁简程度，有利于会计核算的分工，建立岗位责任制。

(2) 要适应本单位、主管部门以及国家经济管理的需要，全面、系统、及时、正确地提供反映本单位经济活动情况的会计核算资料。

(3) 要在保证会计核算资料正确、及时和完整的前提条件下，尽可能地简化会计核算手续，提高会计工作效率，节约人力、物力、财力。

三、账务处理程序的种类

我国各经济单位采用的账务处理程序一般有以下六种：

(1) 记账凭记账务处理程序。

(2) 科目汇总表账务处理程序。

(3) 汇总记账凭证账务处理程序。

(4) 多栏式日记账账务处理程序。

(5) 日记总账账务处理程序。

(6) 通用日记账账务处理程序。

以上六种账务处理程序有很多相同点，但也有区别，其主要区别表现为登记总账的依据和方法不同。以下就其中最常用的三种账务处理程序，即记账凭证账务处理程序、科目汇总表账务处理程序和汇总记账凭证账务处理程序作分别介绍。

第二节 记账凭证账务处理程序

一、记账凭证账务处理程序的基本内容

记账凭证账务处理程序是直接根据记账凭证逐笔登记总分类账。它是最基本的账务处理程序。其他各种账务处理程序都是在此基础上根据经济管理的需要发展而形成的。

在记账凭证账务处理程序下，记账凭证可以是通用记账凭证，也可以是专用凭证，但一般多用专用凭证。需要设置现金日记账、银行存款日记账、明细分类账和总分类账。其中现金日记账、银行存款日记账和总分类账一般采用三栏式，明细分类账可根据需要采用三栏式、多栏式或数量金额式。

二、记账凭证账务处理程序的一般程序

(1) 根据原始凭证编制原始凭证汇总表。

(2) 根据原始凭证或原始凭证汇总表编制记账凭证。

(3) 根据收款凭证、付款凭证逐笔登记现金日记账和银行存款日记账。

(4) 根据原始凭证或原始凭证汇总表和记账凭证，登记各种明细账。

(5) 根据记账凭证逐笔登记总分类账。

(6) 将现金日记账、银行存款日记账的余额，以及各种明细分类账余额合计数，分别与总分类账中有关科目的余额核对相符。

(7) 期末，根据审核无误的总分类账和各种明细分类账的记录，编制会计报表。

记账凭证账务处理程序的一般程序如图 9-1 所示。

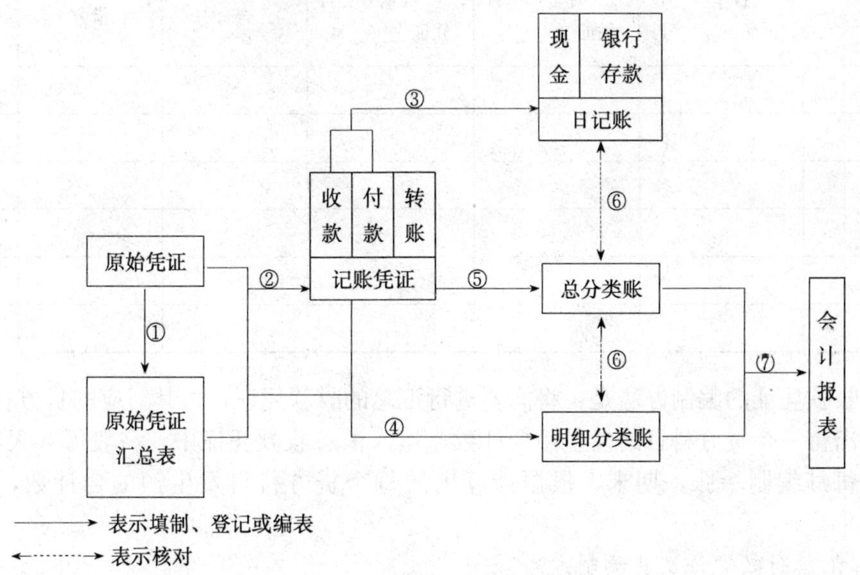

图 9-1 记账凭证账务处理程序

三、记账凭证账务处理程序的优缺点及适用范围

记账凭证账务处理程序简单明了，易于理解，总分类账较详细地记录和反映经济业务的发生情况，来龙去脉清楚，便于了解经济业务动态和查对账目。其不足之处是由于总分类账是直接根据记账凭证逐笔登记的，如果一个企业规模大，记账凭证多，登记总账的工作量也就很大。所以这种账务处理程序一般适用于规模小且经济业务较少的单位。

第三节 汇总记账凭证账务处理程序

一、汇总记账凭证账务处理程序的基本内容

汇总记账凭证账务处理程序，是定期根据记账凭证分类编制汇总收款凭证、汇总付款凭证和汇总转账凭证，再根据汇总记账凭证登记总分类账。

在汇总记账凭证账务处理程序下，记账凭证必须分设收款凭证、付款凭证和转账凭证，而不能采用通用记账凭证，并且所有转账凭证只能按一个贷方科目与一个或几个借方科目对应来填制，而不能填制一个借方科目或几个借方科目与几个贷方科目对应的转账凭证。该账务处理程序下账簿的设置与记账凭证账务处理程序相同。

二、汇总记账凭证的编制方法

汇总记账凭证分为汇总收款凭证、汇总付款凭证和汇总转账凭证三种，分别介绍如下：

（一）汇总收款凭证及其编制方法

汇总收款凭证，是指按“现金”和“银行存款”科目的借方分别设置的一种汇总记账凭证，它汇总了一定时期内现金和银行存款的收款业务。其格式和内容如表 9－1 所示。

表 9－1 汇总收款凭证

借方科目： 年 月 第 号

贷方科目	金额				总账页数	
	日至 日 凭证____号	日至 日 凭证____号	日至 日 凭证____号	合计	借方	贷方
合计						

汇总收款凭证的编制方法是：将需要进行汇总的收款凭证，按其对应的贷方科目进行归类，计算出每一个贷方科目的发生额合计数，填入汇总收款凭证中。一般可 5 天或 10 天汇总一次，每月编制一张。期末，根据计算出的每个贷方科目发生额的合计数，登记总分类账。

（二）汇总付款凭证及其编制方法

汇总付款凭证，是指按“现金”和“银行存款”科目的贷方分别设置的一种汇总记

账凭证，它汇总了一定时期内现金和银行存款的付款业务。其格式和内容如表 9-2 所示。

表 9-2 **汇总付款凭证**

贷方科目： 年 月 第 号

借方科目	金额				总账页数	
	日至 日 凭证____号	日至 日 凭证____号	日至 日 凭证____号	合计	借方	贷方
合计						

汇总付款凭证的编制方法是：将需要进行汇总的付款凭证，按其对应的借方科目进行归类，计算出每一个借方科目的发生额合计数，填入汇总付款凭证中。一般可 5 天或 10 天汇总一次，每月编制一张。期末，根据计算出的每个借方科目发生额的合计数，登记总分类账。

（三）汇总转账凭证及其编制方法

汇总转账凭证，是指按转账凭证中每一贷方科目分别设置的，用来汇总一定时期内转账业务的一种汇总记账凭证。其格式、内容和编制方法同汇总付款凭证相同。

三、汇总记账凭证账务处理程序的一般程序

(1) 根据原始凭证编制原始凭证汇总表；

(2) 根据原始凭证或原始凭证汇总表编制收款凭证、付款凭证和转账凭证；

(3) 根据收款凭证和付款凭证，登记现金日记账和银行存款日记账；

(4) 根据原始凭证或原始凭证汇总表和记账凭证，登记各种明细分类账；

(5) 根据各种记账凭证编制有关汇总记账凭证；

(6) 根据各种汇总记账凭证登记总分类账；

(7) 将现金日记账、银行存款日记账的余额，以及各种明细分类账余额的合计数，分别与总分类账中有关科目的余额核对相符；

(8) 期末，根据审核无误的总分类账和各种明细分类账的记录，编制会计报表。

汇总记账凭证账务处理程序的一般程序如图 9-2 所示。

四、汇总记账凭证账务处理程序的优缺点及适用范围

汇总记账凭证账务处理程序与记账凭证账务处理程序和科目汇总表账务处理程序相比，其优点是：由于汇总记账凭证是根据一定时期内全部记账凭证，按照科目对应关系进行归类、

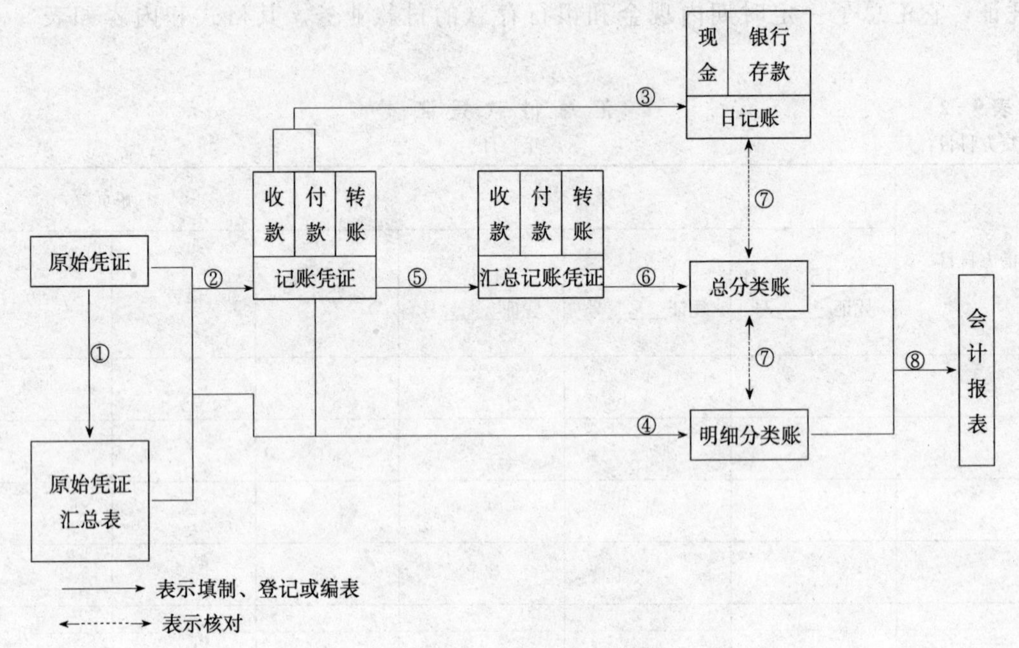

图 9-2　汇总记账凭证账务处理程序

汇总编制的，便于通过有关科目之间的对应关系，了解经济业务的来龙去脉，这一点克服了科目汇总表的缺点；在汇总记账凭证核算形式下，总分类账根据汇总记账凭证，于期末时一次登记入账，减少了登记总分类账的工作量，这一点克服了记账凭证账务处理程序的缺点。其不足之处在于：汇总转账凭证是按每一贷方科目，而不是按经济业务的性质归类、汇总的，因而不利于会计核算工作的分工，当转账凭证数量多时，编制汇总转账凭证的工作量较大。这种账务处理程序适用于规模大、经济业务较多的单位。

第四节　科目汇总表账务处理程序

一、科目汇总表账务处理程序的基本内容

科目汇总表账务处理程序，又称记账凭证汇总表账务处理程序，是根据记账凭证定期编制科目汇总表，再根据科目汇总表登记总分类账。

科目汇总表账务处理程序下记账凭证、账簿的设置与记账凭证账务处理程序相同。

由于在科目汇总表账务处理程序下的总分类账要根据科目汇总表登记，所以该程序比记账凭证账务处理程序多了一项内容，就是编制科目汇总表。

二、科目汇总表的编制方法

科目汇总表，是根据一定时期内的全部记账凭证，按科目进行归类编制的。在科目汇总表中，分别计算出每一个总账科目的借方发生额合计数、贷方发生额合计数。由于借贷记账法的记账规划是“有借必有贷，借贷必相等”，所以，在编制的科目汇总表内，全部总账科目的借方发生额合计数与贷方发生额合计数相等。

科目汇总表可以每月编制一次，其格式与内容如表 9-3 所示。

科目汇总表也可以每旬编制一次，其格式与内容如表 9-4 所示。

表 9-3 科目汇总表(一)

年 月 第 号

会计科目	借方金额	✓	贷方金额	✓
		合计		

附单据 张

会计主管 记账 审核 制表

表 9-4 科目汇总表(二)

年 月 第 号

会计科目	1～10 日		11～20 日		21～30 日		合计		总账页数
	借方	贷方	借方	贷方	借方	贷方	借方	贷方	
合计									

附单据 张

会计主管 记账 审核 制表

三、科目汇总表账务处理程序的一般程序

(1) 根据原始凭证编制原始凭证汇总表。

(2) 根据原始凭证或原始凭证汇总表编制记账凭证。

(3) 根据收款凭证、付款凭证逐笔登记现金日记账和银行存款日记账。

(4) 根据原始凭证或原始凭证汇总表和记账凭证，登记各种明细分类账。

(5) 根据各种记账凭证编制科目汇总表。

(6) 根据科目汇总表登记总分类账。

(7) 将现金日记账、银行存款日记账的余额，以及各种明细分类账余额的合计数，分别与总分类账中有关科目的余额核对相符。

(8) 期末，根据审核无误的总分类账和各种明细分类账的记录，编制会计报表。

科目汇总表账务处理程序的一般程序如图 9-3 所示。

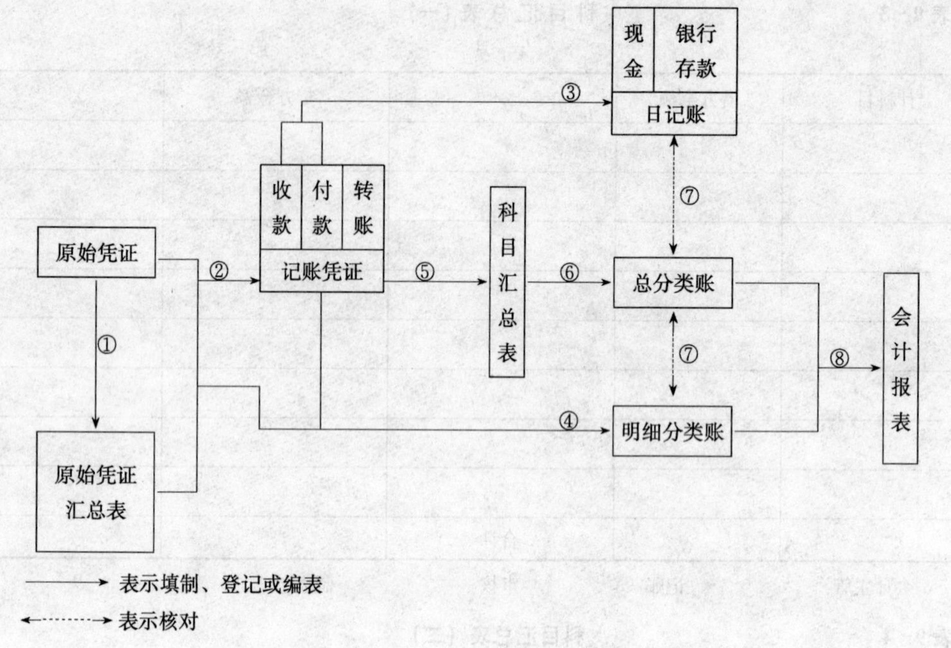

图 9-3 科目汇总表账务处理程序

四、科目汇总表账务处理程序的优缺点及适用范围

科目汇总表账务处理程序与记账凭证账务处理程序相比，其较突出的优点是：由于总分类账是根据科目汇总表登记的，大大减少了登记总账的工作量，便于进行试算平衡。其不足之处在于：科目汇总表不能反映账户对应关系，不便于分析和检查经济业务的来龙去脉，不便于查对账目。科目汇总表账务处理程序一般适用于经济业务较多的单位。

科目汇总表账务处理程序举例见附录 A。

第五节 科目汇总表账务处理程序的应用

现举例说明在科目汇总表账务处理程序下，各种记账凭证和科目汇总表的填制方法；现金日记账、银行存款日记账、总分类账及有关明细分类账的登记；日记账、明细分类账与总分类账的核对；资产负债表和利润表的编制方法。

一、资料

(1) 大华工厂采用科目汇总表账务处理程序进行会计核算，该厂 2014 年 10 月 1 日总分类科目及有关明细分类科目余额见表 9-5。

表 9-5 大华工厂 2014 年 10 月 1 日总分类科目及有关明细分类科目余额

会计科目	总分类科目		明细分类科目	
	借方余额	贷方余额	借方余额	贷方余额
库存现金	1000			
银行存款	126 000			
应收账款	2000			
——子工厂			3000	

续表

会计科目	总分类科目		明细分类科目	
	借方余额	贷方余额	借方余额	贷方余额
——丑工厂				1000
原材料	44 000			
——甲材料			20 000	
——乙材料			24 000	
生产成本	6000			
——A产品			2000	
——B产品			4000	
预付账款	1000			
库存商品	10 000			
——A产品			4000	
——B产品			6000	
固定资产	180 000			
累计折旧		30 000		
其他应付款		5000		
应交税费		56 000		
实收资本		263 000		
本年利润		80 000		
利润分配	64 000			
合计	434 000	434 000		

(2) 大华工厂2014年10月份发生下列经济业务。

1) 8日，从天津红星厂购入甲材料1000kg，每千克20元，价款20 000元，增值税3400元。材料已验收入库，货款23 400元已从银行支付（银付1001号）。

2) 9日，从上海浦江工厂购入乙材料8000kg，每千克10元，价款80 000元，增值税13 600元。材料已验收入库，货款93 600元以银行存款支付（银付1002号）。

3) 10日，车间及行政管理部门领用各种材料的汇总表见表9-6（转1001号）。

表9-6 **1～10日材料耗用汇总表** （单位：元）

应借科目		应贷科目：原材料				
		甲材料		乙材料		金额合计
		数量（kg）	金额	数量（kg）	金额	
生产成本	A产品	500	10 000	3000	30 000	40 000
	B产品	700	14 000	5000	50 000	64 000
	小计	1200	24 000	8000	80 000	104 000
制造费用		100	2000	1500	15 000	17 000
管理费用		200	4000	500	5000	9000
合计		1500	30 000	10 000	100 000	130 000

4）10 日，售出 A 产品 20 台，每台售价 4000 元，售出 B 产品 30 台，每台售价 5000 元，价款 230 000 元，增值税 39 100 元，存入银行（银收 1001 号）。

5）13 日，计算出本月应付职工工资和应付福利费见表 9－7（转 1002 号、1003 号）。

表 9－7　　应付工资及应付福利费计算表

2014 年 10 月 13 日　　（单位：元）

应借科目		应付工资	应付福利费
生产成本	A 产品	20 000	2800
	B 产品	30 000	4200
	小计	50 000	7000
制造费用		4000	560
管理费用		6000	840
合计		60 000	8400

6）14 日，从银行提取现金 60 000 元，备发工资（银付 1003 号）。

7）15 日，以现金 60 000 元支付本月工资（现付 1001 号）。

8）16 日，售出 A 产品 5 台给丑工厂，每台售价 4000 元，价款 20 000 元，增值税 3400 元，货款尚未收到（转 1004 号）。

9）17 日，以现金 200 元支付售出 A 产品的运费（现付 1002 号）。

10）18 日，以银行存款支付本月水电费 10 000 元（银付 1004 号）。其中：生产 A 产品耗用 3000 元，生产 B 产品耗用 5000 元，生产车间照明耗用 500 元，行政管理部门耗用 1500 元。

11）19 日，售出 B 产品 10 台给子工厂，单价 5000 元，价款 50 000 元，增值税 8500 元，货款计 58 500 元尚未收到（转 1005 号）。

12）20 日，以银行存款 1060 元，支付行政管理部门办公费（银付 1005 号）。

13）21 日，收到子工厂通过银行转来的前欠货款 61 500 元（银收 1002 号）。

14）22 日，以银行存款支付广告费 1300 元（银付 1006 号）。

15）23 日，以现金 440 元支付生产车间零星修理费（现付 1003 号）。

16）24 日，以银行存款 3600 元支付下一年度报刊费（银付 1007 号）。

17）25 日，从银行取得短期借款 50 000 元，存入银行（银收 1003 号）。

18）31 日，按规定的折旧率，计提本月固定资产折旧费 8000 元，其中生产车间使用固定资产计提折旧 6000 元，行政管理部门使用固定资产计提折旧 2000 元（转 1006 号）。

19）31 日，职工李新交回用厂电话打长途办私事电话费 60 元，收到现金（现收 1001 号）。

20）31 日，按计划预提固定资产修理费 4000 元，其中生产车间预提 3000 元，行政管理部门预提 1000 元（转 1007 号）。

21）31 日，摊销应由本月负担的费用 1660 元，其中生产车间应负担的费用为 500 元，行政管理部门应负担的费用为 1160 元（转 1008 号）。

22）31 日，计算出本月发生的制造费用总额为 32 000 元，其中应由 A 产品负担 14 200

元，由B产品负担17800元，转账（转1009号）。

23）31日，A产品完工35台，已验收入库，其单位成本为2300元，总成本为80 500元；B产品完工40台，已验收入库，其单位成本为3000元，总成本为120 000元，转账（转1010号）。

24）31日，本月售出A产品25台，单位成本为2300元，结转A产品销售成本57 500元；本月售出B产品40台，单位成本为3000元，结转B产品销售成本120 000元（转1011号）。

25）31日，计提结转本月应交城建税15 000元（转1012号）。

26）31日，将本月主营业务收入300 000元，转入“本年利润”科目的贷方（转1013号）。

27）31日，将本月主营业务成本177 500元，转入“本年利润”科目的借方（转1014号）。

28）31日，将本月发生的销售费用1500元转入“本年利润”科目的借方（转1015号）。

29）31日，将本月的营业税金及附加15 000元，转入“本年利润”科目的借方（转1016号）。

30）31日，将本月发生的管理费用22 500元，转入“本年利润”科目的借方（转1017号）。

31）31日，计算出本月应纳所得税26 500元，转账（转1018号）。

32）31日，将本月计提的所得税26 500元，转入“本年利润”科目的借方（转1019号）。

33）31日，计算出本月计提盈余公积金7950元，转账（转1020号）。

34）31日，以银行存款交纳税金56 000元。

二、科目汇总表账务处理程序

（一）编制记账凭证

根据以上所发生的经济业务的原始凭证，填制相应收款凭证、付款凭证或转账凭证，见表9-8。

表9-8 编制记账凭证各表

付款凭证

贷方科目：银行存款 2014年10月8日 银付字第1001号

摘 要	借方科目	明细科目	金 额
购甲材料1000公斤	原材料	甲材料	20 000
	应交税费	增值税（进项税）	3400
合 计			23 400

付款凭证

贷方科目：银行存款 2014年10月9日 银付字第1002号

摘 要	借方科目	明细科目	金 额
购乙材料8000公斤	原材料	乙材料	80 000
	应交税费	增值税（进项税）	13 600
合 计			93 600

续表

转 账 凭 证

2014年10月10日　　转字第1001号

摘　　要	总账科目	明细科目	借方金额	贷方金额
结转各部门耗料	生产成本	A产品	40 000	
	生产成本	B产品	64 000	
	制造费用		17 000	
	管理费用		9000	
	原材料	甲材料		30 000
	原材料	乙材料		100 000
合　　计			130 000	130 000

收 款 凭 证

借方科目：银行存款　　2014年10月10日　　银收字第1001号

摘　　要	贷方科目	明细科目	金　　额
售出A产品20台，B产品30台	主营业务收入		230 000
	应交税费	增值税（销项税）	39 100
合　　计			269 100

转 账 凭 证

2014年10月13日　　转字第1002号

摘　　要	总账科目	明细科目	借方金额	贷方金额
结转本月应付工资	生产成本	A产品	20 000	
	生产成本	B产品	30 000	
	制造费用		4000	
	管理费用		6000	
	应付职工薪酬	工资		60 000
合　　计			60 000	60 000

转 账 凭 证

2014年10月13日　　转字第1003号

摘　　要	总账科目	明细科目	借方金额	贷方金额
结转本月计提应付福利费	生产成本	A产品	2800	
	生产成本	B产品	4200	
	制造费用		560	
	管理费用		840	
	应付职工薪酬	福利费		8400
合　　计			8400	8400

续表

付 款 凭 证

贷方科目：银行存款 2014 年 10 月 14 日 银付字第 1003 号

摘　　要	借方科目	明细科目	金　　额
提取现金，备发工资	库存现金		60 000
合　　计			60 000

付 款 凭 证

贷方科目：库存现金 2014 年 10 月 15 日 现付字第 1001 号

摘　　要	借方科目	明细科目	金　　额
支付本月工资	应付职工薪酬	工资	60 000
合　　计			60 000

转 账 凭 证

2014 年 10 月 16 日 转字第 1004 号

摘　　要	总账科目	明细科目	借方金额	贷方金额
售出 A 产品 5 台，款未收到	应收账款	丑工厂	23 400	
	主营业务收入			20 000
	应交税费	增值税（销项税）		3400
合　　计			23 400	23 400

付 款 凭 证

贷方科目：库存现金 2014 年 10 月 17 日 现付字第 1002 号

摘　　要	借方科目	明细科目	金　　额
支付 A 产品运费	销售费用		200
合　　计			200

付 款 凭 证

贷方科目：银行存款 2014 年 10 月 18 日 银付字第 1004 号

摘　　要	借方科目	明细科目	金　　额
支付本月水电费	生产成本	A 产品	3000
	生产成本	B 产品	5000
	制造费用		500
	管理费用		1500
合　　计			10 000

转 账 凭 证

2014 年 10 月 19 日 转字第 1005 号

摘　　要	总账科目	明细科目	借方金额	贷方金额
售出 B 产品 10 台，款未收到	应收账款	子工厂	58 500	
	主营业务收入			50 000
	应交税费	增值税（销项税）		8500
合　　计			58 500	58 500

续表

付款凭证

贷方科目：银行存款　　2014年10月20日　　银付字第1005号

摘要	借方科目	明细科目	金额
行政管理部门办公费	管理费用		1060
合计			1060

收款凭证

借方科目：银行存款　　2014年10月21日　　银收字第1002号

摘要	贷方科目	明细科目	金额
子工厂偿还货款	应收账款	子工厂	61 500
合计			61 500

付款凭证

贷方科目：银行存款　　2014年10月22日　　银付字第1006号

摘要	借方科目	明细科目	金额
支付广告费	销售费用		1300
合计			1300

付款凭证

贷方科目：库存现金　　2014年10月23日　　现付字第1003号

摘要	借方科目	明细科目	金额
支付车间修理费	制造费用		440
合计			440

付款凭证

贷方科目：银行存款　　2014年10月24日　　银付字第1007号

摘要	借方科目	明细科目	金额
支付下一年度报刊费	预付账款		3600
合计			3600

收款凭证

借方科目：银行存款　　2014年10月25日　　银收字第1003号

摘要	贷方科目	明细科目	金额
从银行借入短期借款	短期借款		50 000
合计			50 000

续表

转 账 凭 证

2014 年 10 月 31 日　　转字第 1006 号

摘　要	总账科目	明细科目	借方金额	贷方金额
计提本月折旧	制造费用		6000	
	管理费用		2000	
	累计折旧			8000
合　计			8000	8000

收 款 凭 证

借方科目：库存现金　　2014 年 10 月 31 日　　现收字第 1001 号

摘　要	贷方科目	明细科目	金　额
李新交回电话费	管理费用		60
合　计			60

转 账 凭 证

2014 年 10 月 31 日　　转字第 1007 号

摘　要	总账科目	明细科目	借方金额	贷方金额
预提修理费	制造费用		3000	
	管理费用		1000	
	其他应付款			4000
合　计			4000	4000

转 账 凭 证

2014 年 10 月 31 日　　转字第 1008 号

摘　要	总账科目	明细科目	借方金额	贷方金额
摊销本月应负担的费用	制造费用		500	
	管理费用		1160	
	预付账款			1660
合　计			1660	1660

转 账 凭 证

2014 年 10 月 31 日　　转字第 1009 号

摘　要	总账科目	明细科目	借方金额	贷方金额
结转本月制造费用	生产成本	A 产品	14 200	
	生产成本	B 产品	17 800	
	制造费用			32 000
合　计			32 000	32 000

续表

转 账 凭 证

2014 年 10 月 31 日　　转字第 1010 号

摘　要	总账科目	明细科目	借方金额	贷方金额
结转本月完工产品成本	库存商品	A	80 500	
		B	120 000	
	生产成本	A 产品		80 500
	生产成本	B 产品		120 000
合　计			200 500	200 500

转 账 凭 证

2014 年 10 月 31 日　　转字第 1011 号

摘　要	总账科目	明细科目	借方金额	贷方金额
结转售出产品成本	主营业务成本		177 500	
	库存商品	A 产品		57 500
		B 产品		120 000
合　计			177 500	177 500

转 账 凭 证

2014 年 10 月 31 日　　转字第 1012 号

摘　要	总账科目	明细科目	借方金额	贷方金额
结转本月应交销售税金	营业税金及附加		15 000	
	应交税费	应交城建税		15 000
合　计			15 000	15 000

转 账 凭 证

2014 年 10 月 31 日　　转字第 1013 号

摘　要	总账科目	明细科目	借方金额	贷方金额
结转本月产品销售收入	主营业务收入		300 000	
	本年利润			300 000
合　计			300 000	300 000

转 账 凭 证

2014 年 10 月 31 日　　转字第 1014 号

摘　要	总账科目	明细科目	借方金额	贷方金额
结转本月产品销售成本	本年利润		177 500	
	主营业务成本			177 500
合　计			177 500	177 500

续表

转 账 凭 证

2014年10月31日 转字第1015号

摘　要	总账科目	明细科目	借方金额	贷方金额
结转本月销售费用	本年利润		1500	
	销售费用			1500
合　计			1500	1500

转 账 凭 证

2014年10月31日 转字第1016号

摘　要	总账科目	明细科目	借方金额	贷方金额
结转本月产品销售税金	本年利润		15 000	
	营业税金及附加			15 000
			15 000	15 000

转 账 凭 证

2014年10月31日 转字第1017号

摘　要	总账科目	明细科目	借方金额	贷方金额
结转本月管理费用	本年利润		22 500	
	管理费用			22 500
合　计			22 500	22 500

转 账 凭 证

2014年10月31日 转字第1018号

摘　要	总账科目	明细科目	借方金额	贷方金额
计算本月应交所得税	所得税费用		26 500	
	应交税费	应交所得税		26 500
合　计			26 500	26 500

转 账 凭 证

2014年10月31日 转字第1019号

摘　要	总账科目	明细科目	借方金额	贷方金额
结转提取的所得税	本年利润		26 500	
	所得税费用			26 500
合　计			26 500	26 500

转 账 凭 证

2014年10月31日 转字第1020号

摘　要	总账科目	明细科目	借方金额	贷方金额
结转本月提取盈余公积	利润分配		7950	
	盈余公积			7950
合　计			7950	7950

续表

付 账 凭 证

贷方科目：银行存款　　2014 年 10 月 31 日　　银付字第 1008 号

摘　要	借方科目	明细科目	金　额
交纳应交税金	应交税费		56 000
合　计			56 000

（二）登记日记账

根据所编制的现金收款凭证和现金付款凭证，逐日逐笔登记现金日记账；根据所编制的银行存款收款凭证和银行存款付款凭证，逐日逐笔登记银行存款日记账，见表 9－9。

表 9－9　　登记日记账各表

现 金 日 记 账

2014 年		凭 证		摘　要	对方科目	借方	贷方	余额
月	日	字	号					
10	1			期初余额				1000
	14	银付	1003	提现，备发工资	银行存款	60 000		61 000
	15	现付	1001	支付本月工资	应付职工薪酬		60 000	1000
	17	现付	1002	支付 A 产品运费	销售费用		200	800
	23	现付	1003	支付车间修理费	制造费用		440	360
	31	现收	1001	李新交回电话费	管理费用	60		420
	31			本月合计		60 060	60 640	420
	31			累计		略	略	420

银行存款日记账

2014 年		凭 证		摘　要	对方科目	借方	贷方	余额
月	日	字	号					
10	1			期初余额				126 000
	8	银付	1001	购甲材料 1000kg	原材料		20 000	
					应交税费		3400	102 600
	9	银付	1002	购乙材料 8000kg	原材料		80 000	
					应交税费		13 600	9000
	10	银收	1001	售出 A 产品、B 产品	主营业务收入	230 000		
					应交税费	39 100		278 100
	14	银付	1003	提现金，备发工资	库存现金		60 000	218 100
	18	银付	1004	支付本月水电费	生产成本等		10 000	208 100
	20	银付	1005	支付管理部门办公费	管理费用		1060	207 040
	21	银收	1002	子工厂偿还货款	应收账款	61 500		268 540
	22	银付	1006	支付广告费	销售费用		1300	267 240
	23	银付	1007	支付下年报刊费	预付账款		3600	263 640

续表

银行存款日记账

2014年		凭证		摘要	对方科目	借方	贷方	余额
月	日	字	号					
	25	银收	1003	从银行借短期借款	短期借款	50 000		313 640
	31	银付	1008	交纳税金	应交税费		56 000	257 640
	31			本月合计		380 600	248 960	257 640
	31			累计	略	略	略	257 640

（三）登记明细账

根据原始凭证和所编制的记账凭证，登记明细分类账。在这里，为了简化业务，本教材只列材料明细账（采用数量金额式）、应收账款明细账（采用三栏式）和生产成本明细账（采用多栏式）的登记，其他总账科目明细账的登记方法，与上述三种明细账相同，这里从略。材料明细账、应收账款明细账及生产成本明细账的格式和内容，见表 9－10。

表 9－10　　登记明细账各表

应收账款明细账

户名：子工厂　　第 10 页

2014年		凭证		摘要	借方	贷方	借或贷	余额
月	日	字	号					
10	1			期初余额			借	3000
	19	转	1005	售B产品10台	58 500			
	21	银收	1002	子工厂偿还货款		61 500	平	θ
	31			本月合计	58 500	61 500	平	θ

应收账款明细账

户名：丑工厂　　第 11 页

2014年		凭证		摘要	借方	贷方	借或贷	余额
月	日	字	号					
10	1			期初余额			贷	1000
	16	转	1004	售A产品5台	23 400		借	22 400
	31			本月合计	23 400		借	22 400

材料明细账

材料名称：甲材料

计量单位：kg　　第 15 页

2014年		凭证号	摘要	收入			发出			结存		
月	日			数量	单价	金额	数量	单价	金额	数量	单价	金额
10	1		期初余额							1000	20	20 000
	8	银付1001	购入	1000	20	20 000				2000	20	40 000
	10	转1001	耗用				1500	20	30 000	500	20	10 000
	31		本月合计	1000	20	20 000	1500	20	30 000	500	20	10 000

续表

材 料 明 细 账

材料名称：乙材料

计量单位：kg　　　　第 30 页

2014 年		凭证号	摘　要	收　入			发　出			结　存		
月	日			数量	单价	金额	数量	单价	金额	数量	单价	金额
10	1		期初余额							2400	10	24 000
	9	银付 1002	购入	8000	10	80 000				10 400	10	104 000
	10	转 1001	耗用				10 000	10	100 000	400	10	4000
	31		本月合计	8000	10	80 000	10 000	10	100 000	400	10	4000

生 产 成 本 明 细 账

产品名称：A 产品

2014 年		凭　证		摘　　要	借 方 发 生 额					转出
月	日	字	号		原材料	动力	工资	制造费用	合计	
10	1			期初余额	1000	200	500	300	2000	
	10	转	1001	本月耗料	40 000				40 000	
	13	转	1002	本月工资			20 000		20 000	
	13	转	1003	本月福利费			2800		2800	
	18	转	1004	本月水电费		3000			3000	
	31	转	1009	本月制造费用				14 200	14 200	
	31			本月合计	40 000	3000	22 800	14 200	80 000	
	31	转	1010	本月完工转出	40 200	3100	22 900	14 300		80 500
	31			期末余额	800	100	400	200	1500	

生 产 成 本 明 细 账

产品名称：B 产品

2014 年		凭　证		摘　　要	借 方 发 生 额					转出
月	日	字	号		原材料	动力	工资	制造费用	合计	
10	1			期初余额	2400	300	600	700	4000	
	10	转	1001	本月耗料	64 000				64 000	
	13	转	1002	本月工资			30 000		30 000	
	13	转	1003	本月福利费			4200		4200	
	18	转	1004	本月水电费			5000		5000	
	31	转	1009	本月制造费用				17 800	17 800	
	31			本月合计	64 000	5000	34 200	17 800	121 000	
	31	转	1010	本月完工转出	62 400	5100	34 300	18 200		120 000
	31			期末余额	4000	200	500	300	5000	

（四）编制“科目汇总表”

该厂按旬汇总，每月编制“科目汇总表”一张，据以登记总账。分别于 10 日、20 日、

31 日将本旬全部记账凭证，按同一总账科目汇总，填在“科目汇总表”内。其格式和内容见表 9 - 11。

表 9 - 11 **科目汇总表**

2014 年 10 月 第 10 号

会计科目	1～10 日发生额		11～20 日发生额		21～31 日发生额		合计	
	借方	贷方	借方	贷方	借方	贷方	借方	贷方
库存现金			60 000	60 200	60	440	60 060	60 640
银行存款	269 100	117 000		71 060	111 500	60 900	380 600	248 960
应收账款			81 900			61 500	81 900	61 500
原材料	100 000	130 000					100 000	130 000
生产成本	104 000		65 000		32 000	200 500	201 000	200 500
制造费用	17 000		5060		9940	32 000	32 000	32 000
预付账款					3600	1660	3600	1660
库存商品					200 500	177 500	200 500	177 500
固定资产								
累计折旧						8000		8000
短期借款						50 000		50 000
其他应付款						4000		4000
应付职工薪酬			60 000	68 400			60 000	68 400
应交税费	17 000	39 100		11 900	56 000	41 500	73 000	92 500
实收资本								
盈余公积						7950		7950
本年利润					243 000	300 000	243 000	300 000
利润分配					7950		7950	
主营业务收入		230 000		70 000	300 000		300 000	300 000
主营业务成本					177 500	177 500	177 500	177 500
营业税金及附加					15 000	15 000	15 000	15 000
销售费用			200		1300	1500	1500	1500
管理费用	9000		9400		4100	22 500	22 500	22 500
所得税费用					26 500	26 500	26 500	26 500
合计	516 100	516 100	281 560	281 560	1 188 950	1 188 950	1 986 610	1 986 610

（五）登记总分类账

月终时，根据所编制的“科目汇总表”登记各有关总分类账，见表 9 - 12。总账的登记工作可以在每旬汇总后登记一次，也可以在月终根据全月发生额每月登记一次。本例题中大华工厂是于每旬汇总之后登记总分类账。

表 9-12 登记总分类账各表

总分类账

会计科目：现金 第 1 页

2014 年		凭证号	摘要	借方	贷方	借或贷	余额
月	日						
10	1		期初余额			借	1000
	20	汇 10	11～20 日发生额	60 000	60 200	借	800
	31	汇 10	21～31 日发生额	60	440	借	420
	31		本月合计	60 060	60 640	借	420

总分类账

会计科目：银行存款 第 3 页

2014 年		凭证号	摘要	借方	贷方	借或贷	余额
月	日						
10	1		期初余额			借	126 000
	10	汇 10	1～10 日发生额	269 100	117 000	借	27 8100
	20	汇 10	11～20 日发生额		71 060	借	207 040
	31	汇 10	21～31 日发生额	111 500	60 900	借	257 640
	31		本月合计	380 600	248 960	借	257 640

总分类账

会计科目：应收账款 第 5 页

2014 年		凭证号	摘要	借方	贷方	借或贷	余额
月	日						
10	1		期初余额			借	2000
	20	汇 10	11～20 日发生额	81 900		借	83 900
	31	汇 10	21～31 日发生额		61 500	借	22 400
	31		本月合计	81 900	61 500	借	22 400

总分类账

会计科目：原材料 第 7 页

2014 年		凭证号	摘要	借方	贷方	借或贷	余额
月	日						
10	1		期初余额			借	44 000
	10	汇 10	1～10 日发生额	100 000	130 000	借	14 000
	31		本月合计	100 000	130 000	借	14 000

总分类账

会计科目：生产成本 第 9 页

2014 年		凭证号	摘要	借方	贷方	借或贷	余额
月	日						
10	1		期初余额			借	6000

续表

总分类账

会计科目：生产成本　　　　第 9 页

2014 年		凭证号	摘　　要	借方	贷方	借或贷	余　额
月	日						
	10	汇 10	1～10 日发生额	104 000		借	110 000
	20	汇 10	11～20 日发生额	65 000		借	175 000
	31	汇 10	21～31 日发生额	32 000	200 500	借	6500
	31		本月合计	201 000	200 500	借	6500

总分类账

会计科目：制造费用　　　　第 11 页

2014 年		凭证号	摘　　要	借方	贷方	借或贷	余　额
月	日						
10	10	汇 10	1～10 日发生额	17 000		借	17 000
	20	汇 10	11～20 日发生额	5060		借	22 060
	31	汇 10	21～31 日发生额	9940	32 000	平	θ
	31		本月合计	32 000	32 000	平	θ

总分类账

会计科目：预付账款　　　　第 13 页

2014 年		凭证号	摘　　要	借方	贷方	借或贷	余　额
月	日						
10	1		期初余额			借	1000
	31	汇 10	21～31 日发生额	3600	1660	借	2940
	31		本月合计	3600	1660	借	2940

总分类账

会计科目：库存商品　　　　第 15 页

2014 年		凭证号	摘　　要	借方	贷方	借或贷	余　额
月	日						
10	1		期初余额			借	10 000
	31	汇 10	21～31 日发生额	200 500	177 500	借	33 000
	31		木月合计	200 500	177 500	借	33 000

总分类账

会计科目：固定资产　　　　第 17 页

2014 年		凭证号	摘　　要	借方	贷方	借或贷	余　额
月	日						
10	1		期初余额			借	180 000

续表

总 分 类 账

会计科目：累计折旧　　第 19 页

2014 年		凭证号	摘　要	借方	贷方	借或贷	余　额
月	日						
10	1		期初余额			贷	30 000
	31	汇 10	21～31 日发生额		8000	贷	38 000
	31		本月合计		8000	贷	38 000

总 分 类 账

会计科目：短期借款　　第 21 页

2014 年		凭证号	摘　要	借方	贷方	借或贷	余　额
月	日						
10	31	汇 10	21～31 日发生额		50 000	贷	50 000
	31		本月合计		50 000	贷	50 000

总 分 类 账

会计科目：其他应付款　　第 23 页

2014 年		凭证号	摘　要	借方	贷方	借或贷	余　额
月	日						
10	1		期初余额			贷	5000
	31	汇 10	21～31 日发生额		4000	贷	9000
	31		本月合计		4000	贷	9000

总 分 类 账

会计科目：应付职工薪酬　　第 25 页

2014 年		凭证号	摘　要	借方	贷方	借或贷	余　额
月	日						
10	20	汇 10	11～20 日发生额	60 000	68 400	贷	8400
	31		本月合计	60 000	68 400	贷	8400

总 分 类 账

会计科目：应交税费　　第 29 页

2014 年		凭证号	摘　要	借方	贷方	借或贷	余　额
月	日						
10	1		期初余额			贷	56 000
	10	汇 10	1～10 日发生额	17 000	39 100	贷	78 100
	20	汇 10	11～20 日发生额		11 900	贷	90 000
	31	汇 10	21～31 日发生额	56 000	41 500	贷	75 500
	31		本月合计	73 000	92 500	贷	75 500

续表

总分类账

会计科目：实收资本　　第 31 页

2014 年		凭证号	摘　要	借方	贷方	借或贷	余　额
月	日						
10	1		期初余额			贷	263 000

总分类账

会计科目：盈余公积　　第 33 页

2014 年		凭证号	摘　要	借方	贷方	借或贷	余　额
月	日						
10	31	汇 10	21～31 日发生额		7950	贷	7950
	31		本月合计		7950	贷	7950

总分类账

会计科目：本年利润　　第 35 页

2014 年		凭证号	摘　要	借方	贷方	借或贷	余　额
月	日						
10	1		期初余额			贷	80 000
	31	汇 10	21～31 日发生额	243 000	300 000	贷	137 000
	31		本月合计	243 000	300 000	贷	137 000

总分类账

会计科目：利润分配　　第 37 页

2014 年		凭证号	摘　要	借方	贷方	借或贷	余　额
月	日						
10	1		期初余额			借	64 000
	31	汇 10	21～31 日发生额	7950		借	71 950
	31		本月合计	7950		借	71 950

总分类账

会计科目：主营业务收入　　第 39 页

2014 年		凭证号	摘　要	借方	贷方	借或贷	余　额
月	日						
10	10	汇 10	1～10 日发生额		230 000	贷	230 000
	20	汇 10	11～20 日发生额		70 000	贷	300 000
	31	汇 10	21～31 日发生额	300 000		平	θ
	31		本月合计	300 000	300 000	平	θ

续表

总分类账

会计科目：主营业务成本　　第 41 页

2014 年		凭证号	摘　要	借方	贷方	借或贷	余　额
月	日						
10	31	汇 10	21～31 日发生额	177 500	177 500	平	θ
	31		本月合计	177 500	177 500	平	θ

总分类账

会计科目：营业税金及附加　　第 43 页

2014 年		凭证号	摘　要	借方	贷方	借或贷	余　额
月	日						
10	31	汇 10	21～31 日发生额	15 000	15 000	平	θ
	31		本月合计	15 000	15 000	平	θ

总分类账

会计科目：销售费用　　第 45 页

2014 年		凭证号	摘　要	借方	贷方	借或贷	余　额
月	日						
10	20	汇 10	11～20 日发生额	200		借	200
	31	汇 10	21～31 日发生额	1300	1500	平	θ
	31		本月合计	1500	1500	平	θ

总分类账

会计科目：管理费用　　第 47 页

2014 年		凭证号	摘　要	借方	贷方	借或贷	余　额
月	日						
10	10	汇 10	1～10 日发生额	9000		借	9000
	20	汇 10	11～20 日发生额	9400		借	18 400
	31	汇 10	21～31 日发生额	4100	22 500	平	θ
	31		本月合计	22 500	22 500	平	θ

总分类账

会计科目：所得税费用　　第 48 页

2014 年		凭证号	摘　要	借方	贷方	借或贷	余　额
月	日						
10	31	汇 10	21～31 日发生额	26 500	26 500	平	θ
	31		本月合计	26 500	26 500	平	θ

（六）月终，将现金日记账，银行存款日记账余额，及各种明细账的余额合计数，分别与总分类账中有关科目的余额核对相符

一般是通过编制“现金、银行存款日记账、各种明细分类账与总分类账核对表”进行

的，其格式和内容见表 9 - 13。

表 9 - 13 现金、银行存款日记账、各种明细分类账与总分类账核对表

2014 年 10 月

会计科目	期初余额		本期发生额		期末余额	
	借方	贷方	借方	贷方	借方	贷方
甲材料	20 000		20 000	30 000	10 000	
乙材料	24 000		80 000	100 000	4000	
“原材料”总分类账	44 000		100 000	130 000	14 000	
A 产品	2000		80 000	80 500	1500	
B 产品	4000		121 000	120 000	5000	
“生产成本”总分类账	6000		201 000	200 500	6500	
子工厂	3000		58 500	61 500	0	
丑工厂		1000	23 400		22 400	
“应收账款”总分类账	2000		81 900	61 500	22 400	
现金日记账	1000		60 060	60 640	420	
“现金”总分类账	1000		60 060	60 640	420	
银行存款日记账	126 000		380 600	248 960	257 640	
“银行存款”总分类账	126 000		380 600	248 960	257 640	

（七）编制会计报表

月终根据核对无误的总分类账和明细分类账的记录，编制“总分类科目发生额及余额试算平衡表”，见表 9 - 14。试算平衡后编制“资产负债表”，见表 9 - 15；编制“损益表”，见表 9 - 16。

表 9 - 14 总分类科目发生额及余额试算平衡表

2014 年 10 月

序号	会计科目	期初余额		本期发生额		期末余额	
		借方	贷方	借方	贷方	借方	贷方
1	库存现金	1000		60 060	60 640	420	
2	银行存款	126 000		380 600	248 960	257 640	
3	应收账款	2000		81 900	61 500	22 400	
4	原材料	44 000		100 000	130 000	14 000	
5	生产成本	6000		201 000	200 500	6500	
6	制造费用			32 000	32 000		
7	预付账款	1000		3600	1660	2940	
8	库存商品	10 000		200 500	177 500	33 000	
9	固定资产	180 000				180 000	
10	累计折旧		30 000		8000		38 000
11	短期借款				50 000		50 000

续表

序号	会计科目	期初余额		本期发生额		期末余额	
		借方	贷方	借方	贷方	借方	贷方
12	其他应付款		5000		4000		9000
13	应付职工薪酬			60 000	68 400		8400
14	应交税费		56 000	73 000	92 500		75 500
15	实收资本		263 000				263 000
16	盈余公积				7950		7950
17	本年利润		80000	243 000	300 000		137 000
18	利润分配	64 000		7950		71 950	
19	主营业务收入			300 000	300 000		
20	主营业务成本			177 500	177 500		
21	营业税金及附加			15 000	15 000		
22	销售费用			1500	1500		
23	管理费用			22 500	22 500		
24	所得税费用			26 500	26 500		
	合 计	434 000	434 000	1 986 610	1 986 610	2 420 610	2 420 610

表 9-15 **资 产 负 债 表**

编报单位：大华工厂 2014 年 10 月 31 日 （单位：元）

资 产	年初数	期末数	负债及所有者权益	年初数	期末数
流动资产：	（略）		流动负债：	（略）	
货币资金		258 060	短期借款		50 000
交易性金融资产			应付账款		
应收账款		22 400	应付职工薪酬		8400
存货		53 500			
预付账款		2940	应交税费		75 500
流动资产合计		316 900	其他应付款		9000
长期投资			流动负债合计		142 900
固定资产：			长期负债		
固定资产原价		180 000	负债合计		142 900
减：累计折旧		38 000	所有者权益：		
固定资产净值		142 000	实收资本		263 000
无形资产及其他资产			资本公积		
			盈余公积		7950
			未分配利润		65 050
			所有者权益合计		336 000
资产总计		478 900	负债及所有者权益总计		478 900

表 9-16　　　　损 益 表

编报单位：大华工厂　　　　2014 年 10 月　　　　(单位：元)

项　　目	本期金额	上期金额
一、营业收入	300 000	(略)
减：营业成本	177 500	
营业税金及附加	15 000	
销售费用	1500	
管理费用	22 500	
财务费用	0	
资产减值损失	0	
加：公允价值变动损益（损失以“—”号填列）	0	
投资收益（损失以“—”号填列	0	
其中：对联营企业和合营企业的投资收益	0	
二、营业利润（亏损以“—”号填列）	83 500	
加：营业外收入	0	
减：营业外支出	0	
其中：非流动资产处置损失	0	
三、利润总额（亏损以“—”号填列）	83 500	
减：所得税费用	26 500	
四、净利润（亏损以“—”号填列）	57 000	

习题九

一、单项选择题

1. 多种会计核算形式的根本区别在于（　　）不同。

A. 记账凭证的种类和格式　　B. 登记总账的直接依据

C. 登记明细账的依据　　D. 原始凭证的种类和格式

2. 会计核算形式中最基本、最简单的会计核算形式是（　　）。

A. 记账凭证核算形式　　B. 科目汇总表核算形式

C. 汇总记账凭证核算形式　　D. 日记总账核算形式

3. 科目汇总表基本的编制方法是根据（　　）进行归类定期汇总。

A. 不同会计科目　B. 相同会计科目　C. 借方科目　D. 贷方科目

4. 在汇总记账凭证核算形式下，为了便于编制汇总转账凭证，要求所有转账凭证的科目应关系为（　　）。

A. 一个借方科目与几个贷方科目相对应

B. 一个借方科目与一个贷方科目相对应

C. 几个借方科目与几个贷方科目相对应

D. 一个贷方科目与一个或几个借方科目相对应

5. 不能反映账户对应关系的会计核算形式是（　　）。

A. 记账凭证核算形式　　B. 科目汇总表核算形式
C. 汇总记账凭证核算形式　　D. 日记总账核算形式

6. 在各种会计核算形式中，其相同的是（　　）。
A. 登记总账的依据　　B. 登记明细账的依据
C. 账务处理的程序　　D. 优缺点及适应范围

7. 不能够简化登记总账工作量的会计核算形式是（　　）。
A. 记账凭证核算形式　　B. 科目汇总表核算形式
C. 汇总记账凭证核算形式　　D. 多栏式日记账核算形式

8. 科目汇总表核算形式的优点是（　　）。
A. 便于分析经济业务的来龙去脉　　B. 便于查对账目
C. 可以减少登记总账的工作量　　D. 总分类账的记录较为详细

二、多项选择题

1. 记账凭证核算形式、科目汇总表核算形式、汇总记账凭证核算形式登记总账的直接依据分别是（　　）。
A. 日记账　　B. 记账凭证　　C. 汇总记账凭证　　D. 科目汇总表

2. 科目汇总表能够（　　）。
A. 作为登记总账的依据　　B. 起到试算平衡的作用
C. 反映各科目之间的对应关系　　D. 反映各科目的余额

3. 以记账凭证为依据，按有关科目的贷方设置，按借方科目归类汇总的有（　　）。
A. 汇总收款凭证　　B. 汇总付款凭证
C. 汇总转账凭证　　D. 科目汇总表

4. 在汇总记账凭证核算形式下，作为登记总账“银行存款”账户的依据有（　　）。
A. 现金汇总收款凭证　　B. 银行存款汇总收款凭证
C. 现金汇总付款凭证　　D. 银行存款汇总付款凭证

5. 记账凭证核算形式需要设置的凭证有（　　）。
A. 收款凭证　　B. 科目汇总表　　C. 付款凭证　　D. 转账凭证

三、判断题

1. 任何会计核算形式的第一步都是将所有的原始凭证汇总编制成汇总原始凭证。（　　）

2. 记账凭证核算形式一般使适用于规模小且经济业务较少的单位。（　　）

3. 科目汇总表不仅可以起到试算平衡的作用，而且可以反映账户之间的对应关系。（　　）

4. 汇总转账凭证是按借方科目分别设置，按其对应的贷方科目归类汇总。（　　）

5. 在汇总记账凭证核算形式下，为了便于编制汇总转账凭证，要求所有转账凭证的科目应关系只能是一借一贷或一借多贷。（　　）

6. 汇总记账凭证核算形式适用于规模大，经济业务较多的单位。（　　）

7. 登记总分类账的直接依据只能是记账凭证。（　　）

8. 各种会计核算形式的主要区别表现在登记总账的依据和方法的不同。（　　）

9. 汇总记账凭证可以明确反映账户之间的对应关系。（　　）

四、综合练习题

1. 练习科目汇总表的编制。

【资料】某工业企业20××年6月1～10日发生下列经济业务：

(1) 1日，从银行提取现金1000元备用。

(2) 2日，华丰厂购进材料一批，已验收入库，货款5000元，增值税进项税850元，款项尚未支付。

(3) 2日，销售给向阳工厂A产品一批，货款为10 000元，增值税销项税1700元，款项尚未收到。

(4) 3日，厂部的王凌出差，借支差旅费500元，以现金付讫。

(5) 4日，车间领用甲材料一批，其中用于A产品生产3000元，用于车间一般消耗500元。

(6) 5日，销售给华远公司A产品一批，货款为20 000元，增值税销项税3400元，款项尚未收到。

(7) 5日，从江南公司购进乙材料一批，货款8000元，增值税进项税1360元，款项尚未支付。

(8) 6日，厂部李青出差，借支差旅费400元，用现金付讫。

(9) 7日，以银行存款5850元，偿还前欠华丰工厂的购料款。

(10) 8日，从银行提出现金1000元备用。

(11) 8日，接银行通知，向阳厂汇来前欠货款11 700元，已收妥入账。

(12) 8日，车间领用乙材料一批，其中用于A产品5000元，用于车间一般消耗1000元。

(13) 9日，以银行存款9360元，偿还前欠江南公司购料款。

(14) 10日，接银行通知，华远公司汇来前欠货款23 400元，已收妥入账。

【要求】(1) 根据以上经济业务编制记账凭证。

(2) 根据所编记账凭证编制科目汇总表，如表9-17所示。

表9-17　科目汇总表

××年×月1～10日

会计科目	借方金额	贷方金额
合计		

2. 编制汇总付款凭证和汇总转账凭证。

【资料】根据习题一的资料所编的记账凭证（会计分录）。

【要求】根据记账凭证（会计分录）编制银行存款科目的汇总付款凭证（见表9-18）和原材料科目的汇总转账凭证（见表9-19）。

表9-18　汇总付款凭证

贷方科目：银行存款

借方科目	金额				总账页数	
	1～10	11～20	21～31	合计	借方	贷方
合　计						

表 9-19 **汇总转账凭证**

贷方科目：原材料

借方科目	金额				总账页数	
	1～10	11～20	21～31	合计	借方	贷方
合　计						

【附加案例】

1.【资料】东方公司20××年5月31日调整前有关账户的余额如下（单位：元）：

库存现金	7500	累计折旧	40 000
银行存款	150 000	应付账款	120 500
原材料	130 000	短期借款	120 000
固定资产	560 000	应缴税金	1200
产成品	70 000	实收资本	380 000
管理费用	58 000	主营业务收入	1 800 000
主营业务成本	1 400 000	利润分配——未分配利润	20 000
销售费用——广告费	105 000	预付账款——预付保险费	1200

本月底调整事项如下：

（1）1月份预付的财产保险费1200元，本月应负担100元。

（2）本月应负担仓库租金6000元。

（3）本月应收银行存款利息5200元。

（4）本月企业管理部门应提折旧12 000元。

（5）应计本月借款利息8000元。

【要求】（1）用以上给出的余额开设丁字账户。

（2）编制调整分录，并记入丁字账户。

（3）编制有关结账分录，记入丁字型账户，并结出每个账户的发生额和余额。

（4）根据各分类账资料编制5月份资产负债表和利润表。

2.【资料】大同股份公司2014年度结账后，利润表也已编制，尚未公布，发现原记录有误，须以更正的事项如下：

（1）房屋折旧少提7000元。

（2）误将其他单位寄销的产品14 400元列在存货内。

（3）预收房租内，含有已确定的房租收入2400元。

（4）保险费中多列未摊销部分计10 000元。

（5）漏列12月份应付水电费3000元。

（6）已到期而尚未收取的仓库租金7200元未予列账。

【要求】试问上述事项对资产、负债、股东权益及本年利润的影响。

第十章　会计工作的组织

学习本章，要求了解正确组织会计工作的重要意义和应遵循的要求；熟悉会计机构及岗位的设置、会计工作组织方式和岗位责任制；熟悉会计人员的职责、权限和对会计人员的要求；了解会计制度的构成和会计电算化的基本内容等。

第一节　会计工作的组织概述

一、组织会计工作的意义

会计工作的组织，指各单位根据会计工作的特点和要求，设置会计机构，配备会计人员，制定并执行会计规章和制度，以保证会计工作合理、有效地进行。

会计是一项复杂、细致的综合性管理活动，科学地组织会计工作具有十分重要的意义。会计人员掌握了会计专业知识和技能，对于一个单位开展好会计工作，还只是一个基本条件。会计工作是一项系统工作，有系统就必须存在着系统的组织问题，只有在这个系统中各部分都组织的合理有序，互相协调，才能使整个会计工作得以顺利地进行。

合理组织会计工作的意义可以归纳为以下几个方面：

（一）科学地组织会计工作，有利于保证会计工作的质量，提高会计工作的效率

会计是以提供真实可靠的会计信息为主的信息管理系统。因此，会计工作要经过"填制凭证—登记账簿—编制报表"这样一个周而复始的循环过程。在这个过程中，会计信息系统要按照一定的程序和手续，经过一系列的记录、计算、分类、汇总和分析来完成会计信息的输出。在这个过程中，往往由于一个数字的偏差，或一个手续、环节的遗漏，就会使全部会计核算的结果发生差错或不能及时完成。所以，客观上就要求我们必须科学地、合理地组织好会计工作，保证会计核算的质量，提高会计工作的效率。

（二）科学地组织会计工作，可确保会计工作与其他管理工作协调一致

会计工作既独立于其他经济管理工作，又同它们存在着十分密切的联系。例如：会计工作既与宏观的国家财政、税收、金融工作有着密切的联系，又同各单位内部的计划、统计等工作有着非常密切的关系。会计工作一方面能够促进其他经济管理工作，另一方面也需要其他经济管理工作的配合。会计工作必须服从国家财政、税收工作管理，加强与金融工作的密切合作，还要与各单位的计划、统计工作之间相互协调。只有这样，才能相互促进，充分发挥会计工作的作用。

（三）科学地组织会计工作，完善各单位内部的经济责任制

经济责任制是各经营单位实行内部经济管理的重要手段。会计是经济管理的重要组成部分，必然要在贯彻经济责任制方面发挥主要的作用。实行内部经济责任制离不开会计，科学的经济预测、正确的经济决策以及业绩评价考核等，都离不开会计工作的支持。科学地组织会计工作，可以促使会计部门内部及有关部门管好用好资金，增收节支，提高管理水平，完善各单位内部的经济责任制。

此外，会计工作是一项政策性很强的工作，发挥会计监督的作用，认真贯彻执行国家有关方针、政策和法规、制度，揭露和制止一切违法、违纪行为，也是会计工作的一项重要任务。因此，正确地组织会计工作，对于贯彻执行国家的方针、政策和法规、制度，维持财经纪律，建立良好的社会经济秩序具有重要意义。

二、组织会计工作应遵循的要求

会计工作的组织既涉及国家的会计管理体制，又涉及各单位的会计机构设置和会计人员配备；既决定着会计管理工作的质量和效果，又影响其他经济管理工作的运行和实施。所以，在组织会计工作的过程中必须遵循以下几点要求：

（一）统一性要求

由于各单位是整个国民经济的有机组成部分，国家对整个国民经济的管理则依赖于经济信息系统的适时支持，而会计工作是提供经济信息的一项基础工作，所以，会计工作的目标，必须服从国家宏观经济管理的需要及对会计管理的统一要求。目前，我国与组织会计工作相关的法规主要有《会计法》《企业会计制度》《会计基础工作规范》《总会计师条例》《会计档案管理办法》《会计电算化管理办法》等。

（二）适应性要求

所谓适应性要求，是指组织会计工作必须适应各会计主体自身管理的特点和规模大小。即各会计主体应在遵守国家法规的前提下，根据自身管理要求以及生产经营的特点，制定出适应本会计主体经济业务的具体处理办法，采用相应的凭证组织、账簿组织、记账方法和会计核算账务处理程序，以满足会计工作的需要。

（三）效益性要求

会计工作是一项涉及会计主体各个部门和人员的十分繁杂的工作，如果组织不好，就会造成人力、财力、物力的浪费。所以，进行会计工作组织时，必须贯彻效益性要求，即对会计管理程序的规定，对会计凭证、账簿、报表的设计及会计机构的设置和会计人员的配备等，在保证会计工作质量的前提下，力求节约，讲求会计核算的经济效益。

（四）内部控制和责任制要求

科学地组织会计工作，应在保证贯彻整个会计主体经济责任制的同时，建立、健全会计工作本身的责任制度，合理分工，建立会计岗位责任制，实现会计工作程序的规范化，力求使每个岗位上的会计人员都能认真履行本岗位职责，同时各岗位应相互配合，共同做好本单位的会计工作。

第二节 会 计 机 构

会计机构是各单位办理会计业务的职能机构。建立和健全会计机构是加强会计工作，充分发挥会计职能的重要保证。各单位应当根据其会计业务的需要，合理设置会计机构。

一、会计机构的设置方式

会计机构的设置方式有两种：一是单独设置会计机构；二是不单独设置会计机构。原则上各单位都要单独设置专门的会计工作机构，但不具有单独设置会计机构条件的单位，也可以不单独设置，其方式又可以分为两种：一种是在有关机构中设置专职会计人员，另一种是委托会计师事务所或者持有代理记账许可证的其他代理记账机构进行代理记账。各单位设置会计机构的方式是由各单位根据自身会计业务的需要自主决定的。

会计机构是否单独设置一般取决于以下几个因素：

（1）单位规模的大小。一个单位的规模大小，往往决定这个单位内部职能部门的设置。一般而言，大中型企业和具有一定规模的行政事业单位，以及财务收支数额较大，会计业务较多的社会团体和其他经济组织，都应单独设置会计机构，组织本单位各项经济业务和财务收支的核算，进行会计监督。

（2）经济业务和财务收支的繁简。一般而言，经济业务量大，财务收支频繁且数额较大的单位或其他经济组织，都应单独设置会计机构，及时处理各项经济业务，以保证会计工作的效率和会计信息的质量。

（3）单位经济管理的要求。一个单位实行有效的经济管理，是以各种及时、准确的信息和高效的管理系统为前提条件的。一般而言，经济管理要求高的单位，应单独设置会计机构，以便及时、准确地提供经济管理所需要的各类会计信息。

二、会计机构的具体设置

在我国，由于会计工作和财务工作都是综合性经济管理工作，它们之间的关系十分密切，因此通常把两者合并在一起，设置一个财务会计机构。基层单位的财务会计机构，一般称为会计（财务）处、科、股、组等，各级主管部门一般设置会计（财务）司、局、处、科。

基层单位的会计机构，在单位负责人或总会计师的领导下开展会计工作。同时，基层单位的会计机构还应接受上级财务会计部门的指导和监督。

上级主管部门的会计机构要负责组织、领导和监督所属单位的会计工作，其主要任务是：根据国家统一的会计法规，制定适合本地区、本系统的会计法规或制度的实施细则；审核、分析、批复所属单位的会计报告，汇总编制本地区、本系统的汇总会计报表；检查和指导所属单位的会计工作；负责组织本地区、本系统会计人员的继续教育工作；总结和组织交流所属单位会计工作的先进经验等。

三、会计工作的组织形式

会计工作的组织形式是指单位内部组织会计工作的具体方式。它一般可分为独立核算单位和非独立核算单位两种。独立核算单位，是指拥有一定数量的资金，在银行独立开设账户并对外办理结算，对本身生产经营活动或业务活动过程及其结果进行全面、系统、独立的核算，并对外提供财务报告的单位。这类企业通常有完整的凭证、账户、账簿系统，进行完整、全面、及时地记账、算账，定期编制会计报表，并对其经济活动进行分析和检查。独立核算单位的会计工作组织形式通常分为集中核算和非集中核算两种形式。集中核算，又称统一核算，是把整个单位的主要会计工作都集中在单位一级的会计部门进行核算的形式。单位内部的其他部门和下属单位对其发生的经济业务只填制原始凭证或原始凭证汇总表，送交会计部门，然后由会计部门审核，编制记账凭证，登记账簿等，进行日记账和分类账的核算，最后由会计机构根据账簿编制会计报表。非集中核算，又称为分散核算，是将整个单位的会计工作分散到单位内部各相关部门进行核算的形式。也就是单位内部的各相关部门分别设置自己的会计机构，在单位一级会计机构的指导下，对发生在本部门的经济业务进行核算，单位一级的会计机构在各相关部门核算的基础上，进行全面、系统的核算。独立核算单位实行集中核算，还是实行分散核算，主要取决于该单位的经济管理的需要。一般而言，规模大、业务多、需要实行内部经济责任制和分级管理、分级核算的企业，就应实行非集中核算。非集中核算有利于各部门及时利用核算资料进行日常的考核和分析，检查本部门的工作，随时发现、解决本部门生产经营上的问题。规模小、业务不多的企业实行集中核算，可以简化会计核算的层次，精简会计机构，减少会计人员的配备，节约会计核算的费用，而且同样可以达到会计管理的目标。非独立核算单位，又称“报账单位”，是指向上级机构领取一定数量的备用金和物资，平时只进行原始凭证的填制、整理和汇总，以及备用账、实物账的登记，定期将取得的一切收入上缴上级机构，并将发生的各项支出向上级机构报销，由上级机构进行综合的会计核算的单位。该类单位不独立计算盈亏，不单独编制会计报表，如商业企业所属的分销店。

四、会计工作岗位的设置

会计工作的岗位设置，就是在财务会计机构内部按照会计工作的内容和会计人员的配备情况，进行合理的分工，使每项工作都有专人负责，每位会计人员都明确自己的职责。

（一）会计工作岗位的基本情况

为了科学地组织会计工作，应建立健全会计部门内部的岗位责任制，将会计部门的工作划分为若干个岗位，并为每个岗位规定职责和要求，使每一项会计工作都有专人负责，每一个会计人员都明确自己的职责。我国大中型企业一般设置以下核算组，每个组的职责和要求如下：

(1) 综合组。负责总账的登记，并与有关的日记账和明细账相核对；进行总账余额的试算平衡，编制资产负债表，并与其他会计报表进行核对；保管会计档案；进行企业财务情况的综合分析，编写财务情况说明书；进行财务预测，制定或参与制定财务计划，参与企业生产经营决策。

(2) 财务组。负责货币资金的出纳、保管和日记账的登记；审核货币资金的收付凭证；办理企业与供应、购买等单位之间的往来结算；监督企业贯彻执行国家现金管理制度、结算制度和信贷制度的情况；分析货币资金收支计划和银行借款计划的执行情况，制定或参与制定货币资金收支和银行借款计划。

(3) 工资核算组。负责计算职工的各种工资和奖金；办理与职工的工资结算，并进行有关的明细核算，分析工资总额计划的执行情况，控制工资总额支出；参与制定工资总额计划。在由各车间、部门的工资员分散计算和发放工资的组织方式下，还应协助企业劳动工资部门负责指导和监督各车间，部门的工资计算和发放工作。

(4) 固定资产核算组。负责审核固定资产购建、调拨、内部转移、租赁、清理等环节的凭证；进行固定资产的明细核算；参与固定资产清查；编制有关固定资产增减变动的报表；分析固定资产和固定资金的使用效果；参与制定固定资产重置、更新和修理计划；指导和监督固定资产管理部门和使用部门的固定资产核算工作。

(5) 材料核算组。负责审核材料采购的发票、账单等结算凭证；进行材料采购收发结存的明细核算；参与库存材料清查；分析采购资金使用情况、采购成本超支、节约情况和储备资金占用情况，控制材料采购成本和材料资金占用；参与制定材料采购资金计划和材料计划成本；指导和监督供应部门、材料仓库和使用材料的车间、部门的材料核算情况。

(6) 成本组。会同有关部门建立健全各项原始记录、消耗定额和计量检验制度；改进成本管理的基础工作；负责审核各项费用开支；参与自制半成品和产品的清查；核算产品成本，编制成本报表；分析成本计划执行情况，配合成本归口分级管理，将成本指标分解、落实到各部门、车间、班组；指导、监督和组织各部门、车间、班组的成本核算和厂内经济核算工作。

(7) 销售和利润核算组。负责审核产成品收发、销售和营业外收支凭证；参与产成品清查；进行产成品、销售和利润的明细分类核算；计算应交税金，进行利润分配，编制损益表；分析产成品资金的占用情况，销售收入、利润及其分配计划的执行情况；参与市场预测，制定或参与制定销售和利润计划。

(8) 资金组。负责资金的筹集、使用、调度。随时了解、掌握资金市场动态，为企业筹集资金，以满足生产经营活动的需要，要不断降低资金成本，提高资金使用的经济效益；负责编制现金流量表。

(二) 会计工作岗位的人员落实

会计工作岗位应逐个落实于前述的各组中，可以一人一岗、一人多岗或者一岗多人，但出纳人员不得兼管稽核、会计档案保管和收入、费用、债权债务账目的登记工作。按照内部牵制原则，会计工作岗位设置中不相容的职务不得由同一个会计人员担任，这又可表述为钱、账、物的分管制度。这是保护单位财产安全、会计人员顺利工作的必要措施。

第三节　会　计　人　员

一、会计人员的主要职责和权限

会计人员是指从事会计工作的人员。各个单位都应根据实际需要和有关法律、法规的要求，配备一定数量的会计人员，这是各个单位做好会计工作的决定因素。

(一) 会计人员的主要职责

为了充分调动会计人员的积极性，做好会计工作，完成会计工作的各项任务，就必须明确会计人员的职责。根据《会计法》和其他相关法规的规定，会计人员的主要职责有以下几项：

(1) 进行会计核算。会计人员应按照国家统一会计制度的规定，以实际发生的经济业务为依据，切实做好记账、算账、报账工作。在会计业务处理过程中，要认真填制和审核会计凭证，登记账簿，正确地计算各项收入、支出；按期对账、结账，进行财产清查，编制和报送会计报表；如实地反映单位的财务状况、经营成果和现金流量情况，满足国家宏观经济管理的需要、满足企业内部经济管理的需要、满足与企业有关各方了解本单位财务状况、经营成果和财务收支情况的需要。

(2) 实行会计监督。会计人员依法对本单位经济业务进行会计监督。会计人员对不真实、不合法的原始凭证有权不予受理，并向单位负责人报告；对记载不准确、不完整的原始凭证予以退回，并要求按照国家统一的会计制度的规定更正、补充；当发现账实不符时，应当按照有关规定进行处理，无权自行处理的，应当立即向本单位负责人报告，请求查明原因，作出处理决定；对违反《会计法》和国家统一的会计制度规定的会计事项，有权拒绝办理或者按照职权予以纠正。此外，各单位还必须接受审计机关、财政机关、税务机关依照法律规定进行的监督，单位会计人员必须如实向其提供会计凭证、账簿、报表以及其他有关资料和情况，不得拒绝、隐匿、谎报。

（3）制定本单位办理会计事务的具体办法。国家制定的统一的会计法规和制度，只是对各单位会计工作和管理办法作出一般及通用的规定，而各个单位的机构设置、人员配备、经济业务数量、管理要求各不相同。因此，各个单位都要依据国家颁布的会计法规，结合本单位的特点和需要，制定适用于办理本单位会计事务的具体办法。

（4）参与制定本单位的经济计划、业务计划，考核和分析各项预算、计划的执行情况。由于各单位制定的经济计划、业务计划是各单位指导本单位经济活动和业务活动的主要依据，也是会计人员编制财务计划的依据，因此，会计人员参与本单位经济计划、业务计划的制定，有利于编制切实可行的财务计划，同时也有利于发挥会计人员在经济计划、业务计划制定方面联系广、信息灵通的优势。

（5）办理其他会计事务。随着社会经济的发展，作为经济管理工作重要组成部分的会计工作越来越重要，会计事务也日趋丰富多样。各单位的会计人员应依法办理其他各项会计事务，如：会计档案的保管、开展会计电算化等。

（二）会计人员的主要权限

为了保障会计人员能够依法履行其职责，国家在相关的法规中赋予了会计人员必要的工作权限，以保障会计人员更好地完成会计管理的任务。根据《会计法》和其他有关法规的规定，我国会计人员的主要权限有：

（1）有权要求本单位有关部门、人员认真执行各项财务、会计制度。在经济业务处理过程中，对违反制度以及计划、预算的情况，会计人员有权拒绝受理，并向本单位负责人报告；对弄虚作假、营私舞弊、欺骗上级等违法乱纪行为，会计人员必须坚决拒绝执行，并向本单位负责人或上级机关、执法部门报告。如果会计人员对违法乱纪的事项，不拒绝执行，又不向负责人或上级机关、财政部门报告的，应同有关责任人员负连带责任。

（2）有权参与本单位各项计划、预算的编制；签订经济合同或协议；有权参加本单位生产经营管理的会议；有权要求本单位的相关部门、人员提供与财务会计工作相关的情况和资料；有权提出与本单位财务收支和经济效益相关的意见和建议。

（3）会计人员有权监督和检查本单位各部门的财务收支、资金使用、财产保管、收发、计量、检验等情况。有关部门应积极配合，并主动、如实地提供相关情况。

会计人员的工作权限是国家有关法规所赋予的，各级领导和有关人员要支持会计人员正确地行使其工作职权。本单位负责人、上级机关和执法部门对会计人员反映的有关损害国家和社会公共利益，违反财经法规和财经纪律的问题，要认真及时地调查处理。如果有人对坚持原则、抵制违法行为的会计人员进行刁难、阻挠或打击报复，上级机关查明后，要依法严肃处理，情节严重构成犯罪的要依法追究其刑事责任。

二、会计人员的任职要求和继续教育

（一）会计人员从业资格

《会计法》第三十八条第一款和第三款规定："从事会计工作的人员，必须取得会计从业资格证书。""会计人员从业资格管理办法由国务院财政部门制定。"《会计从业资格管理办法》和《会计证管理办法》中规定，取得会计从业资格证书的条件如下：

（1）取得会计从业资格的基本条件：坚持原则、具有良好的职业道德；遵守国家财经和会计法律、法规、规章制度；具备一定的会计专业知识和技能；身体健康、能够胜任本职工作的需要。以上基本条件是每一位会计人员必须具备，缺一不可的。

(2) 会计从业资格考试科目有《财经法规与会计职业道德》《会计基础》《初级会计电算化》(或珠算 5 级)，申请人符合参加考试的基本条件，且具备国家教育行政主管部门认可的中专以上（含中专）会计类专业学历（或学位）的，自毕业之日起 2 年内（含 2 年），免试会计基础、初级会计电算化（或珠算 5 级）。会计类专业指会计学、会计电算化、注册会计师专门化、审计学等。

对会计从业资格考试全科合格的考生，由各级会计从业资格管理部门发放会计从业资格证书。会计从业资格证书由财政部统一规定样式和编号规则，各省、自治区、直辖市和中央主管部门负责印制、编号和颁发。会计从业资格证书在全国范围内有效，持证人员不得涂改、转让证书。

《会计法》第四十条规定："因有提供虚假财务报告，做假账，隐匿或故意销毁会计凭证、会计账簿、财务会计报告，贪污、挪用公款、职务侵占等与会计职务有关的违法行为被依法追究刑事责任的人员，不得取得或者重新取得会计从业资格证书。除前款规定的人员外，因违法违纪被吊销会计从业资格证书的人员，自被吊销会计从业资格证书之日起五年内，不得重新取得会计从业资格证书。"

（二）会计机构负责人的任职资格

《会计法》第三十八条第二款规定："担任单位会计机构负责人（会计主管人员）的，除取得会计从业资格证书外，还应当具备会计师以上专业技术职务资格或者从事会计工作三年以上经历。"

在实际工作中，有的单位任用不熟悉会计业务的人员担任会计机构负责人，有的会计机构负责人政策水平、业务水平和组织能力不能适应工作的需要，对此，会计人员反映强烈。根据各方面的意见，《会计基础工作规范》对会计机构负责人的任职资格作出了具体规定：一是政治思想条件，能坚持原则、廉洁奉公；二是专业技术资格条件，有会计专业技术资格；三是工作经历条件，主管一个单位或单位内一个重要方面的财务会计工作时间不少于二年；四是政策业务水平条件，熟悉国家财经法律、法规、规章和方针、政策，掌握本行业业务管理的有关知识；五是组织能力，要有较强的组织、协调工作能力；六是身体条件，能够适应本职工作要求。

（三）会计人员继续教育

会计人员继续教育，是指对取得会计从业资格的人员所进行的知识更新和技能培训。根据财政部 1998 年 1 月 23 日发布并于同年 7 月 1 日起实施的《会计人员继续教育暂行规定》，所有在职会计人员都是继续教育的对象。继续教育的形式有接受培训和自学两种。其中，中、高级会计人员接受培训的时间每年不得少于 20 小时；初级会计人员接受培训的时间每年不得少于 24 小时；各类人员的自学时间每年累计都不得少于 48 小时。在会计人员继续教育中应该贯彻联系实际、讲求实效、学以致用的原则。各级会计人员继续教育管理部门应加强继续教育情况的领导、检查和考核。

三、会计人员的职业道德

会计人员的职业道德，是会计人员在长期的职业活动中逐步形成和总结出来的，调整会计人员与社会之间、会计人员之间、个人与集体之间的主观意识和客观行为的统一规范。会计人员职业道德，是会计人员在会计工作中应当遵循的道德纪律和标准。对会计人员职业道德规范的内容，《会计基础工作规范》规定了以下几个方面：

（1）爱岗敬业。会计人员应当热爱本职工作，努力钻研业务，使自己的知识和技能适应所从事工作的要求。

（2）熟悉法规。会计人员应当熟悉财经法律、法规和国家统一的会计制度，并结合会计工作进行广泛宣传。

（3）依法办事。会计人员应当按照会计法律、法规和国家统一的会计制度的程序和要求进行会计工作，保证所提供的会计信息真实、完整。

（4）客观公正。会计人员在办理会计事务中，应当实事求是，客观公正。

（5）搞好服务。会计人员应当熟悉本单位的生产经营和业务管理情况，运用所掌握的会计信息和会计方法，为改善单位的内部管理、提高经济效益服务。

（6）保守秘密。会计人员应当保守本单位的商业秘密，除法律规定和单位负责人同意外，不能私自向外界提供或者泄露单位的会计信息。

《会计基础工作规范》还对会计人员职业道德规范的监督检查作出了规定：财政部门、业务主管部门和各单位应当定期检查会计人员遵守职业道德情况，并作为会计人员晋升、晋级、聘任专业职务、表彰奖励的主要考核依据。对会计人员违反职业道德的行为，由所在单位进行处理；情节严重的，吊销其会计从业资格证书。

四、会计人员回避制度

回避制度，是指为了保证执法或者执业的公正性，对可能影响其公正性的执法或者执业的人员实行职务回避和业务回避的一种制度。回避制度已成为我国人事管理的一项重要制度。在会计工作中，由于亲情关系而共同作弊和违纪的案件时有发生，因此，在会计人员中实行回避制度，十分必要。我国已有相关法规对会计人员回避制度作出了规定，如：国家机关、国有企业、事业单位任用会计人员应当实行回避制度；单位负责人的直系亲属不得担任本单位的会计机构负责人、会计主管人员；会计机构负责人、会计主管人员的直系亲属不得在本单位会计机构中担任出纳工作。

五、会计人员工作交接

会计工作交接制度，是会计工作的一项重要制度，也是会计基础工作的重要内容。办好会计工作交接，有利于保持会计工作的连续性，有利于明确责任。会计工作交接的要求，《会计法》以及其他会计法规、规章都作出了原则性规定，《会计基础工作规范》在此基础上对会计工作交接的具体要求进一步作出了规定，主要内容有：

（1）基本要求。会计人员工作调动或者因故离职必须将本人所经管的会计工作全部移交给接替人员，没有办清交接手续不得调动或离职。在实际工作中，有些应当办理移交手续的会计人员借故不办理移交手续，或者迟迟不移交所经管的会计工作，使正常的会计工作受到影响，这是制度上所不允许的，单位负责人应当督促经办人员及时办理移交手续。

（2）办理移交手续前的准备工作。会计人员在办理移交手续前必须及时办理完毕未了的会计事项，包括：对已经受理的经济业务尚未填制会计凭证的，应当填制完毕；尚未登记的账目，应当登记完毕，并在最后一笔余额后加盖经办人员印章；整理应该移交的各项资料，对未了事项写出书面证明等。同时，编制移交清册，列明应当移交的会计凭证、会计账簿、会计报表、现金、有价证券、印章以及其他会计用品等。会计机构负责人（会计主管人员）移交时，还应将全部财务会计工作、重大财务收支问题和会计人员的情况等，向接替人员介绍清楚；需要移交的遗留问题，应当写出书面材料。

（3）按照移交清册逐项移交。交接双方要按照移交清册列明的内容，进行逐项交接。其中：现金要根据会计账簿记录余额进行点交，不得短缺；有价证券的数量要与会计账簿记录一致，由于一些有价证券面额与发行价格可能会不一致，因此，在对这些有价证券的实际发行价格、利（股）息等按照会计账簿余额进行交接的同时，应当对上述有价证券的数量（如张数等）按照有关会计账簿记录点交清楚；所有会计资料必须完整无缺，如有短缺，必须查明原因，并在移交清册中注明，由移交人负责；银行存款账户余额要与银行对账单核对，各种财产物资和债权债务的明细账户余额要与总账有关账户余额核对，核对清楚后，才能交接；移交人员经管的票据、印章及其他会计用品等，也必须交接清楚，特别是实行会计电算化的单位，对有关电子数据应当在电子计算机上进行实际操作，以检查电子数据的运行和有关数字的情况。交接工作结束后，交接双方和监交人要在移交清册上签名或者盖章，以明确责任；同时，移交清册由交接双方以及单位各执一份，以供备查。

（4）专人负责监交。在办理会计工作交接手续时，要有专人负责监交，以保证交接工作的顺利进行。一般会计人员办理交接手续，由单位的会计机构负责人、会计主管人员负责监交；会计机构负责人、会计主管人员办理交接手续，由单位负责人负责监交，必要时可由上级主管部门派人会同监交。

（5）临时工作交接。由于会计人员临时离职或者因病暂时不能工作，需要有人接替或者代理的，也应当按照规定办理交接手续，同样，临时离职或者因病暂时离岗的会计人员恢复工作的，也要与临时接替人员办理交接手续，目的是保持会计工作的连续性和分清责任。

（6）移交后的责任。移交人对自己经办且已经移交的会计资料的合法性、真实性，要承担法律责任，不能因为会计资料已经移交而推脱责任。

第四节　会　计　法　规

会计法规是组织和从事会计工作必须遵守的规范准则等的总称。它是经济法规、制度的重要组成部分。制定和执行会计法规，可以保证会计工作贯彻执行党和国家有关的财经方针、政策，保证会计工作沿着社会主义市场经济方向正确前进，可以使其提供的会计资料和会计信息真实、及时，更好地满足各个方面的需要，更圆满地完成会计的任务。

目前，我国会计法规基本是由三个层次构成：

第一层次是基本法，即《中华人民共和国会计法》，它是会计核算工作最高层次的规范，是制定其他会计法规的依据，也是指导会计工作的最高准则，由全国人民代表大会常务委员会制定，以国家主席令发布。我国现行的《中华人民共和国会计法》（简称《会计法》）是1985年1月21日六届全国人民代表大会常务委员会第九次会议通过，1993年12月29日八届全国人大常委会第五次会议修正，1999年10月31日九届全国人大常委会第十二次会议修订的。

第二层次是会计行政法规，它由国务院制定发布或者国务院有关部门拟订经国务院批准发布。会计行政法规是调整经济生活中某些方面会计关系的法律规范，如1990年12月31日国务院发布的《总会计师条例》，2006年2月15日财政部新修订的《企业会计准则》，2000年6月21日国务院发布的《企业财务会计报告条例》等。

第三层次是会计规章和规范性文件。会计规章，是指根据《立法法》规定的程序，由财政部制定，并由部门首长签署命令予以公布的制度、办法，如2001年2月20日以财政部第10号令形式发布的《财政部门实施会计监督办法》，就属于会计规章。会计规范性文件，是指以主管全国会计工作的行政部门，即国务院财政部门的名义，就会计工作中某些方面所制定的文件，如财政部发布的《企业会计制度》《会计基础工作规范》《会计从业资格管理办法》等。

此外，省、自治区、直辖市人民代表大会及其常委会可以在与《会计法》，会计行政法规不相抵触的前提下，制定地方性会计法规。

第五节 会计档案

一、会计档案的概念和内容

会计档案是指会计凭证、会计账簿、财务报告等会计核算专业资料，是记录和反映单位经济业务事项的重要史料和证据。

会计档案一般分为：会计凭证类，包括原始凭证、记账凭证、汇总凭证等；会计账簿类，包括总账、日记账、明细账、辅助账等；财务会计报告类，包括月度、季度、半年度、年度会计报表及会计报表附注和财务情况说明书等；其他类，包括银行存款余额调节表、会计移交清册、会计档案保管清册、会计档案销毁清册等。

各单位的预算、计划、制度等文件材料属于文书档案，不属于会计档案。

二、会计档案的归档

各单位每年形成的会计档案，应由单位会计部门按照归档要求负责整理立卷或装订。当年形成的会计档案在会计年度终了后，可暂由本单位会计部门保管一年。保管期满后，应由会计部门编制清册，移交本单位的档案部门保管；未设立档案部门的，应当在会计部门内部指定专人保管。

档案部门接收保管的会计档案，原则上应当保持原卷册的封装，个别需要拆封重新整理的，应当会同会计部门和原经办人共同拆封整理，以分清责任。

对会计档案应当进行科学管理，做到妥善保管，存放有序，查找方便，不得随意堆放，严防毁损、散失和泄密。会计档案原件不得借出，如有特殊需要，须经本单位负责人批准，在不拆散原卷册的前提下，可以提供查阅或者复制，并办理登记手续。

三、会计档案的保管期限

根据《会计档案管理办法》的规定，会计档案保管期限分为永久和定期两类。会计档案的定期保管期限分为3、5、10、15年和25年五种（详见本章附录《企业会计档案保管期限表》），会计档案的保管期限是从会计年度终了后的第一天算起。

四、会计档案的销毁

根据《会计档案管理办法》规定，会计档案保管期满需要销毁的，除特殊规定外，可以按照规定程序予以销毁。销毁的基本程序和要求是：

（1）编造会计档案销毁清册。会计档案保管期满需要销毁的，由本单位档案部门提出意见，会同会计部门共同进行审查和鉴定，并在此基础上编制会计档案销毁清册。会计档案销毁清册是销毁会计档案的记录和报批文件，一般应包括的内容是：会计档案名称、卷号、册数、起止年度和档案编号、应保管期限、已保管期限、销毁日期等。单位负责人应当在会计档案销毁清册上签署意见。

（2）专人负责监销。销毁会计档案时，应当由单位的档案部门和会计部门共同派人监销。各级主管部门销毁会计档案时，还应当有同级财政、审计部门派人监销；各级财政部门销毁会计档案时，应当由同级审计部门派人监销。监销人在销毁会计档案前应当按照会计档案销毁清册所列内容，清点核对所要销毁的会计档案；销毁后，监销人应当在会计档案销毁清册上签名盖章，并将监销情况报告本单位负责人。

（3）不得销毁的会计档案。对于保管期满但未结清的债权债务原始凭证和涉及其他未了事项的原始凭证，不得销毁，而应当单独抽出立卷，保管到未了事项完结时为止。单独抽出立卷的会计档案，应当在会计档案销毁清册和会计档案保管清册上列明。另外，正在项目建设期间的建设单位，其保管期满的会计档案也不得销毁。

第六节　会计电算化

会计电算化是指计算机技术在会计工作中的应用，即采用计算机替代人工记账、算账、报账，以及对会计信息进行分析和利用的过程。具体来讲，就是由专业人员编制会计软件，由会计人员及有关的操作人员操作会计软件，指挥计算机替代人工来完成会计工作的活动。会计电算化的开展，提高了会计工作的效率和质量，促进了会计工作的规范化和会计工作职能的转化，为整个管理工作现代化奠定了基础。

会计电算化从内容上一般可分为三个基本层次，即会计核算电算化、会计管理电算化和会计决策电算化。本教材只是粗略介绍一下会计核算电算化的内容，更多有关会计电算化的知识将在《会计电算化》一书中阐述。

会计核算电算化的主要内容包括：设置会计科目、填制会计凭证、登记会计账簿、进行成本核算、编制会计报表等。使用计算机进行会计核算的单位，必须按照《会计法》的要求，确保所使用软件及其生成的会计资料符合国家统一的会计制度的规定。

（一）设置会计科目

设置会计科目是通过会计核算软件的初始化功能实现的，即在会计核算软件开始投入使用时输入一级会计科目和明细会计科目的名称及编码。

（二）填制会计凭证

各个会计电算化软件对会计凭证（记账凭证）的填制方法有所不同。有的会计软件要求根据原始凭证直接在计算机上填制记账凭证；有的会计软件要求直接将原始凭证输入计算机，由计算机根据输入的原始凭证数据自动编制记账凭证。对于计算机自动编制的记账凭证，还需由会计人员进行确认。

（三）登记会计账簿

登记会计账簿一般分两个步骤进行，首先是由计算机根据会计凭证自动登记机内账簿，然后是把机内会计账簿打印输出。

（四）进行成本计算

成本计算是由计算机根据机内有关成本费用的各项数据，按照国家统一的会计制度规定的方法自动进行成本计算。许多通用会计软件提供有多种成本计算方法供用户选用。

（五）编制会计报表

在通用会计软件中，编制会计报表工作都是由计算机自动完成的。我国通用会计软件一般都提供通用报表生成器或可由用户自定的报表生成功能模块，帮助用户编制各种对内、对外会计报表。

开展会计电算化工作，必须要选择计算机运行环境和会计软件。

计算机运行环境包括运行会计软件所需要的硬件环境和软件环境。硬件环境指计算机、外围设备等；软件环境指系统软件、工具软件、常用应用软件和会计软件等。单位应根据实际业务情况和财力状况，选择与本单位会计电算化工作相适应的计算机机种、机型和系统软件及有关配套设备。

选择会计软件的好坏对会计电算化的成败起着关键性的作用。单位既可以选购商品化会计软件，也可自行开发或委托开发会计软件。在选择商品化会计软件时，应对会计软件所需的计算机硬件和软件环境，会计软件的功能、可操作性、安全可靠性、售后服务等进行认真考查，尽量选择便于操作、安全可靠、售后服务好的会计软件，特别是所选择的会计软件必须达到财政部《会计核算软件基本功能规范》的要求，且符合本单位工作实际。

习 题 十

一、单项选择题

1. 直接从事和组织领导会计工作的职能部门是(　　)。

A. 综合组　　B. 财务组　　C. 会计机构　　D. 资金组

2. 在财务会计机构内部按照会计工作的内容和会计人员的配备情况进行合理的分工，就是(　　)。

A. 会计机构的设置　　B. 会计工作岗位的设置
C. 会计工作的组织方式　　D. 内部会计管理制度

3. 做好会计工作的决定因素是(　　)。

A. 合理配备会计人员　　B. 制定内部会计管理制度
C. 设置会计机构　　D. 制定内部牵制制度

4. 会计工作岗位设置中不相容的业务不得由同一会计人员执行，其依据的原则是(　　)。

A. 权责发生制原则　　B. 内部牵制原则
C. 谨慎原则　　D. 重要性原则

5. 企业在会计核算中对各项会计要素进行确认、计量、记录和报告时所应遵循的基本要求是(　　)。

A. 会计核算的基本前提　　B. 会计核算的一般原则
C. 会计要素准则　　D. 财务报告体系的规定

6. 我国会计核算工作最高层次的规范是(　　)。

A.《企业会计准则》　　B.《中华人民共和国会计法》
C.《中华人民共和国注册会计师法》　　D.《会计基础工作规范》

7. 会计电算化工作的质量，很大程度上取决于(　　)。

A. 电算化管理制度
B. 会计电算化岗位责任制
C. 会计软件的质量
D. 硬件软件及数据管理制度

8. 下列不属于会计人员专业技术职称的是(　　)。

A. 会计师　B. 总会计师　C. 高级会计师　D. 会计员

9. 根据现行《会计档案管理办法》，现金日记账和银行存款日记账应该保管(　　)年。

A. 3　B. 5　C. 15　D. 25

10. 会计档案销毁清册应该(　　)。

A. 保管 5 年　B. 保管 10 年　C. 保管 15 年　D. 永久保管

二、多项选择题

1. 我国会计法规制度主要有以下内容(　　)。

A. 会计法
B. 会计准则
C. 会计核算制度
D. 综合性的会计规章

2. 下列属于会计档案的是(　　)。

A. 会计凭证　B. 会计账簿　C. 会计报表　D. 银行对账单

3. 下列会计档案应保管 15 年(　　)。

A. 总账
B. 会计移交清册
C. 原始凭证
D. 银行余额调节表

4. 会计工作岗位，可以(　　)。

A. 一人一岗
B. 一人多岗
C. 一岗多人
D. 出纳兼会计档案保管工作

5. 无论是采用集中核算或者非集中核算的组织形式，都应由企业的会计机构集中办理的业务有(　　)。

A. 对外的现金往来
B. 明细核算
C. 物资购销
D. 债务结算

三、判断题

1. 不具备会计机构设置条件的单位，可以委托会计师代理记账。　(　　)
2. 银行存款余额调节表也属会计档案。　(　　)
3. 会计档案保管期限届满后，会计人员便可销毁会计档案。　(　　)
4. 随着会计的发展，会计电算化将由核算型向管理型转换。　(　　)
5. 当出纳因公出差不在时，为了不影响工作，由会计暂时代替出纳工作。　(　　)

参 考 文 献

[1] 卢恩平. 会计学原理. 北京：中国电力出版社，2012.
[2] 中华人民共和国财政部. 企业会计准则. 北京：中国财政经济出版社，2006.
[3] 会计从业资格无纸化考试教研组. 会计基础. 上海：立信会计出版社，2015.
[4] 何春燕. 基础会计习题与案例. 北京：清华大学出版社，2012.